中国人事科学研究院
·学术文库·

哲学与公共行政

[英]爱德华多·昂加罗 ⦿ 著　熊 缨 ⦿ 译

Philosophy and Public Administration:
An Introduction
by Edoardo Ongaro

中国社会科学出版社

图字：01-2020-3917号

图书在版编目（CIP）数据

哲学与公共行政 /（英）爱德华多·昂加罗著；熊缨译 . —北京：中国社会科学出版社，2020.9
（中国人事科学研究院学术文库）
书名原文：Philosophy and Public Administration: An Introduction
ISBN 978-7-5203-7130-8

Ⅰ.①哲⋯ Ⅱ.①爱⋯②熊⋯ Ⅲ.①行政学—研究 Ⅳ.①D035

中国版本图书馆CIP数据核字（2020）第170508号

PHILOSOPHY AND PUBLIC ADMINISTRATION: AN INTRODUCTION
BY EDOARDO ONGARO
Copyright © EDOARDO ONGARO 2017
This edition arranged with EDWARD ELGAR PUBLISHING LIMITED (EE)
through Big Apple Agency, Inc., Labuan, Malaysia.
Simplified Chinese edition copyright:
2020 China Social Sciences Press
All rights reserved.

出 版 人	赵剑英
责任编辑	孔继萍
责任校对	张依婧
责任印制	郝美娜

出　　版	中国社会科学出版社
社　　址	北京鼓楼西大街甲158号
邮　　编	100720
网　　址	http://www.csspw.cn
发 行 部	010-84083685
门 市 部	010-84029450
经　　销	新华书店及其他书店
印刷装订	北京市十月印刷有限公司
版　　次	2020年9月第1版
印　　次	2020年9月第1次印刷
开　　本	710×1000　1/16
印　　张	17.75
字　　数	280千字
定　　价	108.00元

凡购买中国社会科学出版社图书，如有质量问题请与本社营销中心联系调换
电话：010-84083683
版权所有　侵权必究

目 录

前言 ·· 吉尔特·布卡(1)

鸣谢 ·· (1)

第一章　引言与基本原理 ·· (1)

第二章　哲学探究的主要流派:为公共行政领域选取的简要概述
　　　　——第一部分 ··· (22)

第三章　哲学探究的主要流派:为公共行政领域选取的简要概述
　　　　——第二部分 ··· (61)

第四章　从哲学角度重新审视公共行政理论与主题 ·················· (111)

第五章　政治哲学与公共治理 ·· (153)

第六章　论公共行政中的美德、现实主义和乌托邦思想 ············ (176)

第七章　对一致性的探寻 ·· (213)

跋　哲学与当今的公共行政 ················· 沃尔夫冈·德雷克斯勒(235)

参考文献 ·· (244)

译后记 ··· (272)

前　言

吉尔特·布卡（Geert Boukaert）

德国哲学家康德（Kant，1724—1804）曾言，面对现实，我们要弄清三个关键问题：（1）我们可以知道什么？（2）我们必须做什么？（3）我们可以希望什么？

这三个问题一般来讲与公共行政（PA）息息相关，但更是哲学与公共行政之间必不可少的纽带。

我们可以知道什么？

公共行政，无论对其如何界定，也无论其作为一门科学、一种艺术或一项实用的职业在学术领域有什么样的地位，都需要解决"现实"中的"事实"问题，而且我们需要了解这些"事实"以及这个现实。这有助于区分三个类别：已知所知、已知所不知、不知所不知。对于某个实际的改革议程来说，拥有公共行政领域所了解的系统知识非常有用，诸如，什么是有用的，什么是没用的，这些知识何时会在什么情况下发生作用，为什么等。对于未来学术研究议程来说这也很重要，我们需要从挖掘已知所知入手，来探索未知的领域。拥有系统的知识可以帮助我们规划研究策略，定义一致的知识系统，或者确定知识的积累或覆盖范围。而不知所不知这一类别存在一个重要问题，我们会突然发现到我们没有意识到某个事情的相关性，而且对那个特定的问题也缺乏知识，比如说全球变暖。不管我们掌握什么知识，都必须是缜密的，而且最终是相关的。

要给一个公共行政事实作出定义并非轻而易举，该事实会变成某个问题的要素，而我们要对此作出研究并给出答案。在"公共行政改革"研究中，可能会涉及四个层面的"事实"：绿皮书和白皮书或政府声明公告，这些是意图；有关立法如法律、法令、规章等；决策的实施；改革后的状况以及成效。这四类事实无一不是至关重要的，而且任何一类事实都不能被假定，也不能从其他事实中推导出来。

在文献中，该组合被称为"论述/决策/实践/结果"（Pollitt & Bouckaert, 2017）。在对"信任"的研究中，类似的问题也会出现，那就是假设在可能的情况下，需要调查或观察哪类事实。

在为研究或实践定义有用的"公共行政事实"时，会发生一个有趣的转变。从数据到海量数据再到"大数据"的转变会改变归纳和数据驱动研究的地位和性质。而"公共行政事实"也越来越多样化：从可数的对象到期望、感知、观点只要一一对应，就会成为"事实"。因此，在描述现实时就会导致取舍、平衡、限制、困境、矛盾和悖论。一个最后的、新类型的"公共行政事实"都是来自各种实验，或来自实验室，或现场考察，或调查。如此，便产生了一个虚拟和实验性的"事实"。所有这些都带来了要基于"证据"的研究和实践的压力，或者至少是要求具备进行"基于证据"的研究和实践。

最关键的问题并非只有什么是公共行政事实（本体论），还有我们怎样才能知道这个公共行政事实。而这就是公共行政认识论。大约有五个主要立场和科学逻辑会对研究方法产生直接影响。

科学正统的方法是采用一个从理论推导出来的物理主义模型，通过独立变量和因变量之间的因果假设进行统计检验。激进的建构主义立场通过解释语言和文本（有时在平等和参与式的框架内）来归纳性地探索多重社会建构的意义。而批判性现实主义则倾向于在广泛的理论或概念框架内进行详尽的描述，并寻求对关键过程如何在特定环境中运行以产生特定结果进行解释。这三个认识论范式都不包括一个封闭的数学和代数模型，其最优位置可以作为一个完全确定的唯一解来计算。同样也不包括一个完全开放、混乱，甚至是邪恶的模型，其中变量、数据、行为体和动力都是不确定的。这五种范式代表了五种完全不同的哲学框架。

对于公共行政事实的实质定义，就其本体论地位而言，是一个至关重要的哲学选择。为了解这一事实所用的推导方法是基于对"公共行政现实"采取的一个关键认识论立场。哲学的"知识"问题要么干脆没有答案，要么模棱两可。但是，这些问题必须给出明确答案。"信仰"与"科学"的根本区别在于"信仰"不必依赖事实，而"科学"则以事实为根据。虽说公共行政也是一门实践和艺术，但作为一门科学，我们需要用事实来了解。

我们必须做什么？

关于该做什么的问题不仅与科学家有关（研究内容和方法），显然也与实践有关。这就需要运用社会科学——所有与个人和社会行为相关的科学——来描述事实、解释事实，有时还要作出预测。就哲学的角度而言，这需要不同的框架来实现不同的目的。"描述"需要本体论（什么是实质性的事实）和认识论（我们怎样才能知道这一事实）。"解释"事实和动态的现实关键在于了解我们必须做什么。这需要在前面提到的五个立场基础上，增加一个哲学立场。"预测"意味着对未来现实的展望，而未来的现实则是基于轨迹、场景等方面自始至终的因果机制思维。当然，从终到始的机制也提供了一种可能性，那就是先提出一个理想的、有时是意识形态定义的预测点，"乌托邦"就属于这一类别。这就要求对未来有一个规范和道德的观点。

由此看来，公共行政改革似乎有三个主要来源：模仿、意识形态和证据。它们来源于三种不同的哲学框架。模仿，或"复制粘贴"是一种记忆性机制，它假定世上的一切都是"最相等的"而不是"最不同的"。实践证明，"复制粘贴"行为类型并不十分奏效。文化和宗教的影响不容忽视。一个过于西方化的公共行政组合，基于过于西方化的哲学，例如实用主义，并不总能，甚至总不能畅行无阻。因此就有必要根据不同的文化圈建立各种各样的公共行政团体，例如伊斯兰公共行政、儒家公共行政、非洲公共行政、拉丁美洲公共行政或北美公共行政。意识形态作为一套连贯的价值观，是以社会和政治哲学为基础的。循证改革遵循一种理性模式，有时与（美国的）实用主义相结合作为其哲学方法。

在回答"该做什么"这一问题时，我们制定了两个主要逻辑：一个是该做什么的后果性逻辑；另一个是该做什么的适当性逻辑。两种逻辑相互掣肘，并各自有着截然不同的哲学支撑。

首先，就有诸如此类"逻辑"的哲学研究，如（数学上的）三段论。这一元研究在研究设计中也举足轻重。后果性逻辑主要从实用主义哲学框架进行研究，研究资源转化为结果的经济性、效率性、效果性。而适当性逻辑是指从伦理哲学框架进行的研究，如价值观、透明度、正当性、包容性、开放性等。

我们所面临的主要挑战就是处理这两个逻辑之间的紧张关系并将之合二为一。两种逻辑可以共享的一个关键向量就是"信任"。可靠的后果性逻辑可能会导致对资源与产出在经济、效率和效果一致性的信任。可靠的适当性逻辑可能会导致对系统及其功能的信任。"信任"虽然可以将两种逻辑结合在一起，但这更增加了"信任"的复杂性。这就引出了最后一个问题。

我们可以希望什么？

这也许是个最具意识形态和价值驱动的问题。这是一个具有显著公共行政维度的哲学根本问题。它涉及限定性条件的共同特性，例如"善/较善/至善""提升"或"进步"。其最终的解释无非是所谓的"善治"中的"善"是什么意思，或者所谓"最佳实践"中的"最佳"又是什么意思。归根结底都是关于"共同善"。

对于我们可以希望什么，人们的观点也日趋聚合，甚至完全认同。对于我们可以希望什么这一问题，至少就联合国经济及社会理事会层面上的 17 个可持续发展目标（SDG）而言，接受就是一个显而易见的答案。很明显，公共行政会是实现这一目标的关键。

结论

公共行政的三大问题是：我们可以知道什么？我们必须做什么？我们可以希望什么？为了给这些问题作出实质性的回答，本书为哲学与公共行政之间的稳固桥梁作出了不可或缺的实质性贡献。鉴于这座桥梁尚不存在，昂加罗（Ongaro）不得不为此著书立说。

参考文献

Pollitt C. and Bouckaert G. （2017）*Public Management Reform：A Comparative Analysis-Into the Age of Austerity*. Oxford：Oxford University Press.

鸣　　谢

首先，我要感谢那些在本书中未能提及的人，这听上去可能有点不同寻常。我需要感谢太多人、学界内外的同人，是他们给予了我丰厚的精神食粮。在这次漫长的智慧之旅中，自始至终都伴随着无数次的讨论，而我无法在此一一回忆。你们的面庞和思想伴随着这本书所有章节的创作，所以这本书既是我的，同时也是你们的。

其次，我要感谢诺森布里亚大学，该校获准了我2016年的冬春休假，从而使得这一渴望已久的知识探险成为可能。

我还要特别感谢出版商爱德华·埃尔加，作为一家一向优秀的、修养颇高的出版商，魄力十足，愿意将赌注押在那些出版前景并非十拿九稳的书籍上。

最后但并非最不重要，我还要感谢我的几位同事，感谢玛丽亚·罗莎·安托内萨（Maria Rosa Antognazza）不厌其烦地劝导我要沿着学术哲学的辩论和探究一路前行；本书中专业哲学家将发现的怪异表达和明显错误皆出自我本人。感谢吉尔特·布卡（Geert Bouckaert）、托尼·伯瓦尔德（Tony Bovaird）、沃尔夫冈·德雷克斯勒（Wolfgang Drechler）、罗伯特·富歇（Robert Fouchet）、埃尔克·罗夫勒（Elke Loffler）、克里斯托弗·波利特（Christopher Pollitt）、诺玛·里库奇（Norma Riccucci）、李熙康（Kwang Seok Lee）、玛格丽特·斯托特（Margaret Stout）、图罗·维尔塔宁（Turo Virtanen）：与你们共同建构，外加上间或的交流，让本书的字里行间变得更加丰满。

时光荏苒，我要对我在吕克昂中学的老师们，我的哲学老师奥尔多·卡斯塔格诺利（Aldo Castagnoli）、意大利语老师帕特里齐亚·梅洛尼

（Patrizia Melloni）和拉丁文学老师雷娜塔·莫利纳里（Renata Molinari）表达我的无限感激之情。虽然在我有幸参加你们的讲座之前，哲学思辨之火已经在我内心点燃，但是在你们的教导中，我找到了强大的指引和无穷的激励。

达里奥·安提瑟里教授（Dario Antiseri）是业界的一位同人，虽然未曾谋面，但是我14岁那年阅读了他撰写的意大利语的《意大利天主教形而上学的荣耀与痛苦》，从那时起，我通过哲学思考探求真理的渴望之火就已点燃，而且至今未曾熄灭。本书就是一个见证。乔瓦尼·雷亚莱（Giovanni Reale）和达里奥·安提瑟里所撰写的《从起源至今的西方思想》（原版为意大利语，后被翻译成多种语言）伴随我长达25年的哲学思考，而且被证明是本书部分框架中极其宝贵的资源。

第一章 引言与基本原理

第一节 引言

在目前的有关公共治理、公共行政和公共管理的文献中似乎存在一个空白：这一空白就是，对文献中所争论的话题与探究这些话题的基础和根本的主要哲学问题（如本体论、政治、哲学和认识论的问题）之间的联系缺乏充分探索和仔细思考。在对公共治理、公共行政和公共管理——以下统一简单使用"公共行政"标签（更多关于定义问题的内容将在本章后面部分介绍）——的连续性和变化的各种概况的研究中，从本体论问题到政治哲学辩论等一系列主题，几乎不被关注，即使被关注，也少之又少。

当然，也有一些特例。其中所包含的著作，通常要么专注于公共行政中的认识论问题（知识的基础和方法）（Riccucci，2010），这虽然是一个高度重要的主题，但仅仅涵盖了对公共行政有意义的主要哲学主题的一个子集；要么就是专注于公共行政中的道德、诚信和价值观问题［由此展开了一连串的研究，作者包括加尔特·德·格拉夫（Gjalt de Graaf）、沃尔夫冈·德雷克斯勒（Wolfgang Drechler）、乔治·弗雷德里克森（George Frederickson）、利奥·休伯茨（Leo Huberts）、迈克尔·麦考利（Michael Macaulay）、马克·鲁特格尔（Mark Rutgers）等］；或者更广泛地说，公共政策和公共事务方面的著作，通常所采用的是某个哲学立场（Garofalo and Geuras，2015）。这些著作与本书的核心主题有关；然而，正如本节所讨论的，它们涵盖的领域各不相同，且仅是本书所论述领域的其中一个，而本书为读者提供了对公共行政本体论和政治哲学基础的系统介绍。

最接近这本书所涵盖领域的著作可能是林奇和克鲁斯（Lynch and Cruise，2006a）所编辑的书卷，该书整编了一系列美国学者关于个别哲学家的文稿以及他们对公共行政理论和实践卓有影响的思路。然而，这两本书之间有着重要的区别。首先，林奇和克鲁斯的著作是一部编辑的作品，而本书则是一部作者所撰写的作品——这种格式希望能够确保所讨论的部分和主题具有更高的一致性。其次，林奇和克鲁斯的著作收集整理的内容主要来自美国的撰稿者，可能会对某些关注点和侧重点有所偏重；而本书的作者是一名欧洲学者，至少在处理公共行政中的哲学问题时会为读者提供一种不同的观点和角度。再次，林奇和克鲁斯的文集是按照相对具体而又松散的几个主题进行编排的，并且所涉及的是公共行政领域个别哲学家或学者的作品，而本书则是按照关键的主题领域进行组织的（本章末尾的表1—1中列出了本书结构的概述）。最后，当本书刊印时，林奇和克鲁斯的文集已经出版了近十年（距第一版的出版已有二十年）。综上所述，我们认为，有必要出版一本有分量的作品介绍公共行政哲学基础的主题，我们希望本书能够以系统和新颖的方式填补这一空白。

公共行政哲学基础的主题是关于公共事务中对哲学问题更大规模辩论的一部分，这些辩论具有更广泛的意图，而且为此出版了专门的书籍（如Haldane，2000）和专业期刊（著名期刊包括《公共事务》《哲学与公共事务》《社会哲学与政治》）。但是，我们不难发现，这些期刊所讨论的公共事务主题，其关心的问题往往与公共行政和公共管理学者经常讨论的话题相差甚远，而且其与公共行政和管理的联系也是微乎其微。

本书中所探讨的许多主题可以在以下两种著名的科学期刊的文章中找到：《行政理论与实践》（*Administrative Theory and Praxis*）和《公共声音》（*Public Voices*）。前者涉及的主题非常广泛，从公共价值观和社会正义到治理、人性、认识论，等等。《公共声音》就公共服务的理论与实践提供了各种具有挑战性的、通常是非正统的观点。然而，除了这些期刊以及它们对哲学的特别强调和特有方法外，我们在公共治理和公共行政领域的文献中更经常发现的是，对哲学的思考只是偶尔会被纳入分析中，而且通常是围绕特定的问题，但从未或鲜有以系统的方式进行分析。也从未有把对哲学的思考以独立撰写书籍的格式纳入分析中，尽管这种格式可能会使哲学主题和观点的复杂性更加一致。

然而，哲学问题是普遍存在的，并且在该领域最为严肃的研究著作中几乎处处可见。我们试举一例为证：这是一本对公共政策和管理中具有延续影响的主题进行研究的重要编辑作品：由波利特编著（Pollitt，2013）。波利特采用了一个显然无可争辩的著名管理工具的例子；其出发点是基于这样的考虑：

"汽车装配线上的全面质量管理（TQM）与作为社会关怀对象的老人家中的全面质量管理（TQM）鲜有相似之处，而且一家医院的全面质量管理可能与镇上另一家医院的全面质量管理（TQM）有着本质上的不同。"（Pollitt，2013，p.89）

正如波利特敏锐地注意到的那样：

在这个小例子的背后，有个令人玩味的哲学问题，即错综复杂的共相之下竟然有着意义和行为之间的区别，两者均都存在，却相互独立。因此，全面质量管理作为一组含义而存在，但只有 X 医院的全面质量管理作为一组特定行为而存在——车辆装配厂中全面质量管理的特定行为则可能会有很大不同。（Pollitt，2013，pp.80－89）

这段文章准确地指出，在严肃探究公共治理和管理领域的过程中，几乎随时都会浮现复杂且与哲学有广泛联系的问题。在波利特的例子中，一个哲学问题包含了所谓的"共相"的本质：这一哲学争论起源于中世纪，是共相概念的基础（意指作为断定多个个体事物的术语，例如"人类"或"动物"以及波利特的例子中"全面质量管理系统"）。它涉及的问题是：共相概念是否是真实的并是否作为（理念的）对象而存在；或者它们是真实的，并且是理性抽象过程的产物，但只有个体才是真正意义上的真实（在波利特的例子中，个体就是"X 医院的全面质量管理"）；再或者它们根本就不是真实的（第二章中讨论了关于共相本质争议的术语和不同的哲学立场）。这一争论至今在许多方面仍然盛行。重要的是，我们可以认为，公共行政学者对公共行政领域性质的理解，在多个方面取决于他/她对共相本质概念的哲学立场（这一点在第二章关于哲学基础和第四章公共行政应用方面进行了探讨）。总之，这一源于中世纪的哲学争论，远未过时，而且具有极端的现实意义。这个有关公共管理中全面质量管理例子所提出的另一个哲学基本问题是意义或"理念"与行为之间的关系，即"此时此地"或者已经形成的理念的现实性[1]。由此看来，哲学反思也可能为公共行政主题的审视和处理方式提供一个新的视角。

哲学问题对公共行政有重要意义。杰出的学者在他们的研究工作中都曾涉及相关的问题。胡德（Hood，1998）基于文化人类学进行了精细的文化分析；谢德勒和普洛乐（Schedler and Proller，2007）论述了公共管理的一系列文化维度（特别参见布卡的著作，Bouckaert，2007）；波利特（Pollitt，2013）的文集，致力于解决公共政策和管理中的"背景"问题，进而讨论了许多在不同点上出现的哲学主题。随着时间的推移，关于特定哲学思潮对公共行政贡献的争论不断涌现，从"存在主义公共管理者"（Richter，1970；Waugh，2006），到公共行政现象学方法（Jun，2006；Waugh and Waugh，2006）。然而，除了这些著作之外，还有许多重要的未曾涉猎的领域：大量与公共行政知识与理解相联系的本体论、政治哲学和认识论的主题和论题，本身并没有成为研究的对象。本书试图通过提供公共行政领域与哲学之间关系的总体情况来填补这一空白：它是对主题的介绍（希望是既全面又浅显易懂的），其目标是为"基础"哲学问题与当代公共治理、公共行政和公共管理文献中争论的一些重要主题之间的一系列关键的、相互联系的讨论与分析提供一个系统的或至少足够全面的基础。因此，它试图为萦绕诸多细心的学者和实践者脑海间的"大问题"抛砖引玉：哲学到底能为公共行政领域带来什么贡献？

解决这个问题是本书的要旨。在我们提出的方法中，切入点是对哲学思想的广泛概述，我们专门用两个章节来对此进行阐述（见后文及表1—1中所列本书计划）。这一智慧与知识体系之后成为选择性地应用于公共行政中具有当代意义的主题和问题的来源，在本书的其余部分进行讨论（第四至七章；另见表1—1）。

许多涉及与公共行政相关的哲学问题的著作都更多地集中在认识论问题上。正如我们已经注意到的，认识论，作为知识哲学，是哲学能够为公共行政所提供的贡献中至关重要的一部分，但这并不是其贡献的全部，本体论和政治哲学问题同样重要。再者，认识论问题不能完全脱离本体论和政治哲学问题，而更加全面地看待哲学的贡献则大有裨益。另外一个不同之处在于：通常，大多数公共行政中涉及哲学问题的著作都是采用了先从描绘公共行政领域入手，然后将公共行政学者归为不同的哲学流派（例如里库奇的著作，Riccucci，2010）。在本书中，我们从哲学思想的总体概述出发，从这个角度重新审视公共行政领域。我们的主要论据是，哲学知识和理解为公共行政的知识和理解提供了一种独特的、基本的贡献，涵盖并超越了各学科提供的知识为公共行政领域所作出的贡献。

许多其他有价值的著作都集中运用一种或几种特定的哲学观点来揭示公共行政中的一些具体问题。例如，斯托特（Stout）与洛夫（Love）就通过阐明哲学家玛丽·帕克·福列特（Mary Parker Follett）对当代公共治理观念的可能带来的贡献为此类著作提供了一个精彩例子（Stout and Love，2015；另见 Ongaro，2016）；学者佩里（Perri，2014）重新审视了哲学家和社会学家杜尔凯姆（Durkheim）的著述；提吉斯特曼和奥弗里姆（Tijsterman and Overeem，2008）对黑格尔和韦伯（Weber）关于官僚制度和个人自由之间关系的看法进行了对比，林林总总不胜枚举。这是一种有高度价值的研究方法，在许多情况下，这可能是唯一可行或有意义的深入研究哲学体系[2]而不会被其混乱的复杂性所困扰的方法。他们的做法是，采用一个特定的角度来看待哲学体系，然后展示这一套哲学思想如何能够帮助我们理解一个具体的公共行政问题。

然而，将整体大局和千丝万缕细节与某个特定的角度结合，然后由此探讨一个哲学体系，可能会使我们在过程中迷失。如果从更广泛的背景和更长远的角度来看待哲学中的关键思想，我们便可更充分地欣赏它们，许多被认为是现代的（或在公共行政文献中被称为"后现代"的）哲学家的思想都可以追溯到古代哲学家和哲学思想中。更重要的是，如果从广泛和长期的角度来看待这些思想，我们可能会更好地理解、审视、品味和探索它们。从广泛角度对哲学和哲学思想孤立地思考，可能会导致对应用于公共行政的哲学思想的多方面启示与细微差别在理解和深度上有所损失。正是由于这些原因，本书采用了与大多数现有出版物相反的方法：本书以一种强烈的历史视角（从古希腊的哲学起源到当代哲学）来审视哲学思想，关注个体哲学家及其基础本体论观点，并以更广泛的哲学角度，重新审视公共行政学术界的一些流派，特别是公共行政领域的一些"质疑和问题"[3]。通过对哲学史的全面了解，而不仅仅是从一个或几个具体的哲学方法入手，我们希望能够帮助读者（公共行政的学者、学生和实践者）形成一个更广泛的视野，了解哲学如何影响我们对公共行政、公共管理和公共治理的理解。

总而言之，据我们所知，至今尚未有一个对公共行政基础哲学问题主题系统介绍的独立撰写书籍的格式，我们希望这本书会有助于填补这一空白。正是因为这个原因，读者会发现在开头有两个专门章节（第二章和第三章），我们对历代的哲学思想进行了概述，此后是知识、理解和智慧在当代公共行政主题和问题中的应用（第四章至第七章）。在本书的最后部分（见第七章，特别是表7—1），讨论了可能用于解决公共行政领域与哲学思想之间关系问题的其他方法。

然而，需要强调的是，这只是对哲学和公共行政的《概论》，旨在对那些从事于实质性、深入调查哲学思想具体流派及其对公共行政（公共治理、公共政策和管理）特定领域影响的人提供宝贵的帮助。最重要的是，这本书旨在帮助非专业读者——学者、学生或实践者——抓住全局，把公共行政中哲学观点的辩论和讨论放在两千五百年哲学思想的更广阔视角中。用稍有争议的话来说，我们的总设想是，一些后现代或其他后什么的哲学家最近的感叹可能会激发出美好的反思，但这并不能取代从亚里士多德到康德，从苏格拉底之前到当代的哲学思想流派的系统性阅读[4]所能汲取的见解。

第二节 定义：哲学

那么什么是哲学？为什么它对公共行政很重要？这无疑是一个复杂的问题。我们不妨先指出哲学，不同于其他"科学"学科，它没有某个主题；相反，它有一些关键问题和主题，例如（Kenny, 2012）：

- "何为存在"：形而上学/本体论与上帝
- "我们是谁/我是谁"：灵魂与精神
- "如何生活"：伦理道德（价值论）

- "如何生活在一起"：政治哲学
- "如何知道/我们知道什么"：知识哲学/认识论。

获取对现实的理性知识和理解，以及对"理性科学"的运用［（logos）是古希腊语中表示"理性"或"道"的一个词——即运用并通过语言理解现实的能力］是哲学的终极本质。哲思（该词的"褒义"含义是：运用哲学思考）的结果是对一个主题的深入理解而不是掌握更广泛的学科知识。人类最初语言的天才发明就是哲学本身，古希腊的哲学一词为"ˆikocoˆa"（读作"philosophia"），我们可以把它翻译成"智慧之爱"——对事物最充分理解的基础是出于对智慧的热爱所做的对知识和理解的追求。

哲学源于人类对现实的整体性有更深层次的理解的需要，也源于这种探索所引发的问题：为什么是存在而不是虚无？我为什么存在？这一整体是什么，它来自哪里，为什么？正是在存在整体性面前的好奇与惊叹产生了哲学和哲思。正是哲学的本质以及知识所造成的它与具体学科的区别，才带来了独具特点的哲思：那就是不需要拥有或取得任何获得信息的特权。哲思无须整理专门数据（例如，实验数据，或者调查数据，或者获取未发表文献的数据）"哲学不是博览知识，不是获取有关世界的新事实；哲学家不是掌握别人不知道的信息。哲学的本质不是知识；哲学的本质是理解，即，是组织所知道的东西（Kenny，2012，p. x）"。哲学，尽管在与多学科的研究成果的持续对话中，知识被暂时地表达出来，但最终还是基于普通的经验[5]。

事实上，可以说，所有具体的个别学科都或多或少地源于哲学，并随着时间的推移与哲学分离：

> 许多古代和中世纪作为哲学一部分的学科早已成为独立的科学……可能没有任何科学概念被完全澄清，也没有任何科学方法是完全无争议的：如果是这样的话，每一门科学都会留有哲学的元素。但是，一旦问题可以没有争议地被陈述，当概念被无可争议地标准化，并且出现了对解决方案方法论的一致同意，那么我们就有了一门独立的科学，而不再是哲学的一个分支。（Kenny，2010，pp. x - xi）

与此同时，哲学仍然专注于现实本身，关注整体的存在。社会科学同许多其他学科一样源于哲学；例如，经济学最初属于道德哲学，后来被设立为一门独立的科学，尽管人们对此众说纷纭。由此而来，值得注意的是，当一门学科的问题远不能被完全没有争议地表述出来，其概念也不能被毫无争议地标准化时，比如大家广泛认为，甚至一致认为的公共行政学科（Raadschelders，2005），那么，它与哲学的联系就会更为紧密，而前面提到的未解决的"哲学残余"就显得尤为重要。事实上，公共行政被定义为政府的跨学科研究（代表人物沃尔多等，Waldo，1948/1984；Frederickson，1980；Marini，1971），因此它不是一门学科，而是一套旨在提高我们对现行政府认识和理解的多学科方法，这一性质使公共行政更加远离科学，因为科学的措辞是可被毫无争议地论述，而且其概念可被毫无争议地标准化（关于公共行政的性质，我们会在本章的后面部分讨论），从而使它更接近哲学。因此，在公共行政领域的发展中，我们需要呼吁"加上"哲学思考。

哲学也与艺术相似，其相似之处更在于它们都与标准有着重要的关系：它没有一个具体的主题，却有一套独特的方法（Kenny，2010，pp. xi–xii）。此处我们也可以发现到与公共行政的紧密联系。公共行政具有"双重性"，它既是一门"科学"（尽管表现出高度的学科内和跨学科间的分裂），也是一门"艺术和职业"，被广泛认为是其最典型的特征：该特点进一步强化了人们的主张，即从哲学的角度重新审视，可以让公共行政受益匪浅。从这个意义上讲，艺术，特别是"政府的艺术"，与哲学和公共行政的艺术和职业，以及许多参与公共行政实践的艺术和职业密不可分，所以可以通过从哲学思想的角度重新审视以便更好地理解。从这个意义上，我们认为哲学可以揭示作为科学，以及作为艺术和职业的公共行政——通过行政治理的艺术和职业[6]。我们认为，从广义上讲，哲学知识和理解是公共行政的基本组成部分。

在我们研究公共行政的本质之前，我们先来解决另一个与哲思本质相关的问题：怎样回答"哲学是否有进步"这个问题。事实上，我们可能会注意到哲学中似乎存在一种循环：发展一种哲学体系或研究新问题最终导致（回到）旧的哲学问题上面。现代物理学巨人阿尔伯特·爱因斯坦，把哲学和哲学体系比作写在蜂蜜上的东西：当你起初凝视它的时候，简直奇妙无比，但是当你过会儿再去看的时候，所写的东西已经融化，剩下的只是蜂蜜，而那就是"现实以及那长期存在的相同问题"。那么，这个问题的答案干脆就是否定的了？即哲学没有进步？一定程度上，的确如此。（继续）顺着肯尼的思路（2010，pp. 12—13）我们可以观察到，对哲学进步问题的一个回答是，它是新偏见和谬误的解毒剂：哲学可能不会进步，但回到哲学可能对知识困惑提供有效的治疗，这在不同的时代会以不同的形式出现。我们这个时代的一个偏见可能是把心智比喻成一台计算机，一个信息处理器。鉴于计算机科学从20世纪下半叶以来数十年的发展和影响，这种偏见的根源可以完全理解。然而，几个世纪以来，哲学家们将注意力集中在其他维度上，来理解心智的本质，当然他们也完全有理由这么做：心智关乎意识与自我意识；心智是主体本身的表现形式，而客体与自身不同；心智属于意向性；等等（见第二章和第三章，这些心智概念背后的哲学讨论）。如果采用哲学的立场，那么心智远远要胜过而且也不是信息处理器，对心智的任何理解都需要一个比被比作电脑更广泛和更深刻的比喻[7]。在另一个更基本的层面上，在回答哲学是否有进步的问题时，我们可以说，历代出现的新哲学巨人给我们带来了提出和解决基本哲学问题（如果不是答案的话）的方式的新视角。因此，这些可能为后人解决现实理解的基本问题提供了新的概念性答案。例如，由哲学家伊曼纽尔·康德（Immanuel Kant），带来的"认识主体的革命"（即存在的类别被认为是已知主体的属性，而不是存在本身的属性；他的哲学在第三章中进行了广泛的讨论），如果视其为"进步"可能是有问题的，特别是如果进步是以某种形式的"知识积累"来概念化的（康德的哲学不是对前人哲学的"添加"，而是对其进行挑战和革命），但是，它代表了哲思这样一种非常新颖的方法，这种方法扩大了关于本体论和知识哲学的观点集成，因此对后来哲学反思的传承构成了一个持久的补充。因此，尽管哲学中是否存在知识积累以及在多大程度上存在知识积累存在争议（因为这需要一种没有争议的目标定义、问题陈述和方法论上的一致性，而这是个别学科的特性，而非哲学的特性），但谈论"进步"之类的问题并没有什么不妥。

现在我们来简要介绍和讨论本书其他关键主题的性质：公共行政。

第三节　定义：公共行政

　　对公共行政、公共管理和公共治理的定义不计其数。然而，大多数人（Dunleavy and Hood, 1994; Ferlie et al., 2005; Ongaro and van Thiel, 2017a, 2017b; Painter and Peters, 2010; Perry and Christensen, 2015; Pollitt, 2016; Raadschelders, 2005）认为公共行政可以被定义为一个主题，由其主题而不是一个学科来定义。公共行政被认为是"多学科的"或"跨学科的"（这两个概念的区别主要在于，那些将公共行政定义为"多个"学科的学者强调的是应用于公共行政研究的各个学科的成果之间缺乏内在联系，而主张将公共行政定义为"跨"学科的学者则要求将研究结果能够有效地结合和整合，以促进该领域的发展）。尽管一门学科侧重于自然或社会现象的一个类别或维度，以及研究这些现象的一种或一套方法（正如我们判定经济学研究"经济"现象，而地理现象又进一步分为自然地理学和人文地理学研究的现象一样，等等），但一个主题是由它所涵盖的领域来界定的。公共行政被定义为"一个致力于政府研究的多学科尝试，以产生见解来改善政府实践"。（Bauer, 2017）公共行政的定义条件还包括关注法律的制定、颁布或通过和执行过程（Pollitt and Bouckaert, 2011），同时由于自韦伯理论以来，"现代"公共行政都被设想为在法律控制的条件下运作，权力的合法来源[8]是法律，而不是领袖气质或传统（Rosser, 2017），因此这一鲜明特性也应纳入考虑。对法律作用的强调也将公共行政与"公共管理"加以区别（后者关注公共机构消耗的资源与产生的结果之间的关系）；公共行政和公共管理在这方面是对同一领域的不同映象（见 Dunleavy and Hood, 1994; Pollitt and Bouckaert, 2000, 2004）。最后，也是重要的是，"公共治理"一词是用来表明更广泛的公共机构指导社会，并使非政府行为体参与公共政策的过程，而绝非更严格地关注政府权威决策和行政的过程（Pierre and Peters, 2000; Torfing et al., 2012）。治理还指在一个既定的政治体制中，更广泛的正式和非正式的规则、公约、惯例和信仰。从现在开始，除非另有说明，我们将主要使用"公共行政"来统称公共行政、公共管理和公共治理。

许多人（至少在公共行政学者中）认为公共行政是政府的跨学科研究和实践，而不是政府某一方面（政治的、经济的、社会的或其他）的单学科方法。有些人指出不同学科的方法给公共行政带来了显著的局限性，他们更愿意谈论"多个"学科而不是"跨"学科的政府研究（例如Bauer，2017），而其他人则强调跨学科的地位，并主张公共行政的重要性和地位因为这种跨学科地位有所增强而非削弱。这尤其是说，公共行政作为一个领域，根据主题而不是方法界定，不仅不会有什么损失，反而会有好处（Raadschelders and Vigoda-Gadot，2015）。有一种论调强调，公共行政因为其本身具有跨学科或多学科的性质而缺乏认识论和方法论的一致性，但反对方的论点（例如 Riccucci，2010；Stillman，1991/1999）则强调跨学科的性质，而且正是因为公共行政是跨学科的[9]，它才为政府提供了比基于范式的学科可以提供的更全面的理解（此处的"理解"不同于"知识"），因为根据定义，基于范式的学科"看到的"政府只有一个层面[10]（在某种意义上，此处所指的是你必须为范式的和方法论的一致性付出"代价"）。从这个角度来看，公共行政是从跨学科或多学科的角度对政府进行的研究，目的是产生应用知识。

公共行政的构成学科是什么？人们普遍认为政治学、管理学和法律是公共行政的组成部分。

政治学是对各种政治制度及其相互作用的社会科学研究（后者通常被贴上"国际关系"的标签，尽管相互作用在政治制度中产生的强度只能部分地通过传统国际关系研究的视角来解读，如欧盟）。它通常包括从政治动员到政治体系对公共政策作用的整个政治过程。政治动员是指其成员（公民或其他人）对政治制度的归属感建立和创造或剔除的过程，到政党政治的动态，再到选举制度机制和选举竞争的动态（在民主政体中）或其他形式，由此一个政党或团体获得权力（在非民主政体中）。政治机构的社会科学研究包括权力的三个主要分支：政府（行政政治）、立法机构（立法政治）和司法机构，以及它们之间的多方面的互动。公共政策分析包括政策过程的动态以及所涉及的公共和非公共的整个范围的行为体。例如，在一些分析框架中，它被称为"倡导联盟"（advocacy coalition）（Sabatier and Jenkins-Smith，1993），而其他人则称为政策子系统（Baumgartner and Jones，1993）。政策过程通常分阶段制定：从议程设置和备选方案的规范，到政策决策，到公共服务的政策实施和交付，再到采用虚构但有用的政策周期概念（Kingdon，1994）。公共行政在政治过程的所有阶段都具有重要意义：公共治理和公共行政在政治动员和公共机构职能方面也很重要，不仅与行政权力有关，而且与立法权和司法权有关；然而，公共行政和公共管理总体上与公共政策联系更加紧密（学术界的制度化也是如此，许多大学教授的讲堂被贴上"公共行政与政策"的标签或其他类似的名称）。公共行政是关于整个周期公共政策的形成；公共政策是关于公共行政的有效运行。

在本书中，我们将视野扩展到政治科学之外，来围绕政治学起源的哲学分支，即政治哲学进行研究。在第五章中，我们特别探讨了正当理由的基本问题：什么使政治制度、公共治理制度具有"正当性"？哲学的其他分支也对政治科学及其对公共行政的贡献也同样至关重要，尤其是本体论、认识论和伦理学。在第二章和第三章介绍了主要哲学流派之后，我们会在第四章中特别再回顾一些其中的联系。

管理是公共行政的组成学科，尤为强调公共服务机构所消耗的资源与产生的结果之间的关系，其主要决定性问题是政府实践的改善。意大利公共管理学院的知名作者博尔戈诺维（Borgonovi，1973，1984）认为，公共管理应被视为管理学科整体的一部分及其三大支柱之一。依照制度主义的观点，其切入点是由三类机构组成的社会三方代表：企业、政府、家庭和第三部门组织。公共管理与企业行政和管理（与第一类机构、企业的管理有关）以及家庭和第三部门组织（第三类）的地位相同，这三者构成管理的三个主要分支。公共管理是对第二类机构的经济维度的研究：公共机构（在英语文献中通常称为"政府"）。从这个角度来看，第二次世界大战后，公共管理主要是从私营管理而非公共管理中输入知识，这一事实纯属偶然（当今有更多的学者和更多的资源用于私营管理，但在 20 世纪上半叶，情况并非如此，而且这种情况在未来很可能会再次发生逆转），而且私营和公共管理之间没有上下级关系，两者处于平等地位。由此可见，公共行政的研究往往与公共管理学的研究重叠（有批评指出，这一观点强调了某些维度，例如效率、有效性和经济性的绩效标准，从而损害了公共行政研究中的其他方面）。独具特色但与管理密切相关的是组织科学对公共行政的贡献（Christensen et al.，2007；Christensen and Laegreid，2017；March and Olsen，1995，1996）。

经济学（政治经济学）对公共行政的贡献可以在一个不同的层次上进行分类。在所谓的"公共选择"（公共环境下决策的经济学研究）中，这一学科贡献尤为突出。除其他人外，尼斯卡宁（Niskanen，1971，1973，1994）和邓利维（Dunleavy，1991）的贡献影响颇为深远。图那里斯特（Tonurist）和班克嘉德（Bækgaard，2017年）对经济学学科在公共行政领域的影响、贡献类型和在公共行政期刊中的出现进行了概述。

这三个学科（管理学、组织科学、经济学）的一个核心问题是研究个体和组织之间的关系。在本书中，我们回顾了一些围绕个体和组织之间关系的基本问题，因为这些问题属于管理学、组织科学和经济学学科研究范畴。我们的做法是，从哲学的角度，回顾历代的主要思想流派和伟大的哲学家（见第二章和第三章），然后从经典形而上学、康德哲学和当代思潮，如存在主义（见关于存在主义公共行政人员的辩论）、结构主义和现象学（第四章）等角度重新审视一系列的公共行政主题。

法律，特别是公共行政法，是一个"现代"公共行政的关键贡献学科。在探讨法律对公共行政的贡献时，德拉戈斯和朗布鲁克（Dragos and Langbroek，2017）声称："毋庸置疑，公共行政之所以作为一门学科存在要归功于律师这一事实，在19世纪和20世纪，律师发展了这一领域，尤其是在欧洲大陆国家。"虽然这个断言可能存在争议，法律和律师对公共行政发展的重要性不能低估，并且"直到20世纪下半叶，特别是继赫伯特·西蒙之后，社会学和组织理论才将重点放在公共行政研究上，但人们更多倾向于谈论公共管理而不是公共行政"（Dragos and Langbroek，2017）。作者继续指出，当今律师倾向于关注司法机关在行政过程方面的职能、关注法院判决、法院案件及其对行政行为的影响，以及公共行政的司法监督和公民与公共行政部门之间冲突的解决。如果法律和公共行政部门之间相互背离，或者至少是彼此疏远，那么法律和其他研究公共行政的学科（从而使公共行政更加"跨"学科，而不那么"多"学科）之间可以再重新架起桥梁吗？最近要求结合法律和其他研究公共行政的学科的趋势和主题（和时尚）是"放松管制"和"完善监管"。在另一个层面上，履行这种桥梁职能的候选人可能持有的是（有问题且有争议的）"善治"概念，而这一概念尤为世界银行等国际组织所提倡。

本书并未直接论述实在法[11]对公共行政的贡献（更不用说讨论自然法或启示法与公共治理之间的关系）。然而，它确实检验了古典哲学家的思想关于"本来"与"应该"之间的关系，以及"什么是本来"和"什么是应该"之间的关系（哲学意义上的实际维度和规范维度；见罗格斯的著作，Rutgers，2008a），这种关系是重要的法律基础和构成维度及其在公共行政中的应用。

自马克斯·韦伯（Max Weber，1922）的开山之作以来，社会学学科也被广泛认为是公共行政的组成部分。如从杜克凯姆（Dukheim）（Perri and Mars，2008；Perri，2014）引出的社会学框架和社会学概念（如社会机制）被广泛用于公共行政研究的分析基石（Hedstrom and Swedberg，1998；有关公共行政的运用，请参阅亚斯科尔等的著作，Asquer，2012；Barzelay and Gallego，2010；Mele，2010；Ongaro，2013）。鉴于其在社会科学中的地位，就算不是"王牌"学科的话，最起码也是一个基本学科，社会学的辩论并没有出人意料地深入到根本的哲学问题，更别说包括我们对"时间"的设想方式（Abbott，1992a，1992b）以及潜能与现实等概念。在第四章中，我们从哲学的角度对这些主题进行了研究，以便为公共行政的含义提供参考。

公共行政研究还采用了一系列其他学科，包括心理学和认知心理学（尤其是最近复兴的，被认为该领域的影响学科之一的，所谓的"公共行政行为"，见 Grimmelikhuijsen et al.，即将出版；Tummers et al.，2016；Olson et al.，2017——以及欧洲公共行政组织针对这一主题专门设立的常设研究小组）；另见邓洛普和拉达埃利（Dunlop and Radaelli，2017，公共组织学习论）；文化人类学（胡德是在公共行政领域应用文化人类学理论的一个例子，Hood，1998）；人文地理学和历史编纂学（Raadschelders，2000；Rugger，2012）。

公共行政的实践涉及更广泛的与行政行动和公共政策部门相关的学科：从公共经济学到犯罪学，从工程学到建筑学，从信息学到医学，等等。事实上，公共行政不仅被视为一门科学，而且在平等的基础上，以同样的构成方式，被视为一门艺术和一种职业（Frederickson，1980；Frederickson and Smith，2002）。公共行政首先是需要实践的，在这个意义上，公共行政可能最应该被视为职业，因为它主要兴趣是工具性知识，就像医学或工程学一样。公共行政的目标是在最广泛的意义上优化公共行政，也就是使国家尽可能合法、公平、有效和高效地运行（Bauer，2017）。

历史上，许多公务员机构（如英国的公务员机构）主要是在人文学科方面培训文职人员和公务员。公职人员被视为"非专业人士"，他们的主要技能主要是通过通识培训和实践中的学习、边干边学。哲学、历史和文学文化被视为公共服务的关键。其基本概念是"理解"先于（技术上的）"知识"。在公共行政的概念中，重点是理解而非学科知识，其中心是通过理解构建知识与行动的桥梁，并联系解释性问题（为什么？是什么？）与行为规范问题（例如"应该"之类的问题，如公共行政应该做什么？）。从这个角度来说，我们需要诉诸哲学理解，而且正是哲学理解最终支撑公共行政的理论和实践，从而实现专业知识与行动之间的连接。本书的一个主要目的就是引起公共行政学者和实践者对这一基本维度的关注[12]。

从某种意义上说，政府工作人员中需要专家还是通才（专业学者本身是否必须是专家，以确保他们能够深入研究某个所选的主题并生成"新的"知识，又或者他们必须是通才，以确保他们有广阔的视野和能力在知识体系之间建立有意义的联系）不是什么新问题。从这个角度来看，答案是"两种人才都需要"，但两者必须具备重要的资格，特别是在高层，通才提供了宝贵的贡献：通才可能是个"半瓶子醋"（Dogan，1996，p.99），但是专业化分散了知识，而理解是公共行政运行和改善的基本要求。通才技能包括政府和相关体系及政策领域……对所在组织的各个行业和工作人员单位的渊博的知识和经验，政治敏感度，对政府和社会互动本质的深刻理解，以及感知各种社会趋势的能力。（Raadschelders，2005，p.618）

公共行政学的研究也需要通才，即"学者，他们致力于开发可以帮助从各种渠道联系有关政府知识的框架"（Raadschelders，2005，p.622）。哲学知识和理解是实现这一总体目标的有效动力和燃料。

最后，我们要谈谈本书主题的意义，那就是，不可低估公共行政。简单地说，"一旦人们从生活在部落中的游牧民族转变为生活在想象中的社区里的个体，政府、法律和行政就成了无法改变的事实"（Raadschelders，2005，p.604），它们是决定人类福祉的重要组成部分。

第四节　局限性

我们有义务提醒读者意识到，本书存在许多重要的局限性。本书是一本充满雄心壮志的著作，也正是因为这一点，反而给本书带来了第一个局限性：这部作品所涵盖的领域非常广阔，从像公共行政这样充满活力和多样性的领域一直延伸到由两千五百年的哲学反思所产生的反思、理解和知识的巨大体系。

不可避免地，我们对主题进行了精挑细选，而且非常主观。本书的准备工作需要极其广泛的阅读，但这最多可以被看作一个结构化的而非系统化的对公共行政相关文献的回顾。

本书的第二个局限性是，它主要以西方哲学为中心。一些哲学历史学家认为，当今普遍构想的哲学，是对现实本身的理性认识和理解，是理性科学，如 λόγοσ 逻各斯（logos）就是古希腊先贤的发明，然后被传播到了西方文明中（Reale and Antiseri，1988）。然而，从最大的意义上讲，哲学理解在所有人类文明中都是恰当的，虽然方式不同，如果我们能共同努力跨越各种哲学流派，来启发对当代公共行政的理解，无疑将获得巨大的收益。但如果回顾其他哲学传统，如伊斯兰哲学或东方哲学，则完全超出了本书作者的能力。尽管作者对这些哲学传统中的一些概念有所提及，但未尝试过系统的处理——这个任务还是留给另一本书，由其他作者来完成。因此，本书的重点是西方思想。我确实希望这一努力可以与那些——让我们继续沿用上文的例子——谙熟伊斯兰哲学和东方哲学同人们的类似努力相匹配，以便共同为将哲学思想应用于公共行政和公共治理领域提供越来越宽广的途径。

还有一点需要说明，本书是关于哲学与公共行政的概论，"概论"同时指出了本书的固有局限：考虑到相关主题所涉及的广度和深度，这本书只能作为一个入门，提供非常宽泛的概述，指出并希望提供哲学思想在公共行政广泛的应用中有价值的见解。但这些打算都只是起点，从中可以展开具体的、集中的，为公共行政探索哲学含义提供这样或那样的研究和思考。希望本书是一个具有深刻见解的概览。

第五节　方法

　　至此，读者可能会问及一些重要的方法论问题。关于哲学，我们——本书的作者能知道什么？怎样才能知道？关于公共行政，我们——本书的作者可以知道什么？怎样才能知道？我将按顺序一一回答这些问题，并请读者原谅这个小小的个人题外话（您可以安然地跳过这一节，直接进入最后一节"本书概述"或进入第二章开始实质性章节）。

　　这本书的想法源于我长期以来对哲学探究的兴趣，早在意大利吕克昂读中学时，我就选择了主修哲学。在那期间，我逐渐意识到了哲学对于生活的方方面面所产生的重要意义，也决定了未来我要选择的专业。然后，在大学期间我转到了与公共管理相关学科的学习[13]，很快就开始全身心地投到了公共行政和管理的研究中。这本书最初的构想就是在那段时间形成的，二十多年前当我开始学习公共行政时，我脑海中就有一个深深的信念，"哲学对公共行政的研究（和实践）确实很重要"。自那时起，我一直在持续培养哲学兴趣。最近，为了编写这本书，我对哲学文献和期刊进行了广泛的回顾（在此，撇开那些哲学分支中如伦理学、美学等"专业"期刊不提，我所阅读的该领域的期刊包括《澳大利亚哲学杂志》《加拿大哲学杂志》《欧洲哲学杂志》《哲学探究》《美国哲学学会会刊》《心灵》等）。当然，我尽可能地博览深入探讨哲学基础的公共行政领域的出版物（在整本书中都有所引用）。

　　在本书的撰写过程中，除了不断与公共行政和管理学科的同人进行交流外，我还聆听了哲学研究领域的资深同仁对手稿摘录的建议，特别是伦敦国王学院的玛丽亚·罗莎·安托内萨（Maria Rosa Antognazza）教授。跨越学科——尤其是综合的学科和领域——一直是一项颇具挑战性的工作，在这个过程中所得到的友好的建议也令我受益匪浅。不言而喻，本书中所有的错误责任都是我的，而且只是我一个人的。

　　总之，这是一本由一个公共行政学专业学者（公共行政学家）所撰写的书，同时也是一位业余哲学家（自20世纪80年代中期起从未改变），希望有助于开辟一条道路（路径），以引发和滋养一场有关公共行政研究与实践的哲学基础和意义的迫切需要的思辨。当然，经验丰富的公共行政学家和"专业的"哲学家们会通过我抛的"砖"而引出"玉"来。即便如此，仍然希望这部作品能为富有成效的思辨铺平道路而提供有用的建筑材料，以便推动我们对公共行政的了解和理解。

第六节　本书概述

在解决哲学问题上，本书采取了一个与众多其他公共行政著作不同的方法。我所采用的方法不是从一个选定的公共行政主题或问题开始，然后有选择地诉诸可能启发所探讨问题的哲学工具，或者从一个哲学家的思想出发来讨论公共行政的含义，我的切入点是对哲学思想的广泛的而且是尽可能系统的回顾。根据所回顾的结果，本书的其余部分审视了哲学思想的"系统运用"如何为更深入、更灵活地理解当代公共行政领域的研究带来收获。

这一内容的选择反映在本书的大纲中，并在表1—1中做了总结。接下来的两章首先探讨西方哲学在希腊、中世纪和早期现代哲学思想中的深层根源（第二章），然后转向现代和当代哲学（第三章）。然而，这两章自始至终都指出了与公共行政主题的联系，契合本书的总体主旨，那就是主要面向公共行政读者。第四章是本书的关键部分，本章将前两章的哲学回顾发现应用到了一系列公共行政主题和问题上。第四章主要着重于本体论和认识论问题。第五章从本体论转向了公共行政的政治哲学基础问题，探讨"共同善"和"社会契约"论证对缔造一个政治体制"正当性"的区别，及其对公共治理的影响。第六章回顾了三位古典作家安布罗吉奥·洛伦泽蒂（Ambrogio Lorenzetti）、尼古拉·马基雅维利（Niccolo Machiavelli）和托马斯·莫尔（Thomas More）的作品。他们从公共行政的三个维度陪伴我们的探索之旅，即（公共）美德的作用，"现实主义"在政治学的论点，以及乌托邦思想可能引发的持续的灵感。他们还指导我们思考一些关键问题，例如人性的不可变性及其对公共行政研究和实践的影响。最后，第七章将这些论点串起来，讨论了哲学可能为公共行政的主要知识传统所提供的贡献及其性质和类型，它分别地被视为科学知识、解释主义者的尝试、实践经验，或实践智慧。

表1—1　　　　　　　　本书的顺序：总结

第一章　引言与基本原理	本章为后面的内容做好了准备并论证为何哲学及哲学理解对公共行政、公共治理和公共管理（简称"公共行政"）具有很高的价值，还讨论了基本原理和定义问题。
第二章　哲学探究的主要流派：为公共行政领域选取的简要概述——第一部分	本章阐述了西方哲学在希腊、中世纪和早期现代哲学思想中的深层根源，向读者介绍了早期哲学家的独特而不朽的贡献，同时对公共行政领域有影响的联系进行了预览，以便在第四章至六章中进行深入探讨。
第三章　哲学探究的主要流派：为公共行政领域选取的简要概述——第二部分	本章审视了现代和当代的哲学思潮，并概述了这些思潮如何对当代公共行政被忽视的特性研究给予启示。
第四章　从哲学角度重新审视公共行政理论与主题	本章系统地应用了第二章和第三章的研究成果，并讨论了哲学思想的"系统"运用如何为更深入、更灵活地理解当代公共行政领域的研究带来收获。本章的主要焦点是本体论和认识论问题。
第五章　政治哲学与公共治理	本章从本体论转向了公共行政的政治哲学基础问题，探讨"共同善"和"社会契约"论点作为一个政治体制"正当性"基础的区别，及其对公共治理的影响。
第六章　论公共行政中的美德、现实主义和乌托邦思想	如果整本书最终都是与西方文明的伟大思想家的碰撞，本章特别挑选了三位作者来深入探讨公共行政的三个维度，即（公共）美德的作用，"现实主义"的论点，乌托邦思想可能引发的持续的灵感，重温了安布罗吉奥·洛伦泽蒂的名画《好政府》，尼古拉·马基雅维利的杰作《君主论》，以及托马斯·莫尔的《乌托邦》。
第七章　对一致性的探寻	本章将这些论点串起来，讨论了哲学可能为公共行政的主要知识传统所提供的贡献及其性质和类型，它分别被视为科学知识、解释主义者的尝试、实践经验，或实践智慧。

注释

［1］希腊哲学家亚里士多德称其为"entelechy，实现，圆满现实"，见第二章。

［2］许多哲学和哲学家都会拒绝将他们的思想作为"系统"来加以

限定；我们在这里使用的是这个词的宽泛含义。

［3］在这方面，它也与分析哲学和哲学家所采取的方法相差甚远。

［4］哲学史的"系统阅读"应该可以通过阅读关于这一主题的优秀的手册总结而获得，因为这种关于哲学思想巨人们的《欧拉全集》远远超出了本书的范围。

［5］我们可能会注意到，这一特点使得这本书的撰写显得更廉价——它本质上是一个扶手椅运动。

［6］也许有必要详细讨论一下为什么要研究哲学史的根本原因。正如肯尼指出的："原因多种多样，但不外乎分为两类……我们可以阅读其他时代的哲学家来帮助解决长期关注的哲学问题，或者更全面地进入一个过去时代的知识世界。"（Kenny，2010，p.9）本书显然属于前者：我们寻求哲学思想启迪，以解决我们现行关注的研究和实践领域，即公共治理和公共行政领域的问题。

［7］一个反对意见可能是信息和通信技术的发展越来越接近"真实"。在某种形式或意义上，（人造）机器的可能性也可能获得自我意识（这是一个极大的研究和技术创新流派，在"人工智能"的标签下已被广为人知）。但是，哲学家如普罗提诺（Plotinus）和黑格尔分别在公元3世纪和19世纪提出的观点与之并不相同：他们（试图）解释自我意识是如何在宇宙范围中产生的，以及它对现实的整体意味着什么。从这一哲学的角度来看，机器获得自我意识这一事实，虽然引发了巨大的伦理和实际问题，但不会改变问题的基本措辞：自我意识和意向性（从这两位作者的哲学观点来看）是事物存在的条件。因此，从某种意义上说，对心智的哲学思考可能会带来的观点和相对主义，甚至比技术创新可能带来的最令人吃惊、最迷人和危险的变化更有过之而无不及。

［8］官僚主义处于政治统治的情况下。

［9］大概意思是能够整合不同学科中所发展的概念和理论，以及关联完整学科的能力（Dogan，1996）。

［10］由于使用的概念和理论的学科多样性而产生的认识论和方法论的多样性意味着，从本体论上讲，公共行政的研究只能是跨学科的。公共行政是其学者们唯一可以宣称研究政府整体（而不仅是一个学科定义的方面）的学科（Raadschelders，2008，p.944）。

[11]"实在"法是指人工制品、人为制度的法律和立法体系。"自然"法是哲学和法律的一个分支,讨论的内容是构成人类、每个人的存在及权利和义务,不考虑立法活动。

[12]在我准备这本书的提案时,我碰巧聆听了欧洲某个大国(一所为文职人员和公务员开设的大规模培训课程的学校)的国家公共行政学院院长在一次重要的公共行政会议上发表的演讲,他(完全自发地)提出了将人文科学和哲学研究纳入公共管理人员专业培训方案的课程的重要性。尽管这显然只是一个经验之谈(anecdotal evidence,又译作轶事证据),但它可能会强化这样一个论点:经过几十年的强调技术手段和现成的解决方案的重要性的行政改革,关于增强更广泛解释公共行政和行政行动的重要性的意识正在出现或重现。

[13]工业工程理学士、理学硕士撰写的公共部门管理会计与控制论文;伦敦经济与政治科学学院的哲学硕士和伦敦国王学院的哲学博士,都曾发表过公共行政和公共管理方面的论文。

第二章 哲学探究的主要流派：为公共行政领域选取的简要概述

—— 第一部分

第一节 引言

对于伟大的希腊哲学家亚里士多德来说，哲学研究首先是对事物起因的探究。亚里士多德，也被认为是第一位哲学史学家，根据哲学探索的原因，对其前辈哲学家进行了分类。亚里士多德自己建立了一个由四种原因组成的体系：质料因、形式因、动力因和目的因（我们将在后面和第四章深入探讨这一重要概念）。在这本书中，我们采用了一个更为"教科书"的分类，将主要的时间标准与主题标准混合在一起。我们首先阐释古代希腊哲学，然后转向早期基督教和中世纪哲学，转向早期现代哲学，最后更深入地探讨现代和当代哲学。我们只会简明扼要地、有选择性地强调某些主要的哲学流派，这种选择主要是基于一定的发展顺序，当然部分地也基于我们必然主观的对这些哲学思想对公共行政研究意义的判断。我们在关键段落中详细阐述了一些概念和观念，这些概念和观念随后将在后续章节中用于讨论公共行政主题和相关辩论，其中一个概念是四个原因中的一个，这四个原因最近在公共行政领域（Pollitt, 2012）和更广泛的社会科学领域（例如国际关系领域）又再度流行（见 Kurki, 2008，是"批判性现实主义"论述的基础）。

在我们开始之前，不妨回忆一下古希腊的文化、宗教以及社会经济和政治条件，它们为哲学的诞生提供了肥沃的土壤（Reale and Antiseri,

1988，pp. 5 – 10）。古希腊文明包括当代希腊的领土、意大利南部和安纳托利亚半岛的西海岸，以及现今土耳其西部的米勒托斯市，是哲学最初发展的一个关键中心。哲学思辨的出现直至所谓的古风时期（archaic period）结束之前，令人惊叹的希腊语言的文学作品不断发展，在诗人荷马《伊利亚特》和《奥德赛》的诗歌中达到顶峰。人们已经注意到荷马史诗的一个重要特征是"动机的艺术"，即不断地探索所叙述事件的缘由，探寻事件为何发生的原因，这些都被编写成诗歌文本。即使原因在这里可能采取神话的形式，对事物原因的探究也渗透在伟大的希腊文学中，这也可能为随后的哲学思辨铺平道路。荷马史诗的另一个关键特征是它整体而言都力求呈现现实：神的世界和人类的世界在这些诗歌中同样被表现出来，人类生活中的正义和不义、好与坏、快乐与痛苦也是如此。在古典时期（公元前 500—前 323 年）和希腊化时期（公元前 323—前 30 年）全面发展的哲学思辨占据中心地位之前，整体上对现实的思考，以及对于人类在现实中地位的思考，已经在伟大的希腊文学中有所预示。希腊公众的宗教信仰也表现出其特质：希腊的神与人类相似或是自然的特性被放大乃至臻于完美，并不是遥不可及的神祇。在许多方面，它是自然主义的宗教，引起人们关注深邃的自然（希腊语为 φύσις or physis）——这也是希腊哲学事业所特有的一种动力。最后，在哲学诞生前的几个世纪里，希腊社会发生了重大变化：它变得更加富裕，它的经济实力至少为部分人口腾出了时间，使其从需要投入学习和思考的物质限制中解放出来。然而，更重要的是，希腊城邦国家形成了政治自由的气氛，在政治社会中认同"公民"（这本身就是希腊发明）的身份，以及言论自由，这为哲学思辨的自由批判性思维提供了温床。

第二节　哲学的起源以及前苏格拉底时代

被称为"米利都派"的哲学家们（因为他们都来自米利都市）开始了对"存在"本身进行研究——即对存在（being）和变化（becoming，也译作"生成"），现实（reality）与存在者（existence）的研究——这也被称为"本体论"：对存在的研究（希腊语中研究是 λογια，logia，存在 ον 的所有格是 όντος ontos，因此本体论 ontology 的意思是对存在的研究）。

泰勒斯（Thales，公元前 624—前 545 年）通常被认为是哲学的创始人，因为他致力于探究万物的起源或基础，以及它们的终极本质。他声称在水中发现了它，但这不应该被认为是物理意义的水，而是试图识别和限定事物内在本原（希腊语为 ἀρχή，或 arché）的水，因此从这个意义上说，水是物质起源的主张不是物理宇宙的理论，而是一种元物理概念，指的是存在的整体性。阿那克西曼德（Anaximander），泰勒斯的学生，通过引入"什么没有限制"，无限或无定（希腊语为 ἄπειρον，或 apeiron）的概念作为事物的本原原则，进一步推动了研究。这一原则包含、包围并支撑一切，即正是因为每个限制（此词在拉丁语起源中意为"边界"）只能来自无限（无边界）。对万物本原的探索进一步发展，超出了相对简单的"水"的概念（尽管如我们试图说明的那样，是元物理意义的水）并且向完全可被理解的无限的概念发展。阿那克西曼德还谈到了泰勒斯一些没有提及的问题——特别是万物为什么以及如何从本原中衍生出来，提出了一个受神秘宗教（一个在希腊古代广泛盛行的东方起源的宗教信仰）启发的答案——关于不公正和赎罪是我们所生活的世界的动力源泉，以及这个世界是如何从这一本原中衍生出来的。阿那克西美尼（Anaximenes），比阿那克西曼德年轻一代，追随着前辈们的足迹，重新审视他们的思想。尽管他把空气，而不是水，视为万物起源的论述可能被认为是比阿那克西曼德对无限的概念化后退了一步，但这一思想代表着一种解决另一个关键问题的更加"理性"的尝试：通过对万物本原本质（本体论基础）的探究来解释，变化如何发生，运动和改变是如何被引入这世界的。我们可以在赫拉克利特（Heraclitus）的思想中找到其中的一些想法，他是研究变化的哲学家，是从古代到黑格尔（Hegel）和怀特海（Whitehead）所有关于"过程"的哲学，所有关于变化的本体论，持续不断的灵感源泉。赫拉克利特的著作残篇（可能是一部关于自然的书的部分内容）在我们这个时代之前已经历经了几个时代，它表明这位哲学家将米利都派关于普遍动力的直觉提升到一个新的高度。如果那些哲学家认为动力来自万物本原，似乎已经把运动和改变本身视作了本原，而在他已经成为不朽的论述中，他说一切都在运动，没有任何东西静止不动，"如果我们两次踏入同一条河流，我们的双足就不能进入同样的水中，因为此水已经非彼水了"（Kirk et al.，1983，残篇 214）；在第二次我们进入河中的时候，水和我们自己，都已经改变了。这似乎就蕴含着关于变化的本体论：每时每刻，任何实体——无一例外——都不再是片刻之前的那个实体。这就提出了一个关键问题，即存在如何从非存在中产生，非存在又如何产生存在：存在的某物来自虚无，且存在的某物归于虚无。几个世纪以来这个问题都困扰着哲学家们——现在仍然如此。

赫拉克利特的哲学经常被解读为与巴门尼德（Parmenides）的哲学形成鲜明的对比。巴门尼德属于爱利亚学派（Eleatic school），其创始人在传统上被认为是色诺芬尼（Xenophanes），这一学派活跃在位于现今意大利南部的原希腊殖民地。在其与赫拉克利特同样不朽的论述中，巴门尼德声称（我们采用了节选于肯尼的翻译，Kenny，2012，p161）"能够被说出的和能被思考的，必定是存在的——因为存在可以，但是不存在者则不能，且永远不能，不存在是……不存在者你将无法掌握——无法施以行为，亦不能说出；思想与存在是一体的"。这些论述引发了一场长达两千五百年的争论。是否"存在"意味着"可以附加谓词"，不存在"不能附加谓词"，或者是否这些论述是一种激进的本体论，把存在视为完全积极的，而不存在是完全消极的，因而任何变化和运动都是不可能的，因为存在是，从开始到永远都不能改变，且不能干涉非存在的，而非存在是"否定的"，也永不能干涉存在[2]。

巴门尼德和赫拉克利特被认为是对是否万物的终极本质以及现实的整体性存在于"存在"和"变化"的争议设定了条件（有时这种对立被缩小为"静态"与"动态"两类本体论，以及其衍生的分析方式之间的争论——但这种二分法还是相当简单的），这一争论一直在哲学辩论中处于中心位置。

在论及古典形而上学的巨人——柏拉图（Plato）和亚里士多德（Aristotle）之前，我们要提到毕达哥拉斯（Pythagoras）和毕达哥拉斯学派。除了有力地促进数学的发展之外，从哲学的角度来看，他们首先指出，现实可以通过"数字"来解读和理解，数字的原则（正如他们声称的那样）是支配万物的本原。现在的我们已经习惯于通过寻找数学、函数关系（数学是现代物理和自然科学的语言）来研究自然，或是声音和音乐可以用数学形式来表达。对我们来说，这已经变得如此明显，以至于我们的时代已经忘记了这些发现有多么惊人：回顾这些学者的著作，可能有助于重新唤起人们对这一发现的惊奇。两个基本条件是：第一，在亚里士多德之后，我们习惯于把数字想象成精神上的抽象，作为理性的实体。毕达哥拉斯认为数字是"真实"的实体，因此，毕达哥拉斯认为数字的原理（数学的原理和规律）是"真实"的基础。这使我们进入理性实体和"真实"的具体实体之间的区别的问题——从亚里士多德的"形式的形而上学"到"关于共相本质的争论"（我们回到的主题），这一区别是整个哲学思辨的中心。第二，可以说，有了毕达哥拉斯，人类就有了一个巨大的飞跃，即学会了通过理性来解读现实，尽管理性是数学理性的一种具体表达。在这一哲学流派作出贡献之后，世界不再被视为由神秘和不可分辨的力量主导，而是被视为以数字来表达：秩序、理性、可察觉的真实性成为中心。在哲学思想的发展过程中，人们对现实通过理性的可渗透性有着更为悲观的看法，这与毕达哥拉斯的观点不一致，但作为"理性科学"的哲学无疑在这一学派的贡献下取得了重大的飞跃。

这一初始部分的一个思路是，强调当代哲学和社会科学的论述如何在古希腊的哲学辩论中就已被预见，或是已有其萌芽之种。出于简洁的原因，我们无法介绍希腊哲学的其他巨人，如勒乌西普斯（Leucippus）、德谟克利特（Democritus）以及原子论者恩培多克勒（Empedocles）和阿那克萨戈拉（Anaxagoras），但必须强调这些哲学对当代思想代表着取之不尽的源泉。例如，人们可能会注意到，阿那克萨戈拉用"开创性的原因"哲学解释变化与当代怀特海派的"过程哲学"有着惊人的相似之处。在本书的后面部分（第四章），我们将讨论公共行政中的一些当代趋势与智者派（Sophists，这个词大写是为了区别于现在这个词的用法。sophist 有"诡辩者"之意——译者注）的哲学思想之间的相似性和不同性。这里的智者派指的是普罗泰戈拉（Protagoras），他是智者派的老前辈，以及他的许多追随者，他们形成了一个非常有影响力的学派。古希腊活跃的思想世界里，智者派是苏格拉底和他的学生柏拉图针对的目标，我们现在转而论及他的思想。

第三节　古典形而上学

我们现在讨论"古典"形而上学是如何在两个哲学巨人柏拉图和亚

里士多德的手中发展起来的。

根据主题（而不是时间顺序）的连贯性，我们一方面将讨论柏拉图到普罗提诺（Plotinus）的思想，另一方面，将讨论亚里士多德的形而上学，简要勾勒出他留下的巨大遗产。

有一种说法是"柏拉图问了（哲学意义上的）所有问题，而他的学生亚里士多德则提供了我们能理性地获得的大部分答案，其他人则是增加了注释而已"。这显然是一种夸张，但是这两位思想大师对于哲学发展所作贡献的意义却是怎么高估也不为过。

亚里斯多克勒斯（Aristocles），更为世人熟知的是柏拉图这一名字（公元前427/428—前347），通过对话的修辞形式表达自己，在对话中，虚构的人物用不同的哲学立场进行辩论（他所有作品的英文翻译可以在1997年出版的《柏拉图》一书中找到）。尽管柏拉图本人并不是对话中的主角，但苏格拉底——他曾经是柏拉图的导师——基本上就是对话的主角，而且通常来说苏格拉底这一角色所说的点点滴滴，就可能是柏拉图对于被争论的哲学问题的"观点"。柏拉图似乎给对话形式赋予了很重要的意义，对话形式不仅是一种表达方式，而且在某种意义上对他来说就是哲学思考的本质。除了在对话中出现的更为公开的演讲之外，他还与他在雅典建立的学校里的助手们进行小组研讨，这所学校被称为"学院"，据说在小组研讨中他就对话中公开演讲的内容提出了更深入的见解。对话形式被证明是启发人心的，但并不是无可辩驳的，注释家和翻译家在随后的两千五百年里一直在努力解读他的思想。我们只能让专家们深入研究对这些关键问题的解读，这里只简单介绍一下他的哲学的一些关键特征。

柏拉图用"第二次航行"的比喻来暗示现实在某种意义上是两层的：现象的世界和超越现象的世界，即元现象的，或者后来流行起来并已成为传统的术语，形而上学的（字面上的意思是"超越物质世界"）。我们已经指出，在前苏格拉底学派中，对"终极本质"的探索，超越了对各种获得牵引力的元素的研究，转而对"存在的整体性"的探索，代表了人类对于世界的理解有了一个巨大的飞跃，然而，只有柏拉图提出了物质与非物质之间的区别，可以通过感官感知的世界与可知的世界即思想的世界之间的区别。只有柏拉图才认为自然和宇宙不再是存在的整体，而只是它的一部分，是感官所感知事物的整体，而不是最终的整体，其最重要的部分是由可知的事物构成的。万物皆有相（idea，又译作理念），同一相的事物彼此相似（可以注意到，"一种现实类似另一种更高层次的现实"这一概念引入了"类比"这一哲学概念）。

什么是相？这一话题已经被泼上无数墨水，我们在这里只能对这辩论的表面稍加擦洗。我们以肯尼对传统上认为是柏拉图的第七封信（Kenny，2012，p. 44）的评论为起点，柏拉图以圆圈为例说明他的学说：

"有一个叫作圆形的东西，它有一个名字，我们刚才用过这个名字。然后是一个定义，一个名词和动词的组合。我们可以给出'一个各个端点与中心点等距的图形'……第三，还有我们所画的、擦掉的、旋转的、毁掉的圆形。所有这些符号所代表的圆形本身并没有经历任何这样的变化，是一个完全不同的事物。第四，我们对这些事物所有的知识、理解和真实的看法——这些都在我们的头脑中，而不是在声音中或在身体形状中，因此圆形本身和已经提到的三个实体明显不同……还有第五件事我们必须假定，那是我们可以知道的，真实的东西。"

第五件事就是一个圆的理念：就是柏拉图所说的，它的理念和它本身。这个理念是一种客观的现实，不属于任何个人的思想（柏拉图指出了这一点，他强调了一个事物的知识和它本身的理念之间的区别：圆形预先存在着一个主体，它是可以被认识的）。

可能值得注意的是，在这个概念中，没有提到经验和经验主义（Kenny，2012）。这一点被亚里士多德所提及，对他来说，知识是从感觉开始的，尽管只有理智（intellect）才使它成为可能。在这点上，意大利画家拉斐尔（Raffaello）的《雅典学院》使两位哲学家两种截然不同的立场成为不朽，在这幅画中，柏拉图将食指指向天空——理念世界，而亚里士多德则指向大地——可感知世界。

柏拉图所提出的理念世界的概念综合了——以不同的方式——赫拉克利特和巴门尼德已经提出的概念，尽管在不同的哲学体系中：存在与理性（logos，希腊语中意为"词"，也表示"理性 reason"）是互相贯通的，思想的地平线就是存在的地平线，思想与存在是相同的；存在（巴门尼德）在思想的地平线中，也在其中变化（赫拉克利特）。赫拉克利特所指的"事物的智慧"，即支配不断变化的所有事物的理性，也是巴门尼德所指的"存在与思想是同样的，思想与思想的作用也是同样的，因为没有存在，没有所表达的东西，你就找不到思想：实际上没有存在（思想）就什么都不是"（Parmenides，Fragments，B8）。

柏拉图将理念也按一定层级排列，众所周知的是将"善本身"放到了理念的顶峰。有种感觉，这也是他在其前辈巴门尼德之上的一项特别的创新：在理念之间排列出一种顺序，就会产生逻辑上的暗示，即一个理念不是另一种理念。这种说法使我们摆脱了巴门尼德所宣称的不可能改变的悖论（如果我们可以这样称呼它的话）："存在者存在，不存在者不存在"，也就是说，在绝对意义上，存在永远不能转变为非存在，但它存在着一种趋向于成为多样性和相异性的非存在，例如一个正方形**不是**一个圆。每一种理念，为了成为**那个**理念，必须与所有其他理念不同。这种"相对"（而不是绝对）非存在的概念，后来被亚里士多德更系统地提出，其中将运动与变化的解释与存在的永恒结合了起来。

最后，柏拉图发展了一种被大量阐述的政治哲学思想，特别是在《理想国》中。他关于正义和共同善的概念是至关重要的。第五章对此进行了讨论，其中共同善的概念是分析任一政治制度正当性问题的起点，以及它对于公共行政领域的持久和深远的影响。

柏拉图留下了大量遗产。他的学说落到了肥沃的土地上，特别是直接影响到他的学生亚里士多德。他的著作，其中的重要部分被保存并传播于后世，千百年来引发了哲学思辨。许多哲学思想都源于他的作品，其中"新柏拉图主义"（几个世纪以来以不同的形式出现，实际上更常被称为普罗提诺的思想）只是其中之一。可以说，哲学思考整个的"基本方向"，具有特殊意义的基本立场或思想路线（也因为它对当代社会科学和公共事务的持续影响）都源于柏拉图的思想：所有将内在性（即理性、固有思想、自我意识）而不是感官感知作为哲学思考起点的哲学，可以说都受到了柏拉图的影响。以内在性为出发点的哲学构成了一个流派——在无数其他哲学家中——由普罗提诺、奥古斯丁（Augustine）等哲学家发展壮大，并通过历代发展到现代哲学的创始人之一笛卡尔

（Descartes），再发展到柏格森（Bergson）等当代哲学家。笛卡尔著名的"cogito，ergo sum"（我思故我在）认为，主体的存在是对一切事物怀疑时的唯一确定。笛卡尔名言的更完整形式是"我思考，怀疑是思考的一种行动，因而我存在"，就是把内在性作为哲学思考的起点。正如在第四章中大量讨论的那样，不仅是在哲学中，而且在应用社会科学中，特别是在公共行政中的一系列方法，其根源在于理性主义、唯心论以及理念，至少在一定程度上是与生俱来的观念。这些哲学立场的根源在许多重要方面可以归因于柏拉图的哲学。

图 2.1　亚里士多德

来源：https：//en.wikipedia.org/wiki/Aristotle.

我们现在可以转向另一个形而上学巨人：斯塔吉拉的亚里士多德（公元前 384/383—前 322），他是柏拉图的学生，在他的学院待了四分之一个世纪，可以确切地说，这样智慧的力量集中在一个机构中在历史上是独一无二的（Kenny，2012，p. 57），尽管柏拉图死后，亚里士多德离开了学院和雅典，后来才回来，建立了自己的学校，也就是吕克昂学院，又被称为逍遥学派。

对于亚里士多德来说（见图2.1），知识需要智慧和经验：二者缺一，就不足以获得事物的知识。因此，与柏拉图不同的是，感觉（似乎是很平淡无奇，但他是第一个指出人类有五种感觉的人——视觉、听觉、触觉、嗅觉、味觉——而且自此之后没有一种感觉被添加到其中或从中减去）是认识过程的一部分。亚里士多德认为，哲学是对事物原因的探究，而形而上学则主要是对一切事物的根本原因的探索。他指出了四个原因：质料因、形式因、动力因和目的因。质料因是一个事物形成的物质元素。借用肯尼对厨师做意大利饭的比喻（Kenny，2012，P.8），意大利饭的质料因是它被制作的各种成分；对于一个人来说，质料因是形成他或她的肉与骨。形式因则是事物的形式或本质。亚里士多德认为形式是元素的统一体和组织，就是一个事物"是什么"（希腊语是 eidos，即形式——形成某事物是什么的形式；拉丁文一般译作 quod，quid est 或 quidditas，即某物是什么）。这个概念是亚里士多德哲学和所有形而上学的核心，我们稍后将进一步讨论。继续以意大利饭为例，意大利饭的食谱是它的形式因，是将各种配料制作成意大利饭的"顺序"。质料因和形式因在某种意义上是内在的和静态的：它们描述的是某个事物是什么，而不是事物产生（或腐坏和消融）的原因。"外在的"或"积极的"原因是动力因目的因。动力因是改变的力量，是改变发生的原因。在意大利饭的比喻中，动力因是厨师根据食谱中的模式对配料进行操作：烹饪是动力因。目的因是目标或目的（在希腊语中是 telos），某事带来了什么后果：餐厅里点意大利饭的顾客的满意度是目的因。亚里士多德所提出的"四因"体系具有持久的意义。在第四章中，我们系统地分析了亚里士多德的"四因说"对于公共行政（和社会科学）的当代意义。

除了"四因说"之外，亚里士多德（见亚里士多德全集，1984年英文版）还提出了一系列概念，这些概念自那时起就形成了形而上学的支柱。[3]我们已经说到了形式的概念，即统一性和组织元素的原则：是什么使一个人成为一个人，一匹马成为一匹马，或是一个三角形成为三角形。亚里士多德致力于研究一个特定个体与一个理念的区别（即所有具有相同性质的个体都具有相同的形式或本质，例如人类或马）。他认为，个体是物质和形式的综合，在这个过程中，物质是个体的本原：两个人具有同一种形式（他们是"人"，这是他们的本质），并且被物质所区分（个体化）：构成作为本书作者的我的物质并不是构成你，这本书的读者的物质——我们都有着人类的形态，但我们因构成物而彼此不同。一个相关的概念是"圆满实现"（entelechy，又译作"生命的原理""圆极""隐德莱希"），即事物变化是潜能转变成现实：只有当形式被赋予物质时，这才有可能发生（尽管形式和物质这两个概念在实际中无法区分，只能在概念上区分）。正如我们将看到的，尽管物质概念的问题并不比理念概念的问题少，但是所有哲学和研究社会现实的方法都有一个共同的推动力，那就是了解正在研究的事物的本质，或多或少的，它们的根源都来自亚里士多德的哲学。

其他一些关键的概念是由斯塔吉拉的哲学家发展出来的，并在随后的两千五百年里留下了哲学思辨。首先，存在范畴的概念：第一（最重要）范畴是物质；其他范畴是：质量、数量、关系、行动或行为、接受或经历一个行为、地点和时间。通过这些分类，亚里士多德引入了"多样性"，从而引入了相对非存在的可能性，用柏拉图所做的同样方式来解决巴门尼德提出的问题：一个事物"存在"（没有什么可以被预先定义为绝对不存在），但它可能"不在"某个地方，也可能不在某个特定的时刻。因此，在这个意义上，非存在是相对的，而不是绝对的。其次，潜能与现实之间的区别：女性子宫中的胚胎是"潜在"的成人，尽管现状并非如此。潜能和现实适用于所有类别。亚里士多德在他的形而上学体系中，为了解释事物是如何从非存在转变到存在，从潜能转变到现实，他把上帝定位为纯粹的现实，使一切事物都能产生。再次，偶然性与实质的区别：亚里士多德的偶然性是一种依赖于另一个存在的存在方式，与事物的本质（其本质、形式或实质）无关：一个人可以坐着或站着，可以被晒黑或苍白，等等，但这些都不改变其"是人类"的本质或实质。最后，作为对应存在的真理概念，它对应着人的心灵反映，以及一方面是这些事物在现实中反映的实际，另一方面决定着一个观点的"真正价值"：后来在经院哲学（发展于中世纪，吸取了亚里士多德的观念）中总结为"物与知的符合"：我们的所知和事物之间的符合性或一致性。对于亚里士多德来说，这个概念并不涉及存在本身，而是涉及逻辑领域，它是心智用于判断什么是真实的标准。

亚里士多德也被认为是逻辑的创始人，他详细阐述了一种逻辑推理的方法，即三段论，几个世纪以来一直是逻辑的同义词。三段论的基本结构是以主次前提为基础的。大前提是普遍有效的断言（例如，所有人都是凡人）；次要前提是对特定情况的陈述（像一种限制）（例如，柏拉图是一个人）。三段论的结构能够证明或得出结论（柏拉图是凡人）。亚里士多德也为后来被称为"实践三段论"奠定了基础，这是一种联系手段和目的的方式。亚里士多德在他的《尼各马克伦理学》（*Nicomachean Ethics* 第三册，2002 年第 3 章，英文版）中，用以下方式描述了目的和手段之间的关系：

> 我们考虑的并不是目的，而是手段。因为医生并不会考虑他是否应治愈病人，演说者不会考虑他是否应说服他人，政治家也不会考虑是否应制定法律和秩序，其他任何人都不会考虑其目的。他们假定目的并且考虑如何以及以何种手段实现它；如果似乎是可以通过几种手段达到目标的，他们会考虑最容易和最好的达成方式，而如果只能是通过一种方式实现目标的，他们会考虑如何通过这个方式实现它，以及通过什么方式来实现这一目标，直到他们发现最后第一个起因。

近来，实践三段论继续引起哲学家们的注意，例如冯·赖特（Von Wright, 1971），维尔塔宁（Virtanen, 2017）最近也探讨了将实践三段论作为公共行政实践推理形式的理论潜力。

亚里士多德也对伦理学作出了重大贡献，并详尽阐述了"美德"的概念，这个概念已经流传了很多年。亚里士多德认为美德是后天习得的。它们是一种在目的和行动中都表现出来的性格状态（即 praxis，希腊语中指有目的的行动，由价值观和方向感导致的行动；Kenny, 2012, p.213）。他区分了两种美德：作为"适当的手段"的美德，即避免过之或不及，在对立的冲动或激情之间达到适当的平衡，而这些冲动或激情的本质往往就是过度的（例如，温和的人会避免饮酒或进食过多，也会避免饮酒或进食太少）；以及作为按照人的本性而达到完美的美德。人作为"理性动物"的本质在于理性的充分发挥。理性可以分为实践理性和思辨理性。

实践理性涉及对生活多变环境的了解，在这种情况下，完全理性的生活将是一个生活在智慧中的人完全受实践理性的指导（尽管斯塔吉拉的哲学家没有对实践推理的结构进行系统的描述，但前面的摘录简短地说明了亚里士多德对实践三段论的思考）。思辨理性是对永恒不变的真理的理解，这是哲学的目标；思辨理性通向最完美的人生，使人类的本性达到完美：一个由希腊词（eudaimonia）表达的概念——活得完美充实。这个概念是亚里士多德和柏拉图关于"共同善"的政治哲学概念的核心，我们在第五章中将特别讨论。美德的概念将渗透到中世纪，直至现代和当代思想中——尽管受到挑战。我们将在第六章通过重温伟大艺术家安布罗吉奥·洛伦泽蒂（Ambrogio Lorenzetti）的作品《好政府》来思考它对公共治理和公共行政的持续意义。

最后，亚里士多德还根据对希腊城邦宪法的广泛调查，提出了一种著名的政体分类法，这是一部他被认为是比较政治（和公共行政比较）创始人的著作。他区分了三种有道德的政体：君主政体、贵族政体和共和政体；以及三种腐败的政体：暴君政体、寡头政体和平民政体（最后一种政体在后来会比亚里士多德的观念更具有积极的内涵），并深入探讨了每种政体的相对优缺点及它们的长期可持续性。亚里士多德把个人的品质和政治团体的成员，即"公民"的品质进行了区分。亚里士多德对公民和使一个特定政治团体所有成员的福祉得以实现的统治者的美德的思考，为几个世纪以来关于"美德政治"的哲学和公民思想奠定了基础，也为美德在公共治理中的作用和公民参与对自身政治共同体命运的重要意义，尤其是该政治共同体自给自足（其保持独立和繁荣的能力）的重要意义奠定了基础。我们将用第六章的一个重要部分来讨论这个主题。此外，亚里士多德提出了几个世纪以来的一些关键主张（这些主张主要包含在《政治学》第一卷中）：人是一种"政治动物"，意味着人天生就生活在一个政治团体中，因此国家本来就是存在的；城邦（polis）——政治共同体，类似古希腊的城邦但也延伸为一般而言的国家，是人类组织的最终形式，其存在是为了满足人类生活的最高目标；城邦庇护着从家庭到企业的所有其他相关形式的人类生活；它本身应被"政治地"管理（Ryan，2012，p. 83）。对亚里士多德来说，政治共同体与所有其他社会生活形式都有区别,"政治"的概念在适当的意义上只适用于国家。有趣的是,这可能代表了"西方"政治观念和儒家政治观念之间的一个区别点,后者可能倾向于将国家视为家庭和其他社会生活形式的延伸,而不是像受到亚里士多德影响的西方观念一样将国家视为与其他相关生活形式相比有着更高的秩序。

出于简洁的原因,我们这里跳过了希腊时期的哲学(包括犬儒主义、伊壁鸠鲁学派、斯多葛主义、怀疑主义等主要哲学流派——这些哲学流派的英文名称都用了大写,意在强调这些术语与当代日常语言中这些词的含义是完全不同的)和拉丁哲学家,如勒克提乌斯(Lucretius)和西塞罗(Cicero)等,但我们不能错过对最后一位古希腊哲学家普罗提诺(Plotinus,公元205—270年)的讨论,他详尽阐述了一个非常新颖和雄心勃勃的哲学体系,影响了之后的几个世纪。

普罗提诺哲学思想的出发点是他称为"太一"(the One)的思想。"太一"不是指的数学意义的"一",而指的是统一的最高原则。普罗提诺实际上是第一个提出"为什么绝对(Absolute)是存在的,为什么它是这样的存在"这一问题的人。答案是:绝对是自我产生的。在他的理论中,"太一"是"自因"(causa sui,自身是自身的原因),绝对是自我产生的,其中必然性和自由意志是完全一致的。他还认为绝对是无限的,其不可预测(这也是希腊哲学中的一个至少部分算是新颖的观点);绝对超越存在,思想和生命——但是是它们所有的原因,是超越存在(super-being),超越思想(super-thought),超越生命(super-life)的(super在拉丁语中表示"在其上"或"超越")。这也带来万物如何从"太一"中产生的问题。普罗提诺在哲学辩论中有力地提出了统一性和多样性的问题,"一"与"多"的关系问题,也从此影响着哲学研究。"多"如何源于"一"这个问题的答案是通过本体(hypostasis)或过程(procession)发生的。

这个论点,简明扼要地来说,如下所示。"太一"只能思考,或者更好地沉思,其本身(尽管普罗提诺警告说不要将"太一"称为"它"——没有什么可以预测"太一")。这样说的理由是,用一种非常简略的方式来说,"太一"——是绝对统一体——在它自身之外没有别的东西。通过思考(沉思)其本身,在思考者(沉思者,主体)和思想

（被沉思者，客体）之间引入了一种区别——即思想的整体性，也就是说，柏拉图的理念世界是通过"太一"的本体而产生的。通过自身成为"太一"也从自身产生其他。普罗提诺在这里发展了亚里士多德关于思考本质上是一种沉思的活动，而沉思本质上是创造的观点，尽管在这里的"创造"在某种意义上与基督教的创造概念有所不同。这就是他所说的"理智"（Nous）——又翻译成心智或精神，取决于强调什么，是指的哲学上的还是宗教上的含义；我们在这里将它称为理智。理智是超常的存在，超常的思想，超常的生活——但是，由于主体和客体的双重性，思考/思考者（行为和行动者：主动的）和思想（被动的）的双重性，理智不能成为终极实在。终极实在必须在它之上，也就是说，终极实在就是"太一"。通过沉思其本身，理智反过来，在灵魂中成为实在，它指挥和支配着所有的事物和宇宙。

尽管理智是一种永恒的、直接的，同时拥有所有客体的生命[4]，灵魂则是欲望（思考本身就是欲望；正如看是看见的欲望一样，思考是一种理解的活动，在拉丁语中，理解一词是"接受"的词根，因此意志是思考的固有内容）。由于想要向下传递什么是永恒，所以灵魂连续不断地这样做了，它连续地产生事物，而这种连续不断的、不断的连续就是时间（因此时间源于永恒，但永恒是超越时间的）。

灵魂是生命的延伸，并因此流动到连续的时刻，同时承载着过去的时刻：它是过去、现在和未来的时间。通过向下沉思，灵魂就能指挥世界上的一切事物；通过沉思其本身，就能保持自我；通过向上沉思，就能达到灵魂所认为的理智（这是灵魂创造性活动的起源）。灵魂中存在着多元性（"多"）。事实上，普罗提诺将至高的灵魂与特定的灵魂区分开来：物质在其中发挥作用（吸收了亚里士多德的论点，即形式是由物质所个体化的），但物质本身是失去与太一的联系的灵魂，完全失去了存在于太一中的积极性；物质是存在的缺失，或者至多是存在的最后一条尾巴。这个观点后来被哲学家亨利·柏格森（还有其他人）吸收发展，他将个体生命视作生命流程的片断，在空间上是意识活动的片断（见第三章）。向上沉思的可能性使灵魂，以及每一个灵魂，回到太一（最高统一）。这不像柏拉图所说通过"爱"（Eros）达到，也不像亚里士多德所说通过美德达到，而是通过迷狂，也就是说，通过摆脱一切的他异性

（alterity）（因此也摆脱一切二元性或多重性），即达到无限自我的唯一的方式是将自我融入太一中，是通过舍弃她/他自身的个体（单一的个体）融入整体（太一）中。

普罗提诺的哲学是一个取之不尽、用之不竭的思想源泉（将思考理解成为沉思、创造、欲望具有深远的影响），也是对希腊哲学声称的"存在的地平线就是思想的地平线"（这是希腊哲学的主要成就之一）进行有力的强调。

第四节　教父哲学

教父哲学（Patristic Philosophy）是由"教会之父们"（patres 是拉丁语"父亲"的复数，因此 patristic 意为"父亲"）在公元前几个世纪发展起来的。信仰基督教启示录的人，努力对所揭示的信仰——基督教神学——进行更深入的理解，并且通过这样做，他们也将基督教启示录和古希腊罗马哲学思想进行了有力的融合。随着基督教信仰在罗马帝国广袤的土地上的传播，在公元后的头几个世纪里，从现在的英格兰延伸到中东，从中欧延伸到撒哈拉沙漠，包括整个地中海盆地，基督教文化广为传播并且发生了哲学革命，并自此影响到西方的哲学和文化。

我们在此简要介绍基督教革命的一些信条，这些信条对哲学思辨具有特殊意义。第一是"一神论"的概念，即认为上帝是"唯一的神"（"你不可有其他的神"，这是《圣经》中宣布的十诫之一，出埃及记 20：35，申命记 5：7）；这与希腊罗马多神教的神学立场根本不同。第二是上帝的绝对超越（存在）的概念。上帝被认为是与世界完全不同的"他者"，这与希腊哲学思辨关于地平线的观念不同，后者倾向于在永恒的地平线上看到整个现实——包括理想和物质——（普罗提诺的思想部分例外）。第三，创造的概念本身，即实体是由上帝从虚无中创造出来的。从这一点来说，存在赋予实体，即实体是由存在（上帝）产生的存在；从某种意义上说，这一观点不同于巴门尼德的观点，即"非存在者存在是永远不会发生的；非存在者是非存在，但是实体——万物是存在——可以从虚无中成为存在，而这是通过创造的行为产生的"。

如果这些观念对希腊思想来说是新颖的，那么希腊思想同时也影响了基督教启示在文化上产生和传播的方式。当基督被称为"道（Logos）"时——如在《约翰福音》最著名的序言中，在解释约翰所使用的此词的含义时，都应该考虑到希腊哲学的研究（约翰福音是用希腊文写的）："道（Logos）"即是"词（word）"，特别是陈述中最重要的词，也就是"动词"，但希腊语中的"Logos"也指"理性"和"万物的秩序"，正如我们在巴门尼德的论述中已经看到的那样："存在与思考是同一的，思考与思考的功能也是相同的，因为没有存在，没有表现思考的存在，就没有思考：事实上，（思考）在存在之外就什么都不是。"（Parmenides, Fragments B8）作为理性的存在和"道"是相互贯通的；它们是同一的。当约翰从创造的角度把基督称为"道"（万物都是创造出来的，都是由他创造）时，从哲学的角度来看，他使万物的存在与基督本身成为一体。

三位一体的上帝观对哲学思想产生了巨大的影响。在基督教神学中，上帝被认为是一个本体和三个不同的位格，按照关系的顺序是圣父、圣子和圣灵，在本质上是一个而且只有一个本体。后来的神学和哲学思辨对三位一体这一神秘思想进行了详细阐述，将三位一体关系的本质设想为位格（托马斯·阿奎那将圣父与圣子之间完全和绝对的爱的关系视为其本身具有位格的性质：三位一体的第三位格——圣灵——是圣父与圣子之间完全和绝对的爱；在神学和本体论看来，完全和绝对的爱就是位格）。德国哲学家莱布尼茨（Leibniz）就三位一体进行了论述，他写道："一个实体，通过它又有一个实体与另一个实体相关联"——三位一体的三个位格是彼此依存的实体，因此本质上是紧密相关的（见莱布尼茨关于三位一体神学的重要著作《安托内萨 Antoganazza》，2007 年）。本质一体且紧密相关的概念，为许多现代思想播下了种子，包括非神学思想。到了 17 世纪，对事物本质的探究——这也是中世纪和文艺复兴时期所有古典哲学的特征，且仍然存在于 17 世纪的理性主义中——开始转向对关系的研究，这也是现代和当代哲学突出的特点（见第三章），即万物之间的关系（探究现象之间的功能关系是区分自 17 世纪科学革命以来自然科学与以往自然研究方法的一个关键特征）以及主体与认识对象之间的关系——可以说是受到了几个世纪以来对三位一体之谜的神学思考的影响和启发。

在历史上对上帝化身，即耶稣基督的信仰，带来了人类概念的革命。

对于希腊罗马文化而言，人类只是整体的一部分，并没有占据任何特殊的地方。它具有独特的理性性质（拥有从所有其他生物中区别出人类的理性），但这种独特的特性并没有赋予人类在世界上一个特殊的地位。希腊文明将人类作为宇宙的一部分，作为宇宙的一般秩序。随着基督教革命的到来，人类成为历史的中心和创造秩序（正如我们将要看到的，在现代哲学中，作为知识主体的人类思想将享有特殊的地位，并将成为许多哲学家哲学思考的起点）。这需要一种激进的人类中心主义——为人类保留"特殊地方"，这是上帝以特殊的方式从所有生物中选择了人类，并给予人类超过其他所有生物的爱。人类被认为是自由的，只要遵循上帝的旨意。自由地遵循上帝旨意的能力使每一个人在历史上占据一个特殊的位置，从基督教的角度来看，这就是救赎的历史。

基督教信仰所带来的价值观的革命以爱为中心（如慈善和仁慈）：希腊的爱的概念渗透到柏拉图的哲学中——这种爱的形式，以某种方式预先假定爱人拥有"所爱"，并积极地朝着爱的对象努力——被重新解释为，每个人都首先是上帝之爱（慈悲）的接受者，这种爱首先是被动的，而不是主动的，只有通过所领受的爱才变得主动（慈善）。基督徒的爱，牺牲的爱，完全奉献自己的爱，通过拉丁词 charitas 和希腊词 agape 来表示——这种爱的概念不同于友谊的爱（philía），不同于渴望与所爱之人（éros）合二为一的爱，甚至是作为情感和共鸣，"喜欢"某人或某人的爱（storge）。以爱为中心作为基督教信条的一部分，对每个人的关心——不管她/他的出身和条件如何——成为一个核心价值观。当代妇女和男子所珍视的原则的种子，如人权的普遍性，以及随之而来的雄心勃勃的政治、社会和行政安排，如建立"福利国家"或"福利社会"——普遍性地"照顾"人们从教育到健康和社会关怀的广泛需要——都由基督教革命所播种。

基督教也引入了线性（而不是周期性）的时间概念。希腊人对时间有不同的概念，一些哲学家（例如阿那克西米尼）认为时间是循环的，是永恒的循环，这种观念后来被尼采（Nietzsche）重新吸收发展，他提出了反对基督教和恢复古希腊精神，即公元前 4 世纪的雅典（见第三章）的革命。在基督教中，时间是线性的，是从一个起源（创造）进行到一个终点（基督再临，基督在世上的回归和最后的审判）。

基督教神学带来了一种新的看待恶的方式（教父巨人、唯心论首要任务圣奥古斯丁将恶解释为存在的缺失：如果所有的东西都是上帝创造的，那么它一定是好的，恶则是善良的缺失有了非存在的本体状态），这一观点从此渗透了西方思想（参见著名的《奥古斯丁》，第397—400页）。

第五节　中世纪哲学

我们以坎特伯雷的圣·安瑟伦（Anselm）的作品为开始来对中世纪哲学作简短介绍。他出生于奥斯塔，位于今天意大利西北部（因此也被称为奥斯塔的安瑟伦），先后任法国柏克隐修院副院长、院长，英国坎特伯雷大主教。作为一位杰出的神学家和哲学家，他也卷入了一场关于注定主宰中世纪哲学思想的争论：关于普遍概念（共相）本质的争论（见下文）。他提出了一个证明上帝存在的证据，这一论点持久不衰。该论点的要义是上帝可以被定义为：

> 没有什么比这更伟大的东西能被构想出来。……但可以肯定的是，没有比这更伟大的东西能被构想出来的东西，不能仅仅存在于人们心中或观点中。因为假设它只存在于人们心中，那么它就可以被认为存在于现实中，因为现实中的存在是更伟大的。因此，毫无疑问，在理解和现实中都有一个无法设想比之更为伟大的存在者。（上帝之光 Prologion，C.2，肯尼引用，Kenny，2012，p.478）

正是上帝的概念才令人确定它的存在。事实上，否认上帝存在的人必须有上帝的概念，否则他就不知道在否认什么。如果他有上帝的概念，那么他在否认这一概念时就自相矛盾了，因为没有什么比这更伟大的概念能够被构想出来，这就意味着它也存在于现实中，因为现实中的存在比仅仅存在于人们心中或观点中的更伟大。这个论点被称为上帝存在的本体论证明。在阐述他的论点时，安瑟伦还引入了虚幻世界的概念，即我们所在的世界以外的其他可能世界的概念，来论证上帝一定存在于真实世界中。设想其他可能的世界来推测这一世界特性的本体论证明和方法论思想，将持续几个世纪，而且仍然是活跃的哲学和神学辩论的问题。

我们现在可以转而讨论一个重要的哲学人物：托马斯·阿奎那（Thomas Aquinas）。他的大部分著作都收录在《神学大全》（*Summa Theologiae*）中，该书对关键的哲学和神学主题进行了系统的研究和讨论，另外还有《反异教大全》（*Summa Contra Gentiles*）。他在著作中采用的风格是在论证的字里行间让读者和自己都感受到其严谨性和自律性（Kenny, 2012, p.309）：著作中会介绍对阿奎那打算争论的观点提出的一系列挑战或困难（通常是三个一组）。在这些对所主张的观点的反对意见之后，著作中又会介绍从另一方面的考虑（通常由"sed contra"一语引出，即"但是在相反方面"或"但是在另一方面"），且通常引自权威文本。之后才详细介绍阿奎那提出的主要观点。通过采用这种风格，阿奎那在提出他的主要观点时，必须系统地论述读者所知道的相反的观点，而这些观点的基本原理和重点在最初也已经在文中也有所介绍。在对几乎所有主要的哲学主题——从上帝的存在到知识的条件，再到人类自由的根源——整个讨论过程中，都有着这样彻底的自律性，在整个著作中（见Aquinas，1258/1264）达到200多万字！

阿奎那哲学中的一个关键概念是本质与存在的区别，对于上帝来说，本质与存在是一致的，而在所有实体中都是不同的。本质即事物"是什么"，是它的形式：这基本上是上面所见亚里士多德对形式的概念：形式是使事物之所以成为事物的东西。如果对上帝而言，本质和存在一致（因为上帝就是存在，其本质即存在），因为任何其他实体的本质并不与其存在一致。这意味着，那些存在的东西也可能不存在，同样重要的是，也可能根本没存在过，且今后也可能不再存在：它们都是有条件的。整个世界是有条件的：它可能是存在的，也可能不存在。世界不是因为其自身而存在的，而是因为其他——本质即是其存在的上帝——而存在。正因为如此，阿奎那的哲学被称为"存在活动"（actus essendi）的形而上学，是（有条件的）"存在的行为"的形而上学。这种形而上学认为所有实体都有着形而上学的偶然性：它们接受并成为存在，它们具有存在（即它们之所以存在）是因为它们接受了（以被动的方式）存在并带有它的特性。这是一个依赖于"类比"概念的概念，在阿奎那的哲学中起着核心作用：成为存在的实体，其存在的原因（上帝）在其存在的结果

（人类或实体）上留下痕迹，但是实体只**具有**存在：它们具有存在，是因为被赋予成为存在。类比意味着造物主和被创造的事物之间，存在和实体之间，只有等级的差异：被谓述为实体的也可以被谓述为上帝，尽管不是以同样的方式或以同样的强度。值得注意的是，所有实体的原因并不一定提供存在：存在是被赋予的礼物，而且是由绝对的他者赋予的（这使得上帝与被创造的实体之间有着绝对的超越性成为必然）。从这个角度来看，哲学所解决的关键问题可以表述为（见 Reale and Anteri, 1988，特别是第 424—425 页，第 1 卷）：为什么存在不是虚无（这是莱布尼茨和斯宾诺莎哲学的中心问题；见下文）？为什么存在允许/使实体存在（这个问题在 20 世纪哲学家马丁·海德格尔的形而上学中处于中心地位）？

如果所有实体都带有同一个存在的性质，因为原因（造物主）在所有事物中留下了痕迹——影响，那么所有事物之间都有一种基本的可比性。理智可以发现事物之间的相似之处和不同点，因此它可以通过将获得的关于一种经验的知识应用于其他经验，即通过类比推理，对世界万物作出判断。以类比的方式提到一个事物意味着一件事物带有另一个事物的某种特性，尽管超越了它：但知识可以通过对已知事物与未知事物的类比来获得。因此，使用类比推理的另一种相关方法与知识哲学的领域有关：获得关于一个事物的知识的一种方法是确定一个事物带有另一个事物的某些特性，与另一个事物有相同之处。这种概念在神学中得到了广泛的应用，在神学中，对上帝或上帝特性的了解可能会通过与这个世界的东西相类比来实现，尽管这个世界的东西与上帝完全不同，但可能会带有它的一些特性——而这些特性对人类来说是可知的[5]。类比具有多种含义，并且隐含着对"外部有效性"的定义和认识论主张，是当代许多学科中的一个核心概念，主张知识可以通过对已知事物与未知事物的类比而获得。这也适用于公共行政领域，该领域中无数的研究都是以类比推理为基础的：基于两个领域之间属性的共性，将一个领域生成的知识转移到另一个领域。在第三章中，当我们讨论知识哲学问题，特别是对波普尔认识论进行某些批判时，我们又会转而谈及类比推理。

显而易见，潜在性和现实性之间的区别是阿奎那哲学的核心[6]。世界上所有的实体，所有的历史事件可能存在，但也可能不存在。除了上帝外，其本质也包含存在，所有其他事物都只是存在的一种潜在性，一种对存在的看法（"id quod potest esse"，即"它能存在"）。潜在性—现实性的区分不只是在形而上学的思辨领域中具有重要意义，这个概念在个人和社会生活的任何领域中都是核心。因此，特别是在本书的特定目的中，对于所有旨在"促使事情发生"（"管理"的一个定义）的管理或公共行政等应用学科，这个概念也是核心。这个或任何类似的关于管理和公共管理的定义的基础就是潜在性和现实性之间的区别，以及如何将潜在性转化为现实。巴达克（Bardach，1998）等一些著名学者注意到，在社会科学中，特别是在公共行政和公共政策领域，对潜在概念的处理似乎并不充分。例如，怎么理解如果"良好实践"在特定情况下具有一种效果，那么在不同情况下这种做法也可能会有类似的效果？我们如何处理这种"促使改变发生的可能性"，以及我们如何处理那些反事实论点，即在一种情况下据称"有效"的实践，在另一种情况下仅仅是轻微改变的环境中可能产生"另一种效果"？反事实论点在许多设计科学中至关重要，这些设计科学的目标是以不同的方式（采用新的管理技术或新的公共政策，任命新的"领导者"等）塑造世界，以达到"更好"的结果。

阿奎那哲学的另一个关键区别是本体论真理（adequatio rei ad intellectum dei：物与知的符合，上帝之知与万物相符合）和逻辑真理之间的区别，后者把我们作为认知的主体：我们的理智与万物相符合（adequatio intellectus nostri ad rem）。"真理"的概念是哲学史上一个争论广泛的问题：阿奎那的立场，遵循了亚里士多德的立场，即真理的标准与理智中"事物是怎样的"之概念对应——虽然这并不意味着概念就是事物，而只是与事物的对应就是真理的标准。

阿奎那是他那个时代的一位有影响力的智者，但他的思想逐渐发展成一种名为"经院哲学"的哲学流派对后世产生深远影响，这种学派延续了几个世纪，至今仍然存在，通常被称为新经院哲学；这一流派是在圣托马斯·阿奎那阐述的哲学的基础上发展了几个世纪而形成的。"经院哲学"派的哲学家也被称为"经院学者"。我们将在第四章中重温新经院哲学，并揭示其对公共行政可能产生的影响。

第六节　关于共相的讨论及其当代意义

在中世纪爆发了一场哲学争论，其意义并没有失去现实性，争论的核心是关于共相（the universals，又译为普遍概念）的性质[7]，这一问题的术语对于本书也很有意义，即更系统地列出一些将哲学运用到公共行政中的路径（方法）。争议的问题是共相的基础，这些概念是用来谓述个体事物多样性的术语，例如"人"或"动物"。争论包括共相是否真实（其中有两种说法：一种认为它们确实是作为理想的物体存在，这更多的是柏拉图的观点；另一种认为它们是理性抽象过程的产物，只有个体在本来意义上才是真实的——托马斯·阿奎那）。后一种立场被称为唯名论：共相只是名词（flatus vocis，空虚的声音）。关于共相争论在12世纪、13世纪和14世纪引起了一场令人难以置信的热烈辩论。这场辩论的著名学者包括纪尧姆·德·尚波（Guillaume de Champeaux）（英文中被称为尚波的威廉，1070—1121）、彼得·阿伯拉（Pièrre Abelard，1079—1142），贡比涅的罗塞林（Roscelin of Compiègne，拉丁语为 Roscelinus Compendiensis 或 Rucelinensis，1050—1125）、圣文德（St Bonaventure，1221—1274）、罗伯特·格罗塞特（Robert Grosseteste，11175—12253）、约翰·威克利夫（Joh Wycliff，1320—1384）、托马斯·阿奎那（St thomas Aquinas，1225—1274）、威廉·奥卡姆（William Ockham，1285—1374）和约翰·邓斯·司各脱（John Duns Scotus，1265—1308）。

第一种观点被称为（极端）唯实论（又译作实在论），最初由尚波提出：共相是实际存在的形而上学实体。这个观点的问题在于，如果共相作为事物存在（尽管是概念性的事物），那么所有的个体都应该是相同的，不仅仅是具有相同特征（像连体双胞胎），而是完全相同的（还有什么能解释与偶然因素的混合？）。更微妙的是，反对意见（例如，彼得·阿伯拉在《勒帕莱》Le Pallet 一书中）认为，就其本质而言，共相是可以由多个实体（拉丁语：quod notum est predicari de pluribus）谓述的东西。如果这一点成立，那么它本身就不可能是一个事物，一个客观实体不能由另一个实体（拉丁语：res de re non praedicatur）来谓述。从一个更具评价性而非分析性的角度来看，可以认为，如果个体不是一个个体，如果每个个体至多是一个和同样普遍事物的表现,那么个体将从根本上失去价值。

相反的,(极端)唯名论的立场是:除了个体之外,没有任何东西存在(拉丁语是:*nihil est praeter individuum*)——共相不存在,它们仅仅是声音的物理表达。对于这个观点来说,共相最多是用来对物体进行分类的模糊的标签——但它们不能由事物来指称(用从逻辑研究中提取的现代术语来说,对于事物是什么,"与一类其他事物有什么共同点",它们都没有说明)。

第三种观点被称为温和唯实论,具体可以描述如下。存在的是个体,但理性可以区分、分离,以及从某种意义上说,抽象出符合同一类别的所有个体的共同特征。正是这些共同的要素(*similitudo* or *status communis*)被头脑所捕捉,共相——普遍的认知和概念——由此成立。共相是概念。它们在头脑中(人类的,因为上帝的智慧可能不同),并且表明共同要素,即构成一个种类或类别的个体的共同要素或属性(所有人、所有狗或所有全面质量管理体系的共同属性——回顾在第一章中波利特所举的例子,因为共相的概念不仅适用于"自然"实体,也适用于人造实体,人为现象如为公共组织的运作而精心设计的社会制度,如战略规划系统、管理会计和控制系统、人力资源管理系统、全面质量管理体系等)。

另一个认识这个问题的方法是共相是否在物之先(*ante rem*,首先是共相存在,然后事物从这种模式中复制而成);还是在物之后(*post rem*,共相只存在于抽象它们的头脑中,如果它们存在的话),或者是在物里(*in re*,共相只存在于具体的个体中,它们从那里被头脑抽象出来)(Reale and Antiseri,1988,pp. 396—400)。

关于共相的争论一直持续到我们的时代,往往与如何解读柏拉图思想的问题交织在一起。语言学家和语言分析者尝试了多种方法:费格(Frege)的命题逻辑和谓词演算;阶级理论;作为范式的理念概念,等等。然而,在至关重要的方面,这个问题的基本点似乎仍然与几个世纪前中世纪学者辩论的内容相同。正如本书后面所讨论的那样,中世纪关于共相性质辩论的现实性可由这样一种观察所证明,即我们在这场辩论中的立场可能与我们是总的从社会科学来看还是特别地从公共治理来看密切相关（见第四章，特别是关于后现代主义和相对主义的一节）。唯实论对于共相的立场似乎很难与激进的社会建构主义相容，后者倾向于与共相的唯名论概念相一致，并且似乎相对的情况也可能成立：唯名论关于共相的立场在整个范围内都很难与唯实论的立场达成一致（我们请读者参考第四章，在第四章中大量讨论了当代社会建构主义和批判现实主义）。

第七节　中世纪晚期哲学

如果说经院哲学几乎主宰了 13 世纪和 14 世纪，那么一些批评将会推动它为整个中世纪哲学的"危机"铺平道路，并随后走向现代哲学的曙光。这种危机也是由约翰·邓斯·司各脱，特别是威廉·奥卡姆（William of Ockham）提出的批评所引发的。

司各脱主张以简单或单一的概念为哲学的出发点，并声称单一的，个体的实体是智力活动的对象（1950 年的《邓斯·司各脱》一书收集整理了他的著作）[8]。采用了不同于类比推理的方式，他认为先验谓词是单一的，而不是类比的，先验析取适用于任何存在的东西：每一个存在都或者是实际的或者是潜在的，或者是必要的或者是偶然的，或者是有限的或者是无限的——这先验析取的属性也单一地适用于上帝（正如我们稍后将看到的，康德把这一观点颠倒过来，将先验置于知识主体的头脑中，而不是像这样作为存在的属性）。司各脱还引入了主观和客观潜在性之间的微妙区别。对司各脱来说，主观潜在性就是亚里士多德关于潜在性的概念：对司各脱来说，亚里士多德的潜在性，是"力量主体"改变事物的潜在性（潜在性被"赋予"给任何拥有改变事物的力量的人），例如胚胎可以变成一个孩子，一个孩子变成成人，等等。而当某物接收到改变的潜在性时，客观的潜在性就产生了：它是力量的终点（接受者），而不是使变化发生的力量的主体。对于司各脱来说，事物也可以作为其他地方的力量终点而产生。这为共时偶然性（synchronic contingency）的概念铺平了道路：在一个世界中不相容的可能性，在不同的可能世界中是可能的——现代哲学家广泛使用了其他可能世界的概念（莱布尼茨有一句名言是"这个世界是所有可能世界中最好的世界"，他将"可能世界"的概念引入哲学辩论,但这一概念的根源在于约翰·邓斯·斯科特斯提出的客观可能性的概念,以及在他之前安瑟伦提出的证明上帝存在的论点之中)。为了衡量这个概念的意义,可以认为无论什么时候使用反事实论点时(比如"如果某些事物(已经)与实际发生的事情不同,会发生什么","如果有什么与实际发生的事物不同,会有(已经有)别的结果出现吗"?)我们都在以某种方式采用另一个世界[9]的哲学概念,而司各脱客观潜在性的概念为其铺平了道路。反事实论点在许多设计科学中至关重要(Simon,1969/1981),例如公共行政,其目标是运用知识以不同的方式塑造世界,以实现另一个"更好"的结果(例如,通过以下方式可以实现哪些其他结果:采用某种新的公共管理技术或新的公共政策,任命新的"领导人"领导一个组织等)。

中世纪哲学思想的危机与奥卡姆提出的对经院哲学的批判[10](见1985年奥卡姆的主要著作)密切相关,尤其是他被称为"奥卡姆剃刀原理"的对现实的研究标准,其表述如下:"*entia non sunt multiplicanda praeter necessitatem*",即"不能增加任何不是绝对必要的实体或概念"(来解释某些事情)。这是一种非常像"现代科学"的理论方法,理论上的简约是很有价值的。他的哲学——其论著显然比"剃刀"标准的表述要宽泛得多——意味着,作为人类,我们不可能了解事物的本质,只有经验告诉我们事物的性质或偶然性(这称得上是经验主义哲学传统的起点,它将在英国蓬勃发展)。我们也无法通过类比来了解事物的本质——有限与无限之间存在着一个间隙,只有上帝创造意志的纯粹行为才能将两者联系起来。奥卡姆的观点不同于古希腊哲学家的观点,至少与柏拉图式的哲学观点不同,因为亚里士多德在这个问题上有不同的立场,对他来说,核心问题是:个体化是如何从理念(理想原型)中衍生出来的?相反,奥卡姆的立场是,现实是"一切都是独一无二的",只有个体才是真实的。当然,这一立场可能会受到批评——而且已经被广泛地批评——但它对后来的哲学思想产生了巨大的影响。在奥卡姆对哲学的许多贡献中,他还提出了心理术语(都是相同的)和词语术语(口头或书面的,是跨语言变化的)之间的区别,这一概念先于语言学家乔姆斯基(Chomsky)提出的概念,即区分句子的表层结构和深层结构(语言之间和语言内部的表层结构变化,其深层结构是相同的):这是一个在语言研究中广泛使用的概念，代表了当代哲学研究工作的一个主要组成部分——并广泛应用于人文科学和社会科学的话语分析。

第八节　文艺复兴

文艺复兴处于中世纪和现代之间，是一个引人注目的时代，与中世纪和现代都截然不同。文艺复兴的诞生和顶峰时期都在意大利的领地、公国和共和国之中，而且在14世纪下半叶到16世纪上半叶期间意大利半岛上产生了无数令人熟知的艺术家。从意大利开始，文艺复兴作为一种哲学、艺术和文化运动，以不同的浪潮，带着不同的影响力传播到整个欧洲。文艺复兴也被称为"人文主义"，把人放在中心位置（不仅仅是人类物种，而是所有关于"人"的）。这是一个百花齐放的时代，从文化的角度来看非常丰富，艺术家和文学家是主角，可能比严格意义上的哲学家还要多，在这里，我们只能触及文艺复兴时期在欧洲深入研究和辩论的一些观点。

第一，人类追求完美使命的观点，这在人文主义作家笔下处处可见：在第六章中，当探讨美德在善政和良好治理中的作用时，我们将讨论其对政府和公共行政的意义。第二，带有明显的新柏拉图的印记，即每个人都是一个微观世界的概念；这个观点认为所有在现实中的一切都在一定程度上反映在每一个人身上。它也有力地提醒人们，在调查现实时，学者总是有两个选择：除了"观察"什么是经验上可以发现的之外，学者还总是有另一种选择——或补充——即审视自己的内心，审视我们自己的良知和灵魂。例如，公职人员的行为中什么是"道德的"，可以通过观察实际行为来研究，也可以通过从我们的良知中得出的在特定情况下道德行为的含义（也可能通过思想实验）来研究。第三，关于人性的不变性和普遍性，这一点在文艺复兴时期一个重要的座右铭中得到了有力的总结："*homo sum: nihil human mihi alienum est*"，即我是人，与人相关的就和我有关，也就是说，每个人/所有人都包含在人类整体之中。这个时代强烈主张人性不变性和普遍性的重要思想家是马基雅维利（Machiavelli）和圭恰迪尼（Guicciardini）。在公共行政领域中，对这一主题有不同的立场，而人性的不变性或其他方面的含义，对于学科的研究和实践的方式来说，具有巨大的意义。其中一个含义就是我们是否可以从历史中学习。马基雅维利认为我们可以，一个根本的原因就是人类的本性不会随着时间的推移而改变——这并不是说它不受环境的影响，而是思想和灵魂的本性（理解能力和行动动机，当条件允许时）不会随着时间的推移和位置的改变而改变。发出这一假设可能会导致对我们可以从历史中学到什么有着截然不同的推论——事实上，这可能最终意味着放弃从历史中学习的可能性。我们回到第六章的讨论中。事实上，我们在第六章中讨论的一些重要的贡献，如尼科尔·马基雅维利的《君主论》和托马斯·莫尔的《乌托邦》，都是文艺复兴时期的文学杰作。

第九节　科学革命

如果说发生在 16 世纪和 17 世纪的科学革命以及随后的 18 世纪的工业革命改变了世界，这似乎并不是夸大其词。

这两次革命是紧密联系在一起的，哲学家弗朗西斯·培根（Francis Bacon，工业时代的哲学家）可能是它的主要倡导者：知识必须有助于实践，他在"知识就是力量"这句话中把知识和力量联系在一起是出了名的。"现代"科学的许多原则都是在这个时代由培根以及像伽利略和牛顿这样的物理学家构想出来的，其中包括知识是公开的（获得知识的过程必须公开以确保可复制性），是主体间的、渐进的和累积的（如果有问题和方法的陈述，不断积累知识就成为可能），是通过反复观察增长和检验的。从这一概念衍生出一个不同的智力劳动组织和学术组织：类似于我们当代的知识生产概念，即由几组研究人员用公开的调查方法和重复的、精确的观察研究相似的问题。从这个角度来看，知识是从基于越来越多的观察的归纳中逐步获得的，它不依赖于过去的权威，与权威起主导作用的观点形成鲜明的对比，即诉诸过去杰出学者的权威来证明一个主张，这一观点是中世纪思想的特征。事实上，在科学革命的新的知识氛围中，过去的权威可能会，在一定程度上必须会受到挑战："*Nullius in verba*"（"勿轻信人言"）是伦敦皇家促进自然知识学会的会训，该学会于 1662 年由查理二世国王特许成立，其建立深受培根哲学的影响。事实和实验[11]，而不是过去思想家的权威——不是社会和传统产生的偶像，也不是妨碍对事物理解的偶像——推动培根和他同时代的人们，在当时被称为"科学知识"的道路上前进。这在许多方面不仅仍然是自然科学也是社会科学的发展方式——或者至少这是为它们应该如何发展而提出的传统的参考术语，尽管另类范式对这一主张有争议（我们将在第四章的公共行政领域讨论这一争论的术语）。

培根还对科学生产所处的社会环境（和"偏见"）可能对科学知识的产生起到重大影响的方式提出了富有洞察力的观点。从这个意义上说，他可以被认为是第一位知识社会学家[12]。培根还提出通过引入错误理论来消除，以便只留下一个"正确"理论的观点。这被称为 *experimentum crucis*，"关键实验"或照字面意思被称为"决定性实验"，作为一种在两个相互竞争的理论之间辨别哪一个理论成立，哪一个理论将被放弃的方法。然而，卡尔·波普尔（Karl Popper）和皮埃尔·杜厄姆（Pierre Duhem）等人（见第三章）批评了这种关于验证理论的方法的认识（理由是：总是可以产生无数的另一种理论，因此没有哪个实验是在两种理论之间的测试）。事实上，在自然科学中，甚至在社会科学中，很少能提到"决定性实验"能决定性地区分两个或多个理论，并将有效性（尽管是暂时的）归因于一个理论，并在确定的基础上排除其他理论。

第十节　早期现代哲学

早期现代哲学的出现常常与法国哲学家笛卡尔（参见 1637 年著名的《笛卡尔》一书；以及 1998 年的可以说是系列丛书的《笛卡尔》一书）以及他最著名的"方法论上的怀疑"方法联系在一起，此方法可以用他的一句话概述为："*cogito, ergo sum*"，即"我思故我在"。然而，这句话的一个关键部分是残缺不全的，完整的是："我怀疑，然后我思考（怀疑是一种思考行为），故我在。"反思主体的怀疑成为哲学的开端，因为没有其他东西可以构成哲学能采取行动的"确定性"。正是在这个意义上，笛卡尔带来了成为现代哲学特征的"主体革命"：思维主体是哲学的发端（对于笛卡尔来说，思维主体唯一可以确定的是其自身的怀疑）。

他还提出了一个至今仍然困扰当代人们的二元论：二元的物质性/精神性。二元论影响了直到我们这个时代的辩论，很大程度上归功于笛卡尔对"*res cogitans*"（字面意思是"思考的东西""思想实体"）和"*res extensa*"（字面意思是"广延的东西"，即定义属性是具有延展性的东西）之间的区分。

人们注意到，这种区别，特别是把物质的概念在本质上定义为具有延展性，与当时出现的牛顿物理学有着深刻的联系，但由于现代物理学的发展而受到质疑。笛卡尔的论点简而言之就是，每个物质对象在分解后，剩下的是它的延伸，因此这就是它的"实质"。但现代物理学打破了这一观点：质能守恒（爱因斯坦著名的方程式说明了此点），原子和亚原子粒子等小物体的位置和运动的不确定性[13]，以及近来的（尽管有争议）暗物质和反物质[14]等概念都对把延展性作为物质的限定特征提出严重怀疑。

然而，笛卡尔把宇宙视为由无处不在的简单的、混沌的物质构成，没有终点（在最终意义上和物理意义上都没有），没有边界，也没有目的的观点，完全符合牛顿物理学的发展方向，也符合它摆脱中世纪和文艺复兴时期关于自然的观念的方式。自然在这个概念中不是由可知的物质组成的，而只是其关系和相互作用可以衡量的物质，完全可以通过数学公式来表达。发现这样的数学公式是物理学的任务。正是在这个时候，物理学成为一个仅次于哲学的"第二学科"。在这个时代，物理学和哲学分别成为知识的主干和根，所有其他学科都被置于次要位置。在此期间还出现了动物可能只是机器的观点（笛卡尔在这一说法后增加了一个问号：这是他提出的问题，而不是他提出的主张）。在这个混沌的世界里，人类被挑选出来作为众生中独一无二的群体是因为人类是唯一同时由两种物质构成的：思考的东西和广延的东西。[15]

笛卡尔和斯宾诺莎、莱布尼茨等新形而上学体系的其他建设者一样，大致来说，可以被归入"理性主义"的阵营，至少从根本上讲，他们认为理念至少在一定程度上是与生俱来的，因此理性在某种程度上可以"自己"了解世界。在这个体系中，与理性主义相反的阵营是经验主义，后者认为所有的理念都是从感官中产生的。这是一个到目前为止过于简单化，但不知何故，可能有助于区分不同哲学的一个关键点：哪些属于理性主义阵营的哲学和哪些属于经验主义阵营的哲学。理性主义和经验主义之间的区别依然存在，而且似乎完全没有被消除，今天的学者们仍然倾向于（尽管不是直接地）进入其中一个阵营（在公共行政领域，这一点由里库奇于 2010 年提出；具体见第四章，其中特别提到她对当代公共行政的哲学立场进行的分类）。

我们现在可以转向 17 世纪伟大的形而上学体系的其他建设者：斯宾诺莎和莱布尼茨。巴鲁克·斯宾诺莎（Baruch Spinoza）是提出"纯粹的需要"和上帝是一切的内在因的哲学家，威廉·戈特弗里德·莱布尼茨（Wilhelm Gottfried Leibniz）则提出了绝对的存在——上帝的超越性。

斯宾诺莎（他的主要著作的英文版见 1951 年的《斯宾诺莎》；另见 1677 年的《斯宾诺莎》）是理性主义者，因为他的哲学思想来自一个并非源自经验的观点：只有一种物质，这就是上帝——沿着本体论的证明思路可以证实其存在——所有其他都是根据绝对必然性的标准而衍生出来的。在这个观点中，没有什么存在是偶然的，因此除上帝之外也没有什么存在。这一立场可以被归类为泛神论（一切皆有神性）和一元论（只有一种物质）。对于斯宾诺莎来说，"思考的东西"和"广延的东西"只是上帝这一存在的无限属性中的两个属性（把上帝视为存在的整体）。主张将必然性范畴作为存在的"主要特性"是斯宾诺莎留给后人财富的一部分，它将对后来的现代哲学家，特别是黑格尔（他的哲学体系受到了斯宾诺莎泛神论的影响，尽管对黑格尔来说，泛神论更恰当的说法是：万物生活在神明之中）。古典形而上学依赖于先验析取：事物不是必然的，就是偶然的。它不主张两者之一是存在的唯一"维度"。斯宾诺莎却相反地倾向于主张必要性是存在的唯一范畴。

莱布尼茨是一位天才思想家，一生中的大部分时间都活跃在政坛，他的哲学直觉为几个世纪以来的哲学思辨提供了丰富的素材。直到最近，他的大部分作品才得以问世，最近的发现也使人重新审视这位天才思想家（见 2009/2016 年《安托内萨》一书，关于他之前被翻译成英语的作品集，见 1988 年《莱布尼茨》一书）。

莱布尼茨提出了一个独创的哲学体系：单子论（the theory of monads，从表面上看，这种哲学体系很难掌握，因为它不是直观的，特别是对没有深入了解那个时代文化的当代人而言）。"Monad"是一个源于希腊语表示"统一性"的词，在亚里士多德的哲学概念中可以找到它的源头，特别是形式的概念（我们已经讲过，那个概念将"统一性和秩序"视为事物的本质）和"圆满实现 entelechy"作为潜能变为实体的概念。莱布尼茨通过把单一体设想为整个世界或微宇宙，以独创的方式对这些概念进行了重新诠释（一种在文艺复兴时期流行的新柏拉图式的想法），并且他巧妙地尝试将现代物理学（他自己为其发展也作出了贡献）和形而上学融为一体。

从方法上讲，莱布尼茨提出（设想）一些原则，如不矛盾律和充分理性的先验原则，是内在的，因此他可能会被人们坚定地归入理性主义阵营。

我们现在可以暂停一下，思考哲学走向现代思想曙光的方向。从笛卡尔、斯宾诺莎和莱布尼茨到黑格尔，我们在欧洲大陆见证了伟大的形而上学体系的发展。这些哲学家不只是试图批评或者整合以前的形而上学（主要是，柏拉图和亚里士多德的形而上学），就像中世纪哲学家一直在做的那样。相反地，他们努力通过一个可以取代以前所有系统的新系统来重建形而上学。康德也有同样的观点，尽管他的方向在某种意义上是相反的：不是要建立一个新的形而上学，而是要划出未来所有形而上学的极限（他命名为《任何一种能够作为科学出现的未来形而上学导论》的著作证明了这一点，1783/1997）。我们在这里看到的是试图彻底重建哲学。这些尝试主要是在欧洲大陆，尤其是法国和德国。另外，英国和美国——英语国家——的哲学走向了不同的方向，更多的是延续性地批评和整合以前的哲学思想，而不是重建整个哲学话语体系。许多英语国家哲学的根源可能在经验主义中找到。我们现在转而讨论这个流派。

第十一节 经验主义

经验主义是对自然科学和社会科学的发展至关重要的一个哲学流派（这应该与后来我们讨论的它的"后代"实证主义区别开来），它是一个主要支柱，它几乎代表了一种"立场"，这一"立场"构成了公共行政领域里的一种多样化但又是核心的思想流派（见 2010 年里库奇的著作，她将经验主义与实证主义及其新、后变化形式巧妙地区分开来）。

经验主义的一些根源可以在关于人类心智对"实体（substance）"的可知性的批判中找到，这种批判在奥卡姆的著作中，以及在司各脱的著作中（用不同的术语）都有所体现。在约翰·洛克（John Locke）的《人类理解论》中也是核心主题：在该著作中他声称，实体，存在于或支撑着我们通过感官可以感知的东西，是不可知的（可以注意到，洛克并不否认物质的存在，而是否认其可知性）。这一论点在许多方面是康德把实体作为人类理性纯粹极限的概念的先导（康德将使用一个不同的术语："本体"）：不可知的，却是必要的，知识的极限。对康德和洛克来说，知识只能在现象上发展——对洛克来说，知识是通过"经验"展示出来，通过感官捕捉到的物质的特性。这是洛克哲学贡献的一个重要主张，尽管我们应该立即提醒读者，由英国哲学家发展的，对人类知识展开的分析远比这一直白的陈述更为清晰和复杂。他对随后发展的哲学和科学探究的影响怎么强调也不过分，因为现代哲学的许多内容都远离了对事物本质的探索，而是集中于对事物可知特性的了解。在某种意义上，许多现代哲学都采用了洛克哲学的基本立场（如果不说是采用了他的具体术语的话）（他的著作收集在1975年的《洛克》一书中）。

　　《人类理解论》一书的中心论点一直是被严厉批评的对象。批评的焦点是，到底实体作为"支撑某物"的概念是一个恰当的描述，还是歪曲了古典形而上学哲学家的观点。"反映感知"的概念是亚里士多德或阿奎那所说的实体的概念吗？或者说它指的是本质，是他们所说的代表事物形式的实质？例如，在古典形而上学中，爸爸、妈妈或我们的伴侣首先是"最重要的人"，然后他们也拥有一些特性，比如具有某种延展性，拥有他们皮肤或眼睛的颜色，等等，他们不仅仅是一些可感知的特性（或延展性，皮肤和眼睛的颜色等）。这些特性不是完整的，或者实际上就不是父母或伴侣作为人的本质。古典形而上学中的物质很可能是不同的东西，而不仅仅是"存在于和支撑着[17]什么"。因此，我们回到了一个基本问题上：物质的概念是被塞进了无用的范畴，还是有用的范畴？正如读者所猜测的，这个问题还没有结束，人类认识事物本质的可能性问题在不同的时代以不同的形式出现，从唯心主义、新唯心主义到现象学，我们将在第三章中详细讨论。

　　英国经验主义的另一位重要作者是霍布斯，他发展了一种唯物的形而上学。霍布斯以国家是"利维坦"（Leviathan）的概念而闻名，他以此为名的著作《利维坦》（1961/1996）提出了这个关于国家的理论。利维坦是一个海洋怪物（在旧约中提到），借此霍布斯把国家比作一种必要的恶。他认为人类相互之间是潜在的生命威胁，唯一可以实际运用的补救办法是将武力垄断集中到一个非个人的实体，即国家中。国家作为人类的产物，本质上对个人自由有着"侵犯性"，然而，如果没有国家，世界会变得更糟，因为它是相对安全生活可能性的唯一保障者（对于洛克来说，国家的另一个基本职能也是保护私人财产的保障者）。在第五章中，我们将回到霍布斯的政治哲学，讨论"社会契约"观的概念与政治制度正当性基础的关系。在这里，我们注意到霍布斯的观点在当代政治和公共行政研究中仍然普遍存在：是国家侵入了私人领域，还是像企业和公司这样的私营组织占了上风并占领了国家（或者国家部分的关注就是要追求他们自身的利益）？国家是以整体公平公正的方式"入侵"私人领域，还是相当的不公平和不公正（例如，对不同社会和种族的人区别对待）？这些和相关的问题在这个领域反复出现。霍布斯的批评可能会引出相关的，但有时会被遗忘的问题。让我们以实践者和学术界关于"协同政府"（joined up government）"整体政府"（whole of government）"全面政府"（holistic government）等的益处和挑战的辩论为例。人们普遍认为，一个更为协调的政府几乎本身就是有益的，但从霍布斯的批评来看，一个拥有收集个人数据的现代技术和强制手段的全面政府——这在霍布斯时代是不可想象的——不也是对个人自由的主要威胁吗？如果政府不民主，不尊重人权，没有适当的制衡机制又会怎样？如果国家的部分强制手段可以被只有少数人的、不负责任的社会团体所获得——也许是通过腐败或共谋行为——又会怎样？霍布斯所担忧的现状依然存在。

经验主义的"激进化"发生在乔治·贝克莱（George Berkeley）和大卫·休谟（David Hume）身上。贝克莱（见《欧拉全集》，*Opera Omnia*）声称："物质不存在，实物只是上帝不时与我们分享的理念。"他的口号"*esse est percipi*"——存在即感知——被广泛引用和被嘲笑（Kenny, 2012, p. 560）。贝克莱的哲学传承[18]将在不同的框架内被唯心主义哲学吸收和发展。

休谟对知识可能性的尖锐批判——尤其是经验知识的局限性进行的批判（而经验知识对一些哲学家来说是唯一可能的知识形式）——仍然占据着当代文化的中心位置（Hume, 1777）。他的哲学传承持续地警示人们注意人类知识的不确定基础，并划定可知的边界和已知的有效性。然而，休谟的经验主义似乎有一种非理性的倾向：在他的思想中，经验主义可能已经超出了对人类知识极限的有益的批判性警示，越过了非理性的悬崖（Reale and Antiseri，1988，pp. 430—31）。

经验主义是英国哲学思想的一个挥之不去的特点，在众多的哲学家中，约翰·斯图亚特·密尔（John Stuart Mill）的《逻辑体系》延续了英国经验主义的伟大传统。

第十二节　启蒙运动

启蒙运动指的是一场发生在17—18世纪的文化哲学运动，中心在法国，并蔓延至整个欧洲。它的特点是对批判理性（critical reason）的赞扬，以及利用理性使人类走向成熟的雄心。许多社会科学的根源，如经济学，可以追溯到这个时代。同样，诸如普遍人权的关键概念（例如编入《联合国人权宪章》中的）也在这个时代得到了充分的理论化，这个时代也是美国和法国革命等政治思想发展的重要时刻。

我们从这个时代中挑选出来的一位对公共行政哲学思想有影响的作者是克里斯蒂安·沃尔夫（Christian Wolff，1679—1754）。他提出的定义和区分对20世纪德国哲学思想产生了重大影响，尤其是他对以理性为出发点的学科——对这些学科来说，无矛盾律是真理的终极标准——和以实验证据为出发点的学科的区分。重要的是，他是最早提出应由国家干预社会发展的人，这种干预不仅仅是保护基本权利和行使执法权力的严格监管职能。他的思想被一些公共行政学者认为是把现代公共行政理论作为知识的一个分支的基础：他提出的概念可以用德语的"*staatswis-ses-chaften*"一词来概括，这个词可以翻译为"政治科学"，但是它的含义更为广泛、内容更为丰富，意思是综合各种学科，使关于政府的知识得以发挥作用（Drechsler，2001b）。

启蒙运动的一个主要特点，也可能是一个主要的不足，是强调现世的知识。启蒙运动的一个主要内容是对历史上积累的偏见进行理性批判并促使人们从偏见中解放出来：过去不被看作现在的组成部分，而是批判理性可以修正的错误之源。这种关于人类理性的假设，消除了偏见，从"元年"（year zero）开始研究，成为社会科学的重要组成部分。事实上，从假设 t = 0（时间等于 0）出发分析一个现象的想法，是科学革命后从自然科学所吸取的基础方法，这种方法也在社会科学中得以推进使用。正如我们在下一章所探讨的，像黑格尔这样的哲学家对这一假设作出了强烈的反应，还有黑格尔的辩证方法，通过正题、反题及合题将整个过去都包括在现在之中，呈现出一种截然不同的哲学立场。

总之，尽管衡量启蒙运动在多大程度上仍对当代各学科，特别是与本书所讨论的公共行政有关的学科的学术工作有所启发是历史学家的工作，但一个有根据的说法似乎是，启蒙运动在学术研究方面的主要动力是为了消除偏见，揭示有偏见的观点，并借助批判理性揭示现象，这仍然是使学者们和社会科学家对其使命的自我概念感到兴奋的事情。同样，批判理性可以修正过去的错误，使人类从"元年"开始的观点，仍然在不同的环境中找到支持者，这些支持者既有学者也有实践者。

注释

[1] 有趣的是，希腊字母起源于腓尼基语的音节文字（腓尼基语是一种像希伯来语的西闪米特语。事实上，希伯来语的"aleph"和"bet"——是闪米特语的前两个字符，希腊语的字母一词"alphabet"就源于这两个字符），它本身就是希腊人的一个独创性的发明，在某种意义上为哲学思辨奠定了基础。正如桑索内（Sansone，2009，pp. 37—39）所阐释的那样，在腓尼基语的音节文字中，第四个符号（dalet，由符号 Δ 代表）可能代表 da，de，di，do 或 du 任何一个音节，希腊字母的第四个字符（delta 或 Δ）代表的是，音节 da，de，di，do 和 du 有共同的元音（声音"d"）。希腊语的"delta"代表不能独立发音，但可以用抽象形式来定义的事物：所以希腊字母是分析性的，而在某种程度上，腓尼基语则不是，从某种意义上说，希腊字母将口语的声音简化至其基本元素上，而且是简化至不能再简化。事实上，"元素"（*stoicheia*）是用来指字母表中的字母的词，与他们用来指物理世界的物质元素的词相同（Sansone，2009，p. 39）。希腊语——甚至是字母——有利于抽象的、思辨性的推理。德国哲学家海德格尔（Heidegger）甚至声称，"存在"在不同的时代以不同的语言展示其深意：先是希腊语，然后是拉丁语，再然后是德语。

这一说法被批评为"本体论种族主义",即一种特定的"某国的"语言以其他语言无法做到的方式传达和引导人们理解存在的含义,我们同意这一批评。然而,希腊语言和字母体系的力量无疑促进了希腊文明古典时期哲学思辨的巨大飞跃。

［2］英语在这里可能具有误导性,因为英语"存在"（being）的后缀"ing",表示运动和变化。希腊语ὄν、on 和拉丁语 esse 则不会有这种误导。

［3］亚里士多德也被认为是首先引入了特定学科或科学（希腊语为 *episteme*）之间的区别,其特点通过特定的主题和方法,以及哲学本身来引入这种区别。

［4］亚里士多德还认为,理智的现实性和理智对象的现实性是一致的。文艺复兴时期的思想深受新柏拉图主义的启发,这种思想主要是从普罗提诺的思想中衍生出来的,它构想了一种沉思者的永恒形式。那些对基本真理进行沉思的人具有一种永恒的形式:当沉思时,沉思的理智和沉思的对象是同一的、相同的。沉思"永恒真理"的人将成为这一真理及其永恒的特性的一部分,因此通过分享他所沉思的真理的永恒性,他就具有了这种永恒形式。

［5］这也被称为"肯定神学"。否定神学是通过辨别哪些世俗事物的性质不是上帝所赋予的而发展出的一种神学形式。

［6］阿奎那提出了一些关于上帝存在的证据——确切地说,是五个——在此无法一一说明。但读者就此可以推测出一个,而且可能是最喜欢的一个,即从所有实体的偶然性出发的一个证据:只有完全的现实（pure actuality）——上帝即存在——才能使潜在成为现实——实体具有存在。如果一切都只是潜在,在某个时候应该不存在,那就必须有一个什么都不存在的时刻。但事物怎么会从无到有呢?必然有一个不是偶然的原因:这就是上帝。

［7］建立大学和建立托钵修士的宗教秩序是对哲学发展具有重要意义的两个事件（以及亚里士多德作品的全面翻译和传播）,这在关于共相争论的主角身上得到证实:威廉·奥卡姆和约翰·邓斯·司各脱像圣文德一样是方济各修士（"方济小弟兄会士","灰衣托钵僧"）；托马斯·阿奎那是多明各会修士（即所谓的"黑衣修士",因为他们习惯穿黑衣而

得名，又被称为"修士传教士"）。他们在新成立的牛津大学和巴黎的大学任教。

[8] 对于司各脱来说，物质并不是个体性原则（就像亚里士多德所说的那样）：使一个事物个体化的既不是物质，也不是形式，也不是两者的复合物，而是第三种东西，它的 *haecceitas* 或 "thisness"（即"存在的个体性"），使之个体化。举例来说，就苏格拉底而言，他既具有共同的人性（本质或形式），又具有个体性原则（"这个"特定的人是苏格拉底，而不是其他任何人）。这种个体性原则是试图解决一个重要问题的一种尝试，即什么使事物具有唯一性，即使它属于一个物种或类别也可以区分（这里对普遍概念的争论有一个强烈的回应，这个争论在司各脱写作的时候仍在流行），而且它也尝试重新讨论"一"与"多"的问题。这一论点受到了严厉的批评。主要有两个问题：第一个是关于 *haecceitas* 的定义：它是什么？这个概念是否有助于我们更好地理解？奥卡姆的回答是否定的，并建议将其作为一个无用的概念淘汰掉：它落在了奥卡姆剃刀的刀刃下，这一概念将在下面的段落中介绍。第二个是关于把前面所说之物作为个体化原则的含义：如果既不是形式也不是物质是个体性原则，那还剩下什么是呢？

[9] 应区分整个其他可能世界（其性质与本世界不同）的概念化和与实际发生情况不同的事物状态（如在反事实论点中所说的那样），后者假定本世界的性质仍然不变。

[10] 奥卡姆哲学的主要动力是限制可以用理性解释的范围，以便给信仰让位。尽管有趣的是，在他对上帝存在的证明中，他强调实体在"存在中存留"，而不是它们最初被创造并作为上帝存在的证据而成为存在的行为：这一推理似乎与阿奎那的哲学紧密相关，即事物通过存在——上帝来获得其存在。

[11] 包括心理实验，像伽利略所做的那样——一种后来被忽视的方法，至少是直到在彻底改变物理学的理论出现之前被忽视了，爱因斯坦提出的相对论，最初完全基于心理实验——使科学家们恢复了对心理实验意义的关注。

[12] 社会学家卡尔·曼海姆（Karl Mannheim）也借鉴了马克思的思想，以及塔尔科特·帕森斯（Talcot Parsons）、罗伯特·默顿（Robert

Merton)、沃纳·斯塔克（Werner Stark）等一系列杰出的社会学家，在20世纪发展了知识社会学的分支。

［13］根据海森堡（Heisenberg）的不确定性原理和薛定谔（Schroedinger）著名的方程，不可能绝对精确地估计粒子的位置和运动：越是已知其位置，对粒子运动的估计就越不精确，反之亦然。我们只能清楚知道的是粒子存在概率的分布（粒子所在的"云"），但是薛定谔方程表明粒子位置的积分等于1，也就是说，粒子在宇宙中的某个地方，这一事实可以让我们放心些。

［14］最近的天文学理论假定存在一种看不见的暗物质，这种暗物质只能由它引起的引力场才能被探测到，也就是说，它显然是一种因果主体，因为它产生了引力场，但它不可能在空间中定位，因此它的延伸无法测量——如果它存在的话。

［15］毋庸置疑，许多哲学家都强烈反对这两种观点：动物是机器，人类是两种不同物质的混合体。我们将看到柏格森（Bergson）对此提出的激烈批评，他提出了生命和宇宙的另一种形而上学。

［16］英国中世纪哲学家（我们已经讨论过），他们已经开拓了以英语为母语的经验主义的领域。然而，他们作品的一个重要部分是用当时中世纪的通用语——交际语言——拉丁语而非英语写成的。

［17］实体一词的拉丁语意为"在……下面"，在这个意义上也可以解释为"支撑……"。

［18］电影《黑客帝国》（*Matrix*）对这一观点进行了广泛的传播，在影片里，人们被描绘成生活在一种完全的精神生活中。

第三章　哲学探究的主要流派：为公共行政领域选取的简要概述

——第二部分

第一节　康德与主体革命

　　康德的哲学是对人类理性的认识能力设定限度的重要尝试。为此，康德（见图3.1）介绍了现象与本体（noumenon）的区别，这是他哲学体系的核心。现象在这里的定义是事物所出现的样子（该词来源于希腊语 phainesthai——所出现的或所看到的）。本体[1]一词指的是事物本身，即事物"本来的样子"，也是理智所思考的事物。为了更好地理解这段话，我们可以回忆一下，正如希腊哲学所揭示的那样，只有在思想的范畴内才能正确地理解存在。noumenon 一词来源于希腊语 noein，意思是"思考"，根据康德的观点，本体是我们可以思考却不能知道的东西。如果读者对此感到困惑，那么你们可以感到欣慰的是，康德本人对这个概念也苦苦挣扎，而这是他哲学体系中很重要的一部分。更有甚者，这个似是而非的问题正是唯心主义哲学家在康德去世几年后，彻底颠覆康德的哲学所使用的杠杆点，他们通过在思想主体和思想事物之间建立一个（辩证的）同一性，并以此来解决康德所提出的人类知识的局限。康德认为，人类的知识只能局限于现象，尽管在某种意义上与经验主义有着深刻的不同。事物本身只能由一个原始存在者的理智（上帝）在它把它们变成存在（它创造了它们）的行为中理解，而不能被人类理解。

图 3.1　伊曼纽尔·康德

来源：https://es.wikipedia.org/wiki/Archivo：Immanuel_Kant_（portrait）.jpg..

　　知识是关于"正确"的理性判断，而判断是两个概念的联系，一个是名词，另一个是谓词：是关于这个句子主语的断言。康德概述了判断的类型。句子主语要用谓词表述的内容可能隐含在名词中（例如，所有的身体都被延伸了因为身体的性质使延伸必然发生[2]）；这些判断被称为"分析性判断"。又或者，名词要用谓词表述的内容可能没有隐含在名词中（例如，所有的身体都很重）；这些判断被称为"综合性判断"。分析性判断具有普遍性和必要性，但不会增加知识，因为已知的内容已经隐含在句子的主语中。综合性判断通过断定句子的主语中并不隐含的东西而增加知识。判断可以在经验之前（"先验"）或经验之后（"后验"）。如此，我们便会有不同范畴的判断。首先，分析判断是先验：这些都是普遍的和必要的，但不增加知识，因为句子主语要用谓词表述的内容已经隐含在主语中，没有通过经验增加任何内容；它们在某种意义上是重复的。其次，我们来看综合性判断是后验，增加了知识——通过经验，用谓语表述了主语命题的一些内容，但不是以普遍和必要的方式。因此，对康德来说，问题是既增加知识又具有普遍性和一般性的命题是否是可能的。这个问题的答案带来了哥白尼式的革命（康德明确地把他的哲学称为知识上的哥白尼式的革命，哥白尼因发现地球围绕太阳旋转带来了宇宙学的革命，而康德也意识到在他之后哲学也会与以往大不相同）。

康德带来的革命（revolvere，从拉丁语的词源意义上来讲是"把事情颠倒过来"的意思）可以概括如下（Kant，1781/1787）。客体围绕主体旋转，而不是主体围绕客体旋转，也就是说，客体必须适应知道其主体的属性和法则，而不是主体试图发现客体的属性和法则。这些范畴，即存在的形式和条件，对古典形而上学是存在的条件，而对康德而言，是主体对客体认知性的条件（他将这些范畴归为"先验"，该词是古典形而上学转借而来的，却赋予了我们刚刚所说的新的意义）。这些是与主体相关的客体的条件，同时也是主体提出的条件。

这一论断具有很强的影响，比如对于空间和时间的概念，尽管并不完全是新概念，因为其他哲学家已经讨论过类似的观点[3]：空间源于事物之间的关系，时间源于事物的连续。在康德的哲学概念中，时间不在事物中；相反，它是在认识事物现象的主体中。更具体地说，时间是所有现象被主体感知后的直觉形式，因此成为主体的内在。同样，空间是所有外部现象的形式，是被感官捕获之前所有的现象（然后变成主体的"内在"）。事物之所以在空间和时间中，因为主体将它们安排在空间和时间中。空间和时间不存在于主体之外。存在的其他范畴（在古典形而上学中）也不是客体的属性，而是主体的形式。其范畴包括可能性/不可能性、必要性/偶然性、存在/不存在、因果关系和依赖关系（因果关系）等（康德为此制定了一个框架，确定了十二范畴，并将它们与主体可以形成的判断类型联系起来）。这些范畴分为四类：数量、质量、关系和样式，是认知主体安排现象的形式。换言之：范畴不是 leges entis（实体的法则），而是 leges mentis（思想的法则），是思想认识实体的方式。

如果客体的基础在主体中（客体假设主体），则客体在主体中的每一个表象（感知）都以主体的统一性为基础，而主体本身在面对在它表面"流动"的易变表象时具有不变性（康德称为"先验统觉"）。这也是思维主体所进行的一切综合（即主体根据十二范畴所作的一切判断）的统一点，也称为"我思"。这里不是个体的"我"，而是每一个能够理性认识的主体都是一个思考主体的结构，也正是这种结构使它成为一个理性主体。

综上所述，主体（经验）的感知有两种形式：空间和时间；而理智包括十二范畴。它们一起形成了认识的条件。对于康德来说，这就是我们认知的方式以及我们可以知道的全部。

但这带来了一个重要的后果，即人类的知识局限于现象。在这方面，康德提出三个重要理念——上帝、灵魂和世界对人类来说是不可知的。我们既不能证明上帝的存在，也不能证明上帝的不存在。我们不能把灵魂视为本体论上的物质来理解；我们只能意识到思考的活动（"我思"），而不能意识到我们自己的本体实质（因为它超越了经验）。我们不能知道这个世界，这里所指的并不是作为物质世界的世界，而是作为万物及其原因整体的世界。（我们可以补充一下，这一说法是，而且仍然是，对现代天体物理学家的一个重要警告，以避免他们从经验发现，跳到关于宇宙的开始、结束或本质的最终断言。）然而，人类作为一个理性的实体，具有一种不可抗拒的、无法阻挡的、向超越经验推进的力量，这种推力通过对上帝、世界和灵魂的三种理念体现出来。这三者是不可知的，它们的存在，或不存在，是无法证明的，但它们发挥着一种调节作用：它们提供了一致性，在某种意义上说，是一个整体框架，用于运用理智对经验作出判断。

一个大问题出现了：所以，除了现象之外，人类是不是不可能与"事物本身"有更深层的联系？我们是否仅局限于现象而与事物本身没有任何"联系"呢？康德给出的答案是，在可知性方面，事物本身总是会脱离我们意识的掌控，但是在某种意义上，我们人类可以通过道德和美学生活[4]与之达成一致。在整个哲学史上试图建立道德基础的一次重大尝试中，康德在其1788年的著作《实践理性批判》（题目中的"实践"指的是"如何表现"的问题，并没有任何实用主义的含义）中，引入并阐述了范畴律令（categorical imperatives，又译作"绝对律令""绝对命令"）的概念。律令是必须遵守的东西，无论其行动产生的影响如何：只有范畴律令才是道德义务。例如，纳税人可能出于害怕制裁、简单习惯，或有意履行其职责而送还自估税额；只有在最后一种情况下，其行为才是道德的。有趣的是，国家没有任何手段来强制实施纳税人所采取的意图性行为——尽管在确保守法纳税方面或多或少是有效的，但是，换言之，外部实体可能会影响某人的实际行为，但不会影响行动完成的意向性（至少康德这么认为）：意向性是道德范畴。因此，康德指出，基于外部动机的行为——无论是遵守你所居住的地方的服饰和风俗习惯，是追求幸福，是通过美德完善自己，还是坚持上帝的意志——都是受外界支配的行为方式。康德的意思是指，任何建立在外在内容或动机上的行为都不属于道德范畴。

范畴律令，或道德法则，不依赖于具体内容；它是一种纯粹的一般道德立法的形式，对所有理性的生命都是有效的。对康德而言，这也是自由的基础：是我们的责任意识[5]，是拥有遵守的义务，让我们意识到我们的自由。康德大致将这样界定这一主张："通过履行义务，你认识到，正是由于你履行了义务，你获得了自由"（否则道德义务就没有任何意义）。通过这种方式，人们被告知她/他的自由（他/她承认是出于自由意志），虽然他/她不能对自由有任何认识，因为正如《纯粹理性批判》所表明的那样，只有现象是可知的，自由不是一种现象，而是事物本身，因此它是不可知的。正是通过道德，人类才能认识到自己的自由，并自由地坚持生命的秩序，走向认知的世界。只有履行道德义务，才能选择超越现象的坚持现实。自由是我们独立于规范现象的法律之外的自由意志。概而言之："你必须，所以你可以"——你必须遵守道德法则，所以你可以获得自由，因为你也可以不遵守道德法则。正是因为你履行了自己的义务这一事实，你才可以推断出你是自由的：首先是道德，然后是自由——尽管这个对我们来说有点不可思议。（伊曼纽尔·康德是最有规律的人。他过着非常规律的生活，每天做着完全相同的事情，他一生未婚，也从不旅行，从不参加任何活动，也没有任何爱好。他全心全意致力于哲学，但就思想的独创性而言，他是历史上最具革命精神的人之一）。

此时此刻，人们不禁疑惑，从这个道德的概念中可以引出什么能够指导实际行动的道德行为的公式呢？康德对这一问题产生了兴趣，在其《实践理性批判》中，康德似乎有些摇摆不定，他制定了一个标准，即道德行为必须符合规则，如果这些规则成为普遍法则，而不仅仅是指导制定这些规则的人的行为，那么它们就可以被接受。然而，从这一标准中得出的实际指导证明并未能避免矛盾。他最终制定了（最著名的）道德行为声明："你的行动，要把你自己人格中的人性和其他人格中的人性，在任何时候都同样看作是目的，永远不能仅仅看作是手段"（Kant，1785/2005）。其潜在的假设是，每个人都属于一个"目的王国"：每一个理性的存在都是目的，必须被视为目的而绝不能被视为手段（最好为："仅仅"作为手段——因为康德认识到，在日常生活中，我们都需要以工具的方式相互帮助：我需要从面包师那里吃到新鲜的面包，我生病时需要医生，等等。但我决不能仅仅以工具的方式对待面包师或医生，因为这等同于否定他们每个人的人性）。

读者可能已经注意到，这代表了一种可以在《福音书》中找到的人类之间互爱戒律的"理性形式化"。有趣的是，在这方面，我们的哲学家还提出了另一个论点：鉴于道德的完美在今生是不可能实现的，康德认为，我们需要假定灵魂的不朽，以使灵魂能够以整体的方式坚守道德；而理性存在是一种道德存在，因此它"必须"永恒地存在以实现理性的本质，从而实现道德。在基督教中，人有一种天生追求完美的倾向，但并非独自走向完美，而是在上帝化身的帮助下填补由原罪决定的（深不可测的）鸿沟。在某种意义上，康德至此停步不前了：由于范畴律令是一种在这个世界上永远无法完全实现的规范性理想，所以必须假定完美将会实现，也因此必须假定理性的人类将被赋予实现完美所需的不朽性。

正如康德所设想的那样，理性主体在其能知道的方面是有局限的，但它在所有其他方面都是一个"强大的"主体，远非当代哲学流派一些相对主义论者或后现代主义论者所描述的社会条件作用的可塑产物的表现。事实上，我们认为，这个主体——永远都是目的，而绝不仅仅是手段，是公共治理、公共行政和公共服务管理中的一个重要参考术语。康德提供了一个重要的尝试，不仅为个人生活，也为社会生活，从而为公共生活建立了一个道德基础：然后，他又为公共治理和行政实践的规范基础提供了一个重要尝试，一个不可避免的尝试。鉴于康德哲学中的道德不依赖于任何外在动机（尽管它并不排除那些对实际行为有影响但不能作为道德的基础），一个政治体系中所有公民道德行为的最终基础，尤其是从事公共治理的公职人员，在于这样的道德法则，即所有的行为都把自己人格中的人性和其他人格中的人性在任何时候都同样看作是目的，而不仅仅看作是手段。这是公共治理的普遍性基础，无论何时何地[6]都适用于人类（理性）建立的任何公共治理体系。

　　值得注意的是，康德认为行为可以符合外在动机，康德认为所有这些外在动机都是在道德基础之外的。外部动机驱动的行为，在本质上不同于理性存在本身要求的道德模式的行为，因为理性存在本身就是一个理性的存在。因此，遵守一个人居住的地方的装束和风俗，追求幸福，通过美德完善自己，或遵从上帝的意志，都是完全可以接受的，任何具体的公共治理制度都可以并且应该包括并容忍所有这些行为。但是，它们不应被视为道德的终极基础，或换言之，不应被视为公共治理的道德正当性。

　　任何为道德提供基础的尝试——尤其为了我们书中所说公共服务中的道德行为所做的尝试，都无法放弃其与康德对道德行为"绝对"基础尝试的对抗。

　　康德的著作对哲学产生了巨大的影响。与其他哲学大师一样，可以说我们无法回避他的思想——康德之后，任何有关哲学的理论都不能忽视他的贡献。同时，任何人类哲学都无法提供定论或代表终结：他的主张既遭到了古典形而上学的抵制，又被唯心主义哲学的观点所颠覆。关于"事物本身"的可知性和真正意义的哲学争论在随后的两个世纪里从未停止，而且依然在持续。哲学运动就像现象学（见下文）将这种现象更多地解释为一扇打开的大门——或者至少是微微打开的大门——是对事物本身的了解，而不是作为一个强制的限制。根植于古典形而上学的哲学家，如新经院哲学家，试图将康德的主体论与亚里士多德—托马斯形而上学的整体框架调和在一起。然而，正是唯心主义，在康德去世几年后，首先挑战了他的哲学体系，进行了一次试图将其推翻的重大尝试。现在我们就转向这种哲学。

第二节　唯心主义

　　康德哲学有两个重要的基础：第一种是本体作为事物本质的概念，它是可知性的条件，但它本身对于人类来说是不可知的[7]；第二种是"我思"，是作为认知发生条件的思维主体的统一体[8]。唯心主义哲学家通过对康德哲学大厦的两个支柱进行不同的解读，彻底颠覆了康德哲学。

唯心主义主要与三位哲学家有关：约翰·戈特利布·费希特（Johann Gottlieb Fichte）、弗里德里希·威廉·约瑟夫·谢林（Friedrich Wilhelm Joseph Schelling）和乔治·威廉·黑格尔（Georg Wilhelm Hegel）。无数的书籍都对他们每一个人的思想进行过反复论证。在20世纪，费希特和谢林的原创思想被重新评价为自成一家，其影响范围远远超出了将它仅仅作为一个为黑格尔及黑格尔主义铺平道路的"准备阶段"的阐释：这种阐释正是黑格尔本人和他的众多信徒广泛传播的，而在19世纪，黑格尔在德国学术界占据了主导地位。然而，由于篇章所限，而且尤其是出于简洁的理由，我们只能主要对黑格尔的哲学进行总结，因为黑格尔的哲学对哲学的影响几乎无所不在。他所推出的所谓的辩证法和由此衍生出的历史发展观，在此后的人文社会科学中占有突出的地位，对公共行政领域也具有深远的影响。黑格尔的国家观对公共治理中的辩论也有着极其重要的影响。

费希特的哲学是唯心主义的起点。通过对康德哲学进行革命性的阐释，从字面意义上来说，自从他颠覆了康德哲学[9]，费希特推翻了古典亚里士多德式形而上学的传统假设，即先有存在，后有行动（行动追随存在；拉丁语：*operari sequitur esse* 行动追随本体），提出相反的论调——行动先于存在（拉丁语：*esse sequitur operari* 本体追随行动），在此，那个领先于任何其他行动的行动，是自我设定自身的行动，这个自我设定自身就是费希特所称的"我＝我"的同一律，自我设定自身时也设定了非我。两者都包含在无限的"我"中，无限的"我"通过行动设定所有现实。康德哲学中"我思"是思维功能，是理性知识发生的方法论前提，而不是本体论原则，而在这里成为了现实的绝对基础：是"我思"的思维建立了现实。这个"我"确实应当用英语语言表示第一人称单数代词的大写字母来表示［不像大多数其他语言，使用小写字母表示第一人称单数，例如法语的"je"（我），西班牙语的"yo"（我），意大利语的"io"（我）等］。

谢林为唯心主义哲学增加了另一个关键组成部分：[10] 自然被认为是"非我"，它与纯粹的"我思"形成对立[11]。接着他重新阐释了同一律（这导致费希特提出了"我＝我"），从斯宾诺莎的学说出发，提出上帝中的"我"和"非我"的绝对同一，进而又提出一种万有在神论的形式

(一切在神之中[12])。在其思想的最后阶段,谢林深刻地改进了他的哲学,特别是通过重新引入本质和存在之间的区别(这在中世纪思想中起着核心作用),导致了在许多方面宣告唯心主义瓦解的结果。

黑格尔的哲学以擅自进入的方式对费希特的绝对的"我思"和谢林的作为非我的自然进行了综合。黑格尔哲学的出发点是辩证法和正题—反题—合题"三一式"的逻辑,他对其运用所达到的高度可谓前无古人后无来者。

古典辩证法最早出现在古希腊爱利亚学派的作品中,尤其是哲学家芝诺(Zenon)对之进行了详细的阐述,而柏拉图则将古典辩证法推至顶峰。但是,在黑格尔的阐释中,辩证法获得了一种古典形而上学所没有的动态推力。由于在黑格尔的哲学中现实是变化的,正题、反题、合题三个环节则获得了一种特定的意义。在黑格尔哲学中,正题通常被视为由智力(对他来说是静止的,不足以理解现实的内部组织)作出的断言,然后是理性(在黑格尔著作中,通常所用的是首字母大写的:理性 Reason)通过提出对正题的否定或冲突来干预和克服智力的局限,即反题。提出似乎令正题瓦解的反题的行为,就是理性的负向功能;然后是理性的正向功能,动态地将两个对立的正题和反题合成为一个高级统一体:对立的统一。这种合题是理性的正向功能,也被黑格尔称为"思辨状态"(the speculative moment)。而正题和反题继续存在于高级合题中:实际上,黑格尔使用德语中的"aufheben"(取消,压倒)和"aufhebung"(扬弃)两词来表达思辨的合题。重点是德语中 aufheben 一词有三种含义:第一,它表示对某事物的否定,例如当一条法律被一条新法律废止时;第二,对某事物的保护,为未来保留某事物;第三,提升某事物,把某事物放至更高的层次。即正题和反题被扬弃,但却在合题中保持不变,并最终得到提升[13]。

一旦理解了这一点后,读者便不会为黑格尔著名的论证"凡是合乎理性的东西都是现实的,凡是现实的东西都是合乎理性的"感到惊讶。这不应当被视为一个命题,谓语(在第一句中的:"是现实的")是名词(第一句子中的:"凡是合乎理性的")的谓词,而应被视为一种辩证合题:理性和现实之间没有区别。康德的理性的"我思"的功能现在得到了彻底的改变:它设定了现实,事实上,动态的"我思"就是现实,因为现实和理性之间不再有任何界限。同样，我们应该清楚，为什么对黑格尔来说，过去从来不是"过去"，过去都被保存（保留）在连续的高级合题中，一次比一次更加完美（类似于斯宾诺莎的哲学体系，黑格尔哲学中的一个关键范畴就是事物的必然性：凡是现实的就是必然的，这也意味着历史的所有事件的发生都有其必然性——每一个必然性的事件在历史日趋完善的发展中都得到保存）。

要继续探寻黑格尔对辩证推理的大胆应用，读者应该在此时"系紧安全带"，因为黑格尔的哲学体系旨在达到前无古人后无来者的高峰。事实上，黑格尔的哲学体系囊括了人类历史、哲学、艺术、宗教或任何其他可以想象的现实领域；对于黑格尔而言，哲学不仅被置于最高顶点，而且变得包罗万象。诚然，对黑格尔来说，绝对精神在哲学思辨中具有了充分的意识，并且在他自己的哲学中达到了顶点：坦白讲，黑格尔认为，上帝在他的（黑格尔的）哲学体系里是完全有意识的（谦逊绝不是我们这位哲学家的美德）。在这里，我们只能提示读者注意他这一个人类思想所能设想的最具智力魅力、最亲切、最雄心勃勃——也最常被嘲笑的旅程的某些阶段。在其《逻辑学》（1816/1975）一书中，黑格尔从巴门尼德（Parmenides）所提出的"存在"入手作为正题（这里"存在"对黑格尔来说是一个静态的概念），然后把非存在想象成反题（理性提出挑战或否定发挥其负向功能），最后解读释赫拉克利特（Heraclitus）的"变化"作为合题（思辨的理性将正题和反题变成合题）。在一开始，已经有了所有的本体论（巴门尼德和赫拉克利特），但是这个开端（黑格尔体系中辩证合题的第一个阶段）只是"自在理念"（idea in itself）的三十个阶段中的一个。第二个阶段是当"变化"（becoming）产生某种确定性的东西时（所谓"变化"就是"使什么事情发生"，从而产生某种确定性的东西），也就是说，它产生了确定性。但确定性总被"别的东西"，也就是事物的他性所否定，但事情的另一性却总是反过来被别的东西所压制，从而导致了不确定性的产生，即导致了无限，或无限性的概念产生。这是黑格尔哲学体系中合题的第二个阶段。在此，黑格尔迂回地强调了无限的重要性，并嘲笑了所有声称有限是唯一现实的哲学家。在黑格尔看来，任何将真实存在归结为有限存在的哲学都不应被称为哲学（除非它被认为只是高级合题的一个辩证阶段）。那些欣赏黑格尔所分析的存在的变化，同时又声称有限是唯一现实的当代哲学家们，一定要全副武装，努力对付这个德国哲学巨人所作的这一强硬的论断了。

从无限这里，黑格尔又进一步论述了自为的存在和自在的存在：普罗提诺哲学的核心"一与多"。这属于黑格尔研究的辩证合题第三阶段的一部分。这三个阶段只是黑格尔所说的"自在理念"成就的三十个阶段中的最初阶段。人们可能会觉得这已经够多的了吧，但在黑格尔体系中，"自在理念"之后还有九个阶段的"理念外化"，也就是，自然。对于整个自然世界，黑格尔将空间和时间作为"地点和运动"（所谓的合题）的辩证环节等加以讨论，并将整个物理世界和生物世界（以及作为学科的物理和生物学）系统化。

而且（建议读者继续系紧安全带）所有这一切都只是为最重要的环节——绝对精神或"回归自我思想"的哲学做准备。在他的庞大框架的这一部分中[14]，黑格尔首先解决了灵魂（这里包括所有人类学和心理学）的问题，然后解读了国家（包括法律、道德和伦理——最后一个是黑格尔的高级环节）的整个历史和基础，然后以其著名论断，即艺术（所有艺术，从希腊艺术到中世纪艺术，文艺复兴艺术到革新艺术）、宗教（从希腊宗教性上至基督教），最后到哲学（从希腊哲学到中世纪基督教，再到作为哲学成就的现代德国哲学）构成绝对精神的至高辩证环节，结束他的旅程：在思辨哲学中，上帝本身"永恒知道、制定、创造和享受"作为整体的现实——也就是说，上帝现在充分地向自己显明自身了。黑格尔的哲学旅程着实令人晕头转向。

读者现在可以稍微放松，解开安全带，并领会为什么在随后两个世纪中，大多数哲学总是对黑格尔极其大胆的哲学建构（Hegel，1807，1816；另见1968年的《黑格尔文集》）反应那么强烈了。

黑格尔的历史主义和辩证法，在人文科学和社会科学中占有中心地位。同样黑格尔思想的另一部分，即他的国家观，其《权利哲学》中所研究的一个主题［1821/1991；尽管这里我们主要遵循瑞恩（Ryan）在2012年所做的总结，尤其是第688—694页的论述］在人文科学和社会科学中也占有中心地位。黑格尔对待国家的方法及其作用，无须赘言，是三一式的。这三一主要以宪法、国际关系和世界历史舞台为代表。最后一个词是引发大多数争论的焦点，特别是他所提出的"国家间和平……

会导致停滞"（*Philosophy of Right*，p. 324）的主张。这一论述被评论家和批评家解读为使战争合法化，比较著名的是后来由普鲁士王国领导的一系列战争（黑格尔是普鲁士王国的公民），尤其是在德国统一之后；换句话说，它使普鲁士侵略性民族主义合法化，达到了后来在纳粹德国统治下的极权主义形式。然而，黑格尔很可能只把唯实论的战争观作为国家的工具，与国际关系领域的唯实论传统没有太大的不同。但重点是，这种观点被包装进黑格尔的辩证历史进程框架中，在这个框架中，每一个历史事件都被解释为绝对精神生活的必要阶段，那么关于战争可以从停滞中拯救世界的主张，显然看起来像彻头彻尾的战争正当性。

黑格尔国家观的另一个值得关注的因素（就本书而言）是他对现代国家行政能力的信心，这是其《权利哲学》（尤其是第287—229页）中所提出的一个主题。黑格尔似乎对国家控制领土和有效管理公民的能力表现出极大的依赖。事实上，在这个框架中，公民主要扮演国家"臣民"的角色。在黑格尔的体系中，是否给予了"公民为公民"（这是当代自由民主意义上的概念）足够的空间令人怀疑，尽管无疑这可能是一种循环关系：公民完全通过国家成为公民，而国家的目的之一就是给公民资格提供条件。黑格尔的观点所体现的是一个拥有强大管理机构的现代国家的愿景：这就需要形成建立这样的官僚机构的制度，而在黑格尔的老乡马克斯·韦伯（Max Weber）看来，这完全要基于截然不同的哲学前提。在当今的世界中，对建立强大管理机构的现代国家的愿景，在许多方面仍然存在，作为当代德国国家和其他一些欧洲大陆国家（等其他国家）治理理念的一部分已经是根深蒂固。黑格尔所声称国家管控的能力是否真的仍然存在于当代欧洲大陆官僚体制中是一个实证问题，尽管这个欧洲大陆的官僚体制被"新公共管理"所激励的改革所掏空，被财政预算削减所削弱，被控制着比许多国家更大的资产的强大的跨国公司所窃取。然而，黑格尔提出的国家观似乎仍然经久不衰，并且在两个世纪后仍与我们同在，继续渗透到当代的辩论中（例如，Tijsterman and Overeem, 2008）。

第三节　继承并战胜黑格尔；马克思思想、葛兰西思想

对黑格尔哲学的评判可谓是两极分化。瑞恩（2012，p. 654，他似乎确实非常倾向于批判）对此进行了恰如其分的总结："对于那些陶醉于黑格尔体系的人，他似乎照亮了宇宙，令其他思想家望尘莫及。对于那些认为其体系是大话连篇的人，则丑化他为'令人作呕的、目不识丁的、虚伪的、歪着脑袋胡诌乱写的人'。"（叔本华 Schopenhauer 批判黑格尔的那句令人难忘的辱骂语）无论是哪种倾向（对黑格尔哲学比较积极的评价，见斯图尔特的论著，Stewart, 1996），黑格尔对世人的遗赠都是巨大的。

在他的哲学体系形成后不久，追随者就络绎不绝，尤其是在他的学术影响力迅速萌芽发展的德国。黑格尔哲学体系通常被分为黑格尔右派和黑格尔左派，两者在两个关键问题上存在着严重分歧：政治和宗教。在政治领域，黑格尔右派普遍主张普鲁士王国代表着精神发展的化身，而黑格尔左派则反驳说，普鲁士王国只是一个更大过程的阶段，应该会经历辩证的发展。在宗教方面，黑格尔右派认为黑格尔的哲学与基督教教条大体一致，而黑格尔左派则认为黑格尔的哲学与基督教世界不可调和。

我们在这里集中讨论一位哲学家的思想，他最初的哲学体系可以归于黑格尔左派，但是他后来发展了一种超越黑格尔主义的独创思想，并在 20 世纪引发了大量的哲学辩论和政治辩论：他就是卡尔·马克思（Karl Marx）。

为了更好地理解马克思独特的思想，重要的是要考虑到，他对黑格尔（而他与黑格尔体系的渊源不难追溯）发出了严厉抨击，不仅如此，他还对黑格尔左派（更不用说黑格尔右派）和黑格尔体系之外的古典经济学家，如史密斯（Smith）、里卡多（Ricardo），以及巴贝夫（Babeuf）、圣西门（Saint-Simon）、傅立叶（Fourier）、欧文（Owen）等与所谓的"乌托邦社会主义"有关的其他人和其他形式的社会主义，比如蒲鲁东（Proudhon，马克思批评的首要对象之一）所倡导的社会主义，发动了猛

攻。马克思提出了科学社会主义，一个对他来说有别于乌托邦社会主义者和蒲鲁东的仁爱社会主义：它建立在对社会和文化意识形态过程的经济基础的理解之上，对其深入调查需要扬弃古典政治经济学的观点。

在我们转向评判马克思的思想之前，我们需要具备一些条件。首先，哲学史学家们将马克思思想（在这里我们称为马克思哲学）和作为意识形态的马克思主义区别开来，后者的巨大影响在很大程度上改变了20世纪的历史进程。"马克思思想"是指对马克思原创思想的解读[15]。"马克思主义"是一种意识形态，或一系列意识形态，在20世纪得到了广泛传播并产生了巨大影响。马克思主义对政治思想以及对公共治理和公共部门组织的争论的影响，无论怎么说都不会言过其实。其巨大影响贯穿了整个20世纪，整个政治制度都受到了对马克思思想诠释的启发，而且至今影响依然存在。由于本书篇幅所限，我们无法追踪这些影响：在这里不可能做到这一点——这是无数其他书籍所承担的任务。我们甚至也不能稍微介绍一下世界各地的大学图书馆中数不胜数专门分析马克思思想的书籍。我们在这里仅概述一些我们认为对这本书具有最直接意义的马克思思想的关键特征。

另一位哲学家路德维希·费尔巴哈（Ludwig Feuerbach）也对马克思产生了决定性影响，尤其是他对宗教的批判。费尔巴哈的批评植根于黑格尔的历史观：在这个观点中，假定了有限与无限、人与神的辩证统一，但并不像黑格尔所论述的那样，人的本性最终被神灵所吸收，费尔巴哈则诠释为，神灵是人类本性的投射并在人性中被吸收。这被视为一个历史过程，它代表了与启蒙运动中宗教批评的一个主要区别点。这些批评在许多方面都是元历史的：启蒙运动的理性在于使人类这个物种能够摆脱神话和传说、人类幼年时期的偏见，并用成人的眼睛看世界——对那个时代的一些学者来说，这意味着要摆脱与人类幼年期相关的宗教现象，（对其他人来说，它意味着"有神论"，一种理性的宗教；对其他人来说，这意味着基督教信仰存在方式的一种更新）。费尔巴哈认为，宗教的发展是一个历史的必然过程，这导致了对人类痛苦的客观化，在这个角度上，上帝被认为是人类的意识[16]。这一主张对马克思产生巨大的影响，马克思对他的哲学以一种近乎颠倒黑格尔框架的方式进行了探究，从物质条件而不是"我思"的思维逻辑出发，同时保留这一辩证逻辑作为解释事物和历史演变的关键概念性工具。

辩证法是马克思思想的核心。他借用了黑格尔这一思想，却彻底地转变了角度：从辩证唯心主义发展到辩证唯物主义。历史在矛盾中前进，这些矛盾在高级合题中得以解决，但这些矛盾发生在物质、具体、经济条件的层面上——而法律、道德、哲学和宗教思想是在调节社会的经济结构层次上发生的潜在动力的衍生产物。这可能是区分两种人群的一个主要的分水岭，一种是那些承认马克思对哲学和社会学的贡献但不坚持马克思主义作为一种意识形态的人，另一种是那些坚持马克思主义的人。对于前者，经济结构和条件确实对思想和整个社会以及整个人类的文化、道德和精神生活产生影响：但这些影响不是决定性的，不是单向的（从物质条件——经济生产过程中的关系——文化和精神层面），而是双向的影响，而文化、道德、精神层面都有其从经济层面上的实质性自主权。对于后者来说，研究经济结构是理解人类现象整体性的关键：这种假设不是哲学的，而是意识形态的。

马克思阐述了其他进入哲学和社会科学辩论的关键概念，包括异化的概念[17]：由资本家主导的结构对工人劳动成果的剥削[18]。配备了这些概念工具后，他描述了历史是为控制生产资料而进行的阶级斗争这一著名论断。如果资产阶级成功地推翻了封建社会的贵族统治阶级（并且通过控制经济结构来将其价值观强加于中世纪贵族领导的价值观），那么现在资本主义正处于崩溃的边缘，它亲手缔造了无产阶级，而无产阶级一旦从自己的处境中觉醒，就会发动一场革命，将革命从资本主义比较发达的国家蔓延到世界其他地方。起初，国家会控制着生产资料，但这只是一个阶段，向一个没有私有财产、没有体力劳动和智力劳动分工、没有异化，特别是没有国家的世界过渡的阶段；人类回归到完全人类的状态。马克思所创造的一个著名口号是"各取所需，各尽所能"（*Critique of the Gotha Program*，1875）。

然而，马克思的预言还没有实现，其原因已经被广泛讨论（这里我们只能向读者推荐有关这一主题的大量书籍）；那么马克思分析工具又给公共行政领域的研究留下了什么呢？我来结合下面内容举一个示例：意大利思想家安东尼奥·葛兰西（Antonio Gramsci）发展了马克思的原始阐释，用以说明马克思独创性概念作为当代治理和公共行政辩论的分析工具可能会产生什么成果。首先是马克思哲学家安东尼奥·拉布里奥拉（Antonio Labriola）在其著作中，把经济时代的主导地位解释为终审式的影响（有些人可能会视为对马克思正统思想的一种让步），但他认为经济结构和文化上层建筑之间的相互关系是双向且相互连贯的，而不是单向而确定性的。葛兰西正是由此入手（其主要作品《狱中札记》为墨索里尼政权时期20世纪30年代葛兰西狱中所书，并在其死后出版；参见Gramsci，1947）。其理论为，一个阶级要想成为统治阶级，首先必须塑造共同意识和共同智慧：它必须以其价值观渗透上层建筑，必须将其价值观注入更大的"公民社会"（一个他引入政治思想，并将其解释为与"狭隘的"政治社会相对应的概念和政治科学范畴）。只有到了后来，而且作为这种在民族文化中获得意识形态主导地位过程的结果，赢得价值观之战的阶级，也将通过实现政府职能来控制政治社会和国家机构。在这一愿景中，知识分子变成了文化统治的工具：葛兰西定义他们为"有机知识分子"（organic intellectuals），其中"有机"是指代表阶级的政党不可缺少的一部分，其职能是通过以满足群众（政党所代表的无产阶级、工人阶级）需要的知识形式充当口舌来阐述和传播其所属政党的价值观，并旨在实现领导权[19]。在葛兰西理论中，政党所扮演的角色是马基雅维利（Machiavelli）《君主论》（见第六章）中君主所扮演的角色，而且如君主一样，政党必须接受适当的教育，以培养掌握和维护权力所需的技能。事实上，这种对马克思主义的综合及对马基雅维利思想的独到诠释非常具有独创精神，这也是这位意大利思想家对政治思想最有趣的贡献之一。葛兰西认为，在马基雅维利所认为的政治本质的政治权力斗争中，发挥关键作用的是组织而不是个人。政治权力的战争不一定会在一场决定性的战役中一次性获胜，而是通过征服敌人获得胜利。对于葛兰西来说，所谓的敌人就是其他阶级和代表这些阶级的其他政党，他们会逐渐被侵蚀殆尽，之所以如此是因为胜利的一方把自己的价值观强加给了社会。

从评估的角度来看，这种残酷无情的权力冲突愿景可能看起来很可怕，但它包含了重要的概念工具，用于分析官僚主义、政治党派和其他有组织形式征服政治权力之间的接口和间隙，而这是公共行政学者不应忽视的。让我们看一个示例：马克思主义至少到20世纪80年代中期，一直是西欧最大的共产党——意大利共产党的意识形态。受葛兰西思想的启发，并在通过选举直接征服政治权力的条件下运作，这在很大程度上是不现实的，意大利共产党的执政精英采取了塑造公民社会价值观的战略。一个关键任务就是对年轻一代的教育，而这一任务在意大利主要发生在公立学校体制中。第二次世界大战结束后，随着政治紧张局势的缓和，意大利要留在西方阵营的明朗化，公共教育机构成为意大利共产党的主要目标之一。传输链中的关键环节是确定学校的教科书和手册的制作，而这个任务需要通过知识分子编写教材得以实现（当然，在某种程度上，发行教材的出版商也发挥着一定的作用，但由于这主要由商业逻辑驱动，因此驾驭他们并不难）。从长远来看，学校教师的教化是用工人阶级价值观（如共产党所阐释的那样）塑造一代又一代受过教育（但在葛兰西看来，最合适的词汇是"灌输"）的意大利人价值观过程的一部分。通过改变整个社会的价值观，经过几十年的时间，意大利共产党水到渠成地进入政府职能几乎就是这种过程的结果。

众所周知，意大利共产党并未取得政权，所以无法观察到这一"社会实验"的结果。长话短说，之所以如此是因为受"苏联灯塔"（葛兰西是苏联政权的狂热崇拜对象）启发的共产主义意识形态，在柏林墙倒塌时，从最初的步履维艰，到后来的摇摇晃晃，最后一蹶不振，同时也把意大利共产党拉下马，使之在随后的几十年里，既改变了名称也改变了性质。（故事的背后，还应注意到其他党派并没有袖手旁观：基督教民主党通过对教育行政机构的运作施加影响，如招聘、职业发展等诸如此类，大大地利用了其任职地位，通常由政党的被任命者进行微观管理。见Cassese，1993；Ongaro，2009，此举另一个目的就是削弱共产党对意大利学校体制的影响。事实上，值得注意的是，尽管意大利一般都是联合政府，但教育部长的职位在整个1948—1992年间始终由基督教民主党的代表担任，也就是说，直到20世纪90年代早期基督教民主党垮台都是如此。）但在葛兰西的思想中，有一系列的概念工具可作为公共行政学者工具包的一部分，如强调通过将自己政党的价值观融入民族文化来改变公众看法的重要性；或者分析政党，尤其是最有能力夺取权力的政党，为了通过操纵管理机构来推进政党政治议程而努力占据公共领域各个部门的动态。我们将在第四章中更详细地讨论这种对公共治理和行政问题的探究视角。

说完了马克思哲学,我们现在看看其他人对黑格尔哲学的批判,来完成这一后黑格尔哲学之旅,我们始终需要铭记,当代哲学在许多方面都是对黑格尔体系反应的产物。笛卡尔(Descartes)、康德和黑格尔所带来的哥白尼哲学革命,赋予主体在本体论的一种绝对中心性:在此基础之上,(人类)主体的另一个关键属性得以彰显:意志和意志力。哲学家阿瑟·叔本华(Arthur Schopenhauer)顺着这一思路提供了一种独到的诠释。叔本华认为,我们自身的身体,尤其是锻炼意志以及抵抗反对我们的力量的肌肉,都显示出我们的本质是意志力。由于意志力是矛盾而纠结的,所以生命的本质就是痛苦[20]。要想从痛苦中解放出来,只能通过放弃(超越)意志到非意志的方式来实现,拉丁语对此有一个特定的词,nolontas,即意志力(voluntas)的反义词。放弃意志,放弃任何意志行为,都是通过艺术,最终通过宗教来实现的:人类可以通过无条件的爱(慈善 charitas 或仁爱 agape)的宗教苦行获得解放。这一哲学概念的根本是,建立世界,或者更准确地说,世界的表现形式,是一种意志行为而不是认知行为。对叔本华来说,世界就是表现形式——这是现代哲学本体论赋予主体的中心性的一种暗示。叔本华将世界解释为主体的表现形式,在这个主体上,我们努力发挥我们的意志:只有通过意志力才能发现我们自身的真我本质,而我们解放自己的唯一可能性就是放弃意志力。

这似乎看起来是相当抽象的哲学思辨,但这种哲学概念与社会建构主义方法(Berger and Luckmann,1966)的联系可能比人们认为的更为紧密。如果现实是社会建构的,那么不仅认知能力,而且相互交织的意志行为都可提供建筑材料。当代大多数社会建构主义辩论与叔本华的主要区别点在于所采取的方向:某些社会建构主义者,所采用的是通过个人之间协商一个良好治理的共同叙述的路线,让社会建构的现实的手段具有意义并加以改善,作为改进其方法的途径(见 Abel and Sementelli,2004,尤其对公共治理领域的这一论点进行了充分阐述;这一点在第四章中做了广泛讨论),而叔本华则建议干脆放弃这种表现形式,即完全放弃这个世界。诚然,叔本华的方法受到宗教灵感的启发,对于公共行政和公共服务的范围非常有限:至多,它们应该成为艺术和宗教生活的推动者,最终走向叔本华所谓的拯救。叔本华一直是一个有影响力的学者,尽管他的遗产没有形成一个学派（没有"叔本华学派"），但他的遗赠一直存在，并影响着其后的哲学阐述，尤其是（我们认为的）社会建构主义方法。

弗里德里希·尼采（Friedrich Nietzsche），另一位德国哲学家，则将意志力为中心的道路推向了极端，并产生了令人吃惊的后果。他的著名论调是"上帝死了"以及世界在混乱中起舞。他还主张回归到公元前四世纪的雅典，也就是说，回到苏格拉底之前和基督教徒之前的雅典，他认为是他们败坏了人类。尼采的思想充满了救赎论的元素，尽管它强烈反对基督教的信仰。事实上，他的大部分哲学都是试图在一个没有上帝的世界里生活得"有意义"，并探索应对其后果的各种路径。拯救之路在于接受生命的悲惨层面（正如希腊悲剧的杰作所揭示的那样）并追求狄俄尼索斯（Dionysus）精神（狄俄尼索斯是希腊神话中与葡萄收获、葡萄酒以及表演和戏剧有关的神灵），以及"葡萄酒和舞台上表演的共同点是，它们允许一个人暂时抛开他或她的日常身份，因此对狄俄尼索斯崇拜的特点是社会强加给个人的角色的暂时中止"（Sansone，2009，p. 140）。通过主张回归狄俄尼索斯的精神，尼采可能提出的建议是，抛开一个充满"基督教价值观"的社会所赋予的角色，并且通过仪式的疯狂，完全拥抱生命来实现不同的自我。他所提倡的是对人类自身纯粹的接受，通过摆脱天启教、虔诚和仁慈以及人类中的弱点而实现。尼采众多挑衅性的主张之一，就是在文艺复兴时期，博尔吉亚教皇（因劣迹斑斑而臭名昭著，而且也因非常积极地把罗马建成前所未有的我们所羡慕的艺术杰作中心而著名）几乎"从内部"成功地摆脱了基督教，并再次肯定了狄俄尼索斯精神在教皇权位的核心。但由于尼采讽刺中伤的言辞，在其成功的边缘被路德（Luther）击溃，路德的论断（众所周知，在过去到现在构成了基督教教会改革的基础）重新确立了基督教世界，而且长达五个多世纪。总之，尼采认为，对狄俄尼索斯精神的追求将带来所谓的超人或"超越人类"，一种新人类（是存在意义上的新，而不是生物学意义上的新），它将建立自己的价值观，而不是被天启教价值观所征服。

此时我们需要注意趋向于非理性的，任性、武断意志成为主导，以及理性原则之上的非理性（有时是合理性之上）的危险，潜伏在任何将理性和主体都视为"弱"的哲学之中。这些方法无疑也是对黑格尔绝对的、无所不在的理性反应的产物。然而，我们认为，歌颂非理性和意志力而损害理性（就像启蒙运动和康德的批判理性一样），也同样会带来滑向任性及武断意志成为主导的道路的巨大风险。[21]

最后，尼采还将黑格尔体系的另一个要素推向了极端：对黑格尔（借用了斯宾诺莎）而言，存在的关键范畴是必然性：存在即合理，发生即必然。尼采（特别是《查拉图斯特拉如是说》一书中）采用了这一概念，并重新提出永恒回归的理论（在古希腊哲学中早已存在）：因为一切都服从绝对必要法则，每件事都会无限期地重复。说白了就是：同一个人将无限地重生，并且在同样的境遇下也会重复做同样的事情。然而，我们可以这样认为，这一主张的最终目的并不是提出一个新的宇宙学，而是要许诺一种使生活有意义的方法：也就是最终寻求一种救赎的方法（这是尼采许多著作中的灵魂，即关于在没有上帝的世界寻找生活有意义的方法：如何应对生活在由于"上帝死了"的世界中所带来的巨大挑战。）对于尼采来说，唯一的选择就是心甘情愿地接受这种永恒的重复，接受我们的"此时此刻"作为唯一现实的命运，尽管这个姿态也将是对之前无数个循环的重复[22]。

在某种意义上，尼采在把必然性本体论范畴的绝对性推向极端时，显得有些自相矛盾。而正是对必然性范畴作为唯一存在范畴（损害了可能性范畴）的批判，代表了丹麦哲学家索伦·克尔凯郭尔（Soren Kierkegaard）对黑格尔体系解体的重要贡献。他的思想对存在主义的哲学运动有着极为重要的影响（这一点我们以后会加以考察），同时对公共行政也产生了独特的影响。

第四节　历史主义，精神科学和价值观在社会科学中的地位，韦伯

我们现在要追溯到源于（或至少受到严重影响的）黑格尔的传统的德国历史主义的主要轨迹，此时我们遇到了一些关键人物，他们的研究为社会科学提供了主要的概念工具，特别是对公共行政领域，尤为著名的是威廉·狄尔泰（Wilhelm Dilthet）和威廉·文德尔班（Wilhelm Windelband）。精神科学的概念要归功于威廉·狄尔泰（1833—1911 年；参见

《狄尔泰作品选集》，1976年）。精神科学与自然科学不同，在当时（19世纪）以惊人的迅猛速度发展，并显然建立了人类总体知识进步的范式（由实证主义的哲学流派所阐述的一个观点，我们稍后将讨论）。精神科学的特点是研究人类生活的表达（德语，erleben体验），精神的客观化形式，最典型的就是，机构制度（教堂，国家，宗教或文化——哲学运动等）。当研究这些精神（erlebnisse体验）的客观化时，研究者，即认识过程的主体，他/她本身是一个人，在某种意义上，与认识过程的对象是相同的，这是历史上其他人的生活，他们通过集体行动影响了历史事件（行动中的精神）。例如，当一个学者研究路德和宗教改革，然后是议会和天主教的反宗教改革时，他/她在某种意义上重新体验了这些事件，参与到了其中，最终通过经历这些事件，通过重新体验这些事件，通过他/她所追求的研究，以不同的方式看待世界。

正是在这个基本的意义上，精神科学与自然科学有着根本的不同。它们本质上是历史的（不同于"去历史"的自然科学），通过作为历史的研究者，他/她自己，以及被研究的对象，在精神科学中可以获得的知识和理解与自然科学有质的不同。在19世纪和20世纪之交，在研究美国联邦政府行政能力的发展［如斯科夫罗内克（Skowronek）所做的杰出工作，1982年］，或美国联邦机构中官僚自治的形成（Carpenter，2001），或第二次世界大战以来，比利时和英国卫生、教育、治安等公共服务部门的平行发展（Pollitt and Bouckaer，2009）时，研究人员（以及作为读者的我们）实际上重新体验了公职人员历史上的生活经历，并通过这种经历改变了我们自己和我们对世界的看法。公共行政学科与其他社会科学一样都具有精神学科的本质，它的一个关键点就是在实现对公共机构和其内部工作原理本质理解的道路上，具有内在地，结构性地超越数据收集，分析或实验的特点。

哲学历史主义的伟大先驱是意大利那不勒斯的哲学家詹巴蒂斯塔·维柯（Gianbattista Vico）（1668—1744年）。作为历史上较早的哲学家之一，他可能被认为是社会科学的许多领域的鼻祖。维柯的一项重要贡献是所谓的"真理是事实"原则，它在许多方面预测并与狄尔泰的精神科学概念相通。维柯，遵循知识作为对应的概念（"精神与上帝万物秩序的一致性"，见 *The First New Science*, p. xxiii），提出了著名的真理即事实

(verum factum)的原则：他的意思是指社会世界是人为的，因此我们可以对这部分的世界有更好的理解。与现在的普遍认识相反（即自然科学设定了知识的范式，社会科学应该遵循这种模式），维柯认为，我们只能对人类世界获得全面的知识，因为它是我们唯一可以追寻原因的世界（也可以通过想象、推测、纯粹的推理），因为在整个文明史上，它最终是由人类所创造的（所制定的）[23]。

这种哲学立场是基于对一个古老格言的重新发现："对拉丁人来讲，'真实'与'事实'是相互的，也就是说，正如普通人所说，它们是可以互换的。"换句话说，我们可以知道的仅仅只是人类行为所造成的因果，因为我们作为人类是它的始作俑者。这就意味着对于人为现实的知识，比自然（更不用说神性的）现实的知识更可能获得。总之，对维柯来说，"弱"科学是自然科学，"强"科学是人造制度的科学，即社会科学。这对许多当代倾向来说是一个巨大的挑战，这些倾向强调模仿和复制自然科学的知识生成和"验证"规程，并将其纳入社会科学中：公共行政对这一趋势也远非免疫。维柯认为，那些追求这一方向的人无疑与正确方向南辕北辙。

维柯的其他预期发现还包括他对制度体系作用的思考。维柯认为，制度体系虽然最初是人类活动的产物，但一旦建立起来，就成为人类行动过程必须遵守的行为规范的有力塑造者，尽管程度不一。从表面上看，这一理论观点可能并不新鲜，因为如今，解释组织中决策如何作出的所谓"适当性逻辑"（logic of appropriateness），以及规范性新制度主义理论观点的扩散，已得到广泛认同（见 March and Olsen, 1996; Peters, 1999/2005）；然而，大约在三个世纪前，这种看待人为制度体系的方式是极具创新性的，并被证明是具有开创性的（尽管对维柯思想的沿袭并没有得到完全的认可）。维柯提出的另一个了不起的概念性新事物，就是他对"目的的异质性"的思考，用更现代的社会科学语言，也就是对有目的的社会行为的意想不到后果的思考（Merton, 1936）。

威廉·文德尔班（1848—1915年）在此基础上提出了另一个概念性的区分，对社会科学后来的发展具有开创性的意义：即社会现象研究的一般规律研究法（nomothetic approach）和特殊规律研究法（idographic approach，又译作"个体特征研究法"）之间的区别。在一般规律研究法中，着力点是发现经验现象中隐藏的规律、规则，它们是如此系统所以值得被称为"规律"。相反，特殊规律研究方法所描述的是，一个研究者在本质性个案、历史事件或一系列相互联系的事件（情节）所了解的更为丰富和深入的知识，但并没有从这类一般化中提出主张；事实上，恰恰相反，在特殊规律研究方法中，是某个特定事件发生的独特性作为重点和推力进行描述。在之后的诠释中，所谓的"有限的历史归纳"这一思想的产生可以从特殊规律研究方法中得出，特别是当这些描述所采用的是比较法的时候（Ragin，1987），同时也可以从单个（个体特征的）案例研究中提取，通过这些方法，特殊规律研究方法最初生成的知识能够产生可转化的知识，即在其他不同的情况下能够"有用"的知识。在公共行政和管理领域，这种方法找到了肥沃的土壤——传统的范例包括塞尔兹尼克（Selznick，1956）；近期的著作包括巴兹雷（Barzelay，2001）、瑟尤多（Cejudo，2003）、伽尔伐尼（Gaetani，2003）、加列戈（Gallego，2003）、米勒和昂加罗（Mele and Ongaro，2014）、昂加罗（Ongaro，2006）；最近在公共行政领域倡导重新发现特殊规律研究报告的是特曼（Terman，2011）。

另一位重要人物是海因里希·李凯尔特（Heinrich Rickert，1863—1936年），他提出了事实判断和基于价值评价判断之间的区别。在社会学、哲学和公共行政领域的伟人马克斯·韦伯（1864—1920年）那里，这一概念得到了详尽的阐述。韦伯，作为社会学学科的奠基人，同时也是公共行政的核心人物，介绍了一些关键的概念，这些概念仍然是社会科学中一些重要讨论的关键所在。首先，他区分了事实判断和价值判断，即基于价值观的判断和就目前的情况"应该如何如何"的考量。韦伯提出了一个著名的理论，即现实具有极其广泛的复杂性，对其全部的探索是不可企及的，所以用科学方法选择研究的对象，是基于研究者的价值观。李凯尔特与韦伯之间的一个重要区别是，前者认为，这些价值观超越了个体意识和"应该如何如何"，是一个特定的社会研究者作出的任何价值选择的前提。而韦伯似乎更倾向于认为是一种内在的价值观主观观点来实际指导社会科学调查：在韦伯看来，引导社会科学调查的问题和知识探究更具有历史背景，它们最终取决于个体研究者。区分人文科学和社会科学与自然科学的另一个关键概念是诠释法：社会科学和人文科学需要理解（Verstehen 领悟），而知道/解释（Erklären 解释）是自然科学的特征。韦伯还介绍了理想的归类方法，我们将在之后的第六章讨论。

有一点对公共行政来说至关重要，韦伯阐述了所谓的官僚主义或韦伯式的公共行政模式（以他的名字命名），他的理论是基于以法律至上为基础的权力概念，而不是传统或领袖魅力。本书没有对这个关键的话题进行讨论，因为该话题已经在海量的其他作品中被广泛地涉及了［关于韦伯传统在欧洲和美国的概述和评论，请参见罗瑟的著作（Rosser,2017）］。鉴于公共行政的学科范围内韦伯的思想[24]已经被广泛讨论，我们在此就仅用寥寥数语进行概括，这本书的着力点不是对已经在公共行政领域颇负盛名的学说锦上添花，而是从更广泛的哲学流派的贡献中发现闪光点。

第五节　实证主义、传统主义、波普尔

实证主义在本体论和认识论立场上与历史主义完全相反。实证主义是在19世纪诞生并迅速发展起来的一种哲学运动，其主要原则包括完全（实际上是信仰）依赖于"科学知识"至上。其实，它在很多重要的方面，是经验主义的产物，但有其独特的曲折性。科学知识，以17世纪以来在欧洲不断巩固的自然科学为模式，被认为是唯一的知识形式。尤其是，自然科学的方法（总结为通过对"事实"进行检验来"验证"理论）也被认为适用于社会研究：自然科学方法也是社会科学的模型。

这种对科学知识的完全依赖，带着一种非常乐观的态度，以为可以从这些知识的进步中得到好处：19世纪实证主义者认为，科学知识是解决和最终解决历史上困扰人类的所有问题的关键资源：因此，进步主义和乐观主义是实证主义的合格特征。在这个观点中，"事实"是知识的唯一坚实基础，并且事实上是个人和相关生活的组织的坚实基础：唯心主义和唯灵论被视作"形而上学的"（正是在实证主义中，"形而上学"一词才有了在当今普遍存在的负面含义）而被拒绝和抛开。实证主义的领军人物包括奥古斯特·孔德（Auguste Comte, 1798—1857年）、赫伯特·斯宾塞（Herbert Spencer, 1820—1903年）和罗伯特·阿尔迪戈（Roberto Ardigò, 1829—1920年）。

为了更好地将实证主义置于历史视野中,要注意在实证主义中可以找到的一些关键原则,如批判性推理在寻找"事实"以揭露和消除偏见的首要地位,这些大旗早在17世纪启蒙运动及之前就被科学革命的主角高高挂起了。另外,18—19世纪带来的实际的科学进步,以及由于18世纪在英国开始的并扩散到整个欧洲的工业革命发展影响了所产生的物质文明,无疑启发了19世纪欧洲盛行的乐观的"实证主义"人类发展观。欧洲国家,尽管在非洲和亚洲部署了一个侵略性的殖民主义,但在欧洲却正享受着只有少数战争(克里米亚和普法战争除外)的历史和政治环境,而且欧洲通过殖民主义在非洲和亚洲的统治而在世界范围内的主导地位,成了滋生西方文明在世界各地的一种政治文化主导形式的土壤。所有这些背景因素可能有助于解释渗透整个时代及其哲学运动的"乐观主义"。

从认识论的观点来看,实证主义的一个关键原则是知识归纳的重要性。这一问题必须作为逻辑的核心置于对"三段论"(源于亚里士多德,中世纪时受到广泛推崇)概念的激烈争论框架中。约翰·斯图亚特·密尔(John Stuart Mill)对此提出了严厉的批评:如果主要前提是不可论证的(例如所有人都是要死的),那么小前提和衍生的结果(惠灵顿是人,所以惠灵顿是要死的)就变成了错误的(Mill,1843)。这一批判是指,只有通过归纳推理,我们才能获得可靠的知识(在例子中,关于推理的主要前提的知识:所有人都是要死的),因此,这种证明只能通过经验的、事实的测试来实现(当时惠灵顿还活着而且很健康,而且在斯图亚特·密尔看来,他的死亡不能像在三段论推理中那样通过主要前提来证明)。这种批评开启的问题与之据称已经解决的问题同样多:虽然归纳推理的形式,如统计推理分析,是社会科学家的日常工具,但如何从归纳中概括的问题仍未解决,并继续困扰着逻辑学家和社会科学家。

实证主义以所谓的新实证主义形式在20世纪再次复兴。一个关键的倡导者就是由莫里茨·石里克(Moritz Schlick,1882—1936)和鲁道夫·卡尔纳普(Rudolf Carnap,1891—1970)等人物领导的"维也纳学派"。

对实证主义的一个主要批判思潮来自一个被称为传统主义的运动。该思潮的作者包括马赫(Mach,1838—1916)、阿芬那留斯(Avenarius,1843—1896)、庞加莱(Poincaré,1854—1912),杜恒(Duhem,

1861—1916）——尽管并非所有这些人都可被贴上，至少不能被直接贴上，传统主义的标签。马赫对牛顿物理学的绝对空间、时间和运动的假设提出了批评，这为它的危机铺平了道路，并随后接受了阿尔伯特·爱因斯坦（Albert Einstein）阐述的相对论对空间和时间概念的惊人影响。他提出了科学知识作为思维经济（花费尽可能少的思维）的概念：一个理论越有价值，它就越能涵盖尽可能简单的各种现象和解释。节俭的标准（奥卡姆的威廉曾提出过）之所以在当今观念被广泛认为是"好"的理论，很大程度上要归功于马赫。马赫还对传统主义的构成本质做出了主要贡献，而且比节俭的标准更具革命性：这一主张是，在发现原因方面，理论不具有或不必具有内在有效性；它们只是为预测一系列现象"发挥功能"的功能关系；它们是一种"符合目的"的且恰当的传统，因此创造了"传统主义"一词来描述这种科学哲学。像任何传统一样，如果被证明更合适的话，它们可能会被另一种传统所取代。

阿芬那留斯所做出的一个关键贡献是一个概念：经验，为了成为一个可接受的"有效的"知识来源，必须通过口头断言来公开。这种方法论的断言既体现了一种批判，也体现了一种假设。这种批判是对内在经验的可能性本身的批判，直接批判了笛卡尔的方法论中"我思"的方法及其所有的追随者，他提出的这种批判，旨在瓦解任何心理体验，并将其简化为纯粹的生物元素。该假设是，要使经验有效，它必须经受必要的公开化：对研究的过程和步骤的可复制性公之于众，这已成为自然科学和社会科学之类的一个普遍标准（"在你进行研究时，要认为始终好像一位同行科学家站在你身后，观察你正在观察的东西"），尽管在社会科学中，这可能远不是毫无问题的，更不用说总是可行的。

庞加莱阐述了科学作为行动准则的概念。其出发点是，考虑到并非所有的事实都能得到重视，因此是科学家来选择哪些事实值得观察和研究，该论述与韦伯用价值观指导选择要观察和研究现象的概念同声相应。从这个角度来看，"有效"理论是那些在现象研究中在有用和"方便"方面更能产生结果的理论——或者只是方便：所以对庞加莱来说，欧几里得的几何并不包含比其他几何学更高程度的真实价值，但它被广泛使用，因为它是最方便的几何学，至少对于普通人的问题来说是如此[25]。其影响包括理论，尽管彼此之间有矛盾，可以在解释不同的现象时，或从不同的角度观察现象时并存。正如在理论物理中，相对论理论和量子理论并存，尽管在一定程度上有矛盾（但它们适用于不同的现象，相对论理论适用于超大天体的宇宙范围，量子理论适用于原子核和亚核粒子以及极小粒子[26]），或者像光的"双重性质"一样，根据对它的观察方式，可被描述为光波或粒子层。

杜恒对培根（Bacon）构想的决定性实验（第二章）提出了批判。他认为，任何时候一个假设被检验时，被检验的实际上都是一整套假设，对被检验的假设起辅助作用，而不仅仅是那些据称正在进行关键实验的假设。因此，不能从实验结果中得出，那个替代的、相反的假设是"已证实"的（如果实验导致的结果是放弃—证伪—被检验的假设）。卡尔·波普尔（Karl Popper）对这一批判思路进行了深入探讨，他认为不可能只建立一个替代假设来检验：无限的替代理论总是可以产生的，因此没有一个单一的实验能够检验在两个理论之间保留或放弃哪一个。

传统主义提出的概念和观念现在是自然科学家和社会科学家的工具箱的一部分，对公共管理主义者也不例外：在这方面，这些观点对该领域当代学术研究的影响不可估量（简单浏览一下社会科学方法论方面的书籍以及相当较少的专门研究公共行政的书籍，都指出了这一点，如见凡·蒂尔的著作，Van Thiel, 2013）。同样卡尔·波普尔对知识哲学的影响也是不可估量的（Popper, 1934/1977）。

波普尔在科学认识论、政治学和自由政治思想等方面作出了重要贡献。出于简洁的需要，这里我们只对他所做的一个关键贡献进行了非常简短的探讨，即对归纳法和归纳知识的批判，正如我们所见，这一批判是实证主义和传统主义的重要组成部分。波普尔认为，归纳法不存在，它不能作为任何知识的基础。知识始终是检验一个理论的产物——不是任何理论，而是那些最节俭，能够解释现象的理论，如果它们成功地接受了检验，只说明暂时有效，直到它们再被证伪，也就是说，直到有证据证明这个理论是错误的。这一理论并没有立即被完全否定：它仍然可以用来对某些现象提供部分的解释（牛顿物理学仍然被广泛地保留和使用，因为它能够为应用工程的大多数分支解释大多数现象；然而，当它在解释天体物理学宏观尺度或粒子物理学微观尺度现象的时候是被证伪的），但它最终会被更灵活和恰当的理论所取代，而这个理论在被新证据和实验推翻之前,将保持其在一定范围的"真实性":这就是所谓的证伪原则。然而理论从何而来呢?对于像查尔斯·S. 皮尔斯(Charles S. Peirce)这样的哲学家来说,对意外事实的观察可能是推测的有力来源,最终导致理论的产生。波普尔对理论制定的多重路径更为开放。波普尔的头脑不是白板,不是一张白纸或一块黑板,通过归纳,"真正的"知识可以通过经验的积累写在上面,而错误的知识,即偏见,应该用一块板擦擦去。波普尔批判的不是皮尔斯而是实证主义者,虽然皮尔斯认为归纳法只是思考和阐述一个有待检验的新理论的机会之源,而实证主义者则声称科学知识的积累可以通过纯粹的归纳法来实现。波普尔认为,知识总是从我们头脑中已经存在的期望或"假设"开始:它们可能来自传统,来自哲学思辨,而这些期望往往以形而上学为前提,并从中获得。但是,假设必须经过实证检验和实验的筛选。只有那些暂时通过实证检验的假设(以及构成理论的相关假设合集)可以被认为是"暂时"正确的,直到进一步的检验证明它们是错误的。在波普尔看来,在证伪和证实之间存在着不对称:成千上万的检验也不能"验证"一个理论,也不能证明它是真实的,但一个反驳就足以证伪一个理论。

波普尔的认识论对于一场关于科学知识如何发展的大辩论具有开创性意义,尤其是科学知识是只需通过理论检验,还是需要通过归纳法(归纳有不同的形式)来发展。当然,在这个知识哲学的巨大问题上没有最后的定论。根据波普尔的认识论,科学探究被视为科学范式之间的竞争:是核心假设的集合,假设的核心,就其本身而言,从未被直接检验过,但一系列假设都是从中衍生出来并得到检验的。就算它们"通过了"经验证伪检验,它们只能暂时被认为是真实的;而且它们要被纳入更广泛和更复杂的理论中。然而,这些复杂的理论往往依赖于未经检验的假设的核心。当一个或多个实验导致放弃这些假设的某些结果时,理论会被调整或完善,以包含证明不成立的证据。新的证据也可能无法融入先已存在的理论中。这可能导致旧的模式陷入危机,新的模式出现并最终取代它——依然是暂时,直到受到更新范式的挑战(这些新范式有时可能意味着旧思想和被遗忘思想的重新提出)。哲学家库恩(Kuhn, 1962/1996 年)将科学知识的概念化与"常态科学"(normal science,又译作常规科学)时期和范式革命时期的交替联系起来,"常态科学"时期的知识积累［以聚合性、一致性、解决问题能力的形式，见里库奇（Riccucci，2010）］发生在一个主导范式内；范式革命时期是新范式取代特定学科中旧范式的时期（Reale and Anteri，1988）。然而，在公共行政领域，是否有可能谈到"主导范式"和"知识积累"还是个令人怀疑的问题（在激烈的辩论中已经被质疑）。似乎更恰当的说法是，就算不是一个共存范式大杂烩，也应是共存范式的多元化（里库奇，2010）。

波普尔的认识论引发了一些大问题。难道这是故事的全部吗？难道知识的进步仅仅是通过理论测试？然后像类比推理这样的概念工具必须被抛弃，并排除在研究者可用的可能性之外吗？事实上，故事可能更微妙，更引人入胜。首先，"类比推理"要被排除在外吗？[27] 类比推理是（以非常综合的方式），通过一个实体（具有目标实体的某些特征）的知识获得其他实体（知识的目标对象）知识的过程。也通常意味着更"严格的"形而上学的断言，即关于分有存在的实体的知识，是一种获得存在的不完全知识的方法［它形成了神学的一个分支，即关于通过实体的知识来了解上帝的知识：见第二章阿奎那（Aquinas）的哲学］。这些问题比通常认为的更为现代，尽管在当代"科学"期刊中通常以不同的形式讨论。当被问到"什么是理论？理论是如何构建的"？当代社会科学家、组织理论学者卡尔·维克（Karl Weick）挑衅性地回答道：理论建构是对标准理论的证实（通过实证手段对一个假设或一套假设进行检验），如果这样的事真的存在的话；然而，"它之所以不存在，是因为验证不是社会科学的关键任务。如果我们这么做的话，可能会实现，但是我们不能那么做（Weick，1989，p.524）"。相反，他将理论验证或证实描述为与其他专家经验的理论共鸣；其他专家"经验"的最终来源是什么？是对其他事物的经验知识，他们对这种经验知识与所提出的理论主张进行比较；最终，我们会认为这是一种重新提出的类比推理形式，尽管与传统形而上学的形式有所不同，但是作为理论建构的方式，引起了当代社会科学家的关注。维克（1989）进一步主张形而上学在组织研究理论中的实用性。我们可以得出的结论是，类比推理在当代社会科学中可能比普遍认为的更广泛。

这一论证思路并不是要否定波普尔对科学哲学的巨大影响。波普尔是一位举足轻重的哲学家和学者。当代社会科学中一种非常重要的方法，由帕森等著名学者提出的（2006；Pawson and Tilley，1997），被称为"批判现实主义"，就大大得益于波普尔的哲学。相反，它的目的是要提醒人们注意其他的、可替代的探究路径，它们根植于上百年的哲学传统，并可能继续为知识发挥作用。

在本章后面及第五章，我们还要回到波普尔所做的另一项贡献上面，同时我们还将讨论"开放社会"及其"敌人"的政治哲学。

第六节　现象学

现象学与埃德蒙德·胡塞尔（Edmund Husserl）（1859—1938）的著作联系在一起，他被认为是这一运动的创始人，他与马克斯·舍勒（Max Scheler）、尼古拉·哈特曼（Nicolai Hartmann）、鲁道夫·奥托（Rudolf Otto）、伊迪丝·施坦因（Edith Stein）等一起发动了现象学运动。除了其独特的贡献外，现象学还对20世纪另一个哲学运动，即存在主义的发展产生了重大影响，我们将在本节末尾转向存在主义。

伯恩哈德·波查诺（Bernhard Bolzano）和弗朗兹·布伦塔诺（Franz Brentano）的著作对现象学的发展至关重要。布伦塔诺是一位逻辑学家和数学家，他强烈反对心理学关于数学和逻辑概念起源于心理学过程中的主张；相反，他主张一个命题的真实价值在于其本身，每一个有效命题中都给出了真实性，不管它是否被表达，也不管它是否被思考（因此在某些方面，回归到了经典形而上学的主张）。弗朗兹·布伦塔诺强调了心理现象（psychic phenomena）的意向性，其特征是，它们总是指出心理现象本身以外的事物（当一个具有心理活动的主体思考或感觉时，这种思考或感觉天生倾向于"他性"：在表象的心理过程中，物体在思想主体面前纯粹是"存在"的；在判断的心理过程中，客体被肯定或否定；在情感的心理过程中，客体在最基本的层面上，要么被爱要么被恨）。这在古典哲学中也有根源：在经院哲学派中，意图指的是其中指示与自身不同的事物内在特征的概念（倾向于某种事物，延伸到除自身以外的事物）。布伦塔诺是埃德蒙德·胡塞尔的导师。

现象学的切入点是认识本质的可能性（Husserl，1913，英译本）；这是一个旨在事物"回归本质"的运动，超越心理主义——由此，概念被认为是心理过程的产物——同时超越实证主义——因此认识就是观察事实。对于现象学来说，事实不是最终的现实；相反，它们是通往本质的大门——现象不是知识的极限（如康德所说），而是事物本身可以被认识的大门。当意识捕捉到"此时此地"的事实时，它总是得到一个本质，例如，这个颜色是本质"颜色"的一个特殊实例，这个声音是本质"声音"的一个特定实例，这个三角形是本质"三角形"的一个实例，等等；尽管事实是偶然的（这种声音可能也不存在），而且事实也是多变的（钢琴、小提琴、长号等的声音），但在每一种声音体验中，我们都可以认识到一种本质，某种（某些）"声音"的共同本质。这是与经验主义不同的一点：知识不是通过比较相似的观察结果而抽象出共同特征的；它首先是通过对事物本质的直觉获得的知识（甚至是"相似性"，在经验主义中用来比较"相似"的观察——在使用它之前就已经知道的本质：我们用相似性的本质来进行比较）。

认识本质的方法在于"存而不论"（epoché，希腊语 $\varepsilon\pi o\chi\eta$，来源于怀疑主义的哲学运动）的过程，目的是把问题保留下来，暂不讨论；也就是说，先把一个判断"悬架起来"，以便事物"能够"自我显现于意识（这一过程在技术上被称为"现象学还原"）。值得注意的是，在英语中，"epoch"（悬置/划时代）一词也有相同来源：它同样指一个悬置的过程，让一个历史时期的独特特征出现并限定该时期，从而成为一个独特的历史"时代"。本质的知识被表达成一个正式的本体论，本质的普通知识和区域存在论，本质的知识与某些领域有关，如自然、道德、社会或宗教。在这些领域的研究导致了对道德价值的哲学研究（如在舍勒的作品中），或神圣的宗教体验的哲学研究（如在奥托的作品中）。

我们可以说，这种通过现象看本质的研究有一些像亚里士多德的学说。然而，也有现代哲学的笛卡尔"方法论上的怀疑"以及主体的中心性。亚里士多德认为，就像整个希腊文明所认为的一样，主体，尤其是人类主体，终究是宇宙的一部分，在存在和存在的认知中不扮演任何特殊的角色。但对于笛卡尔和康德之后的现代哲学来说，主体是一个起点。胡塞尔也认为，现象学还原的对象不可能是意识或主观性，它被称为"现象学残余"，不能被搁置起来：胡塞尔认为，世界是由意识构成的。问题是"构成"的意思是指它是由主体所确立的，还是只是由主体所揭示和赋予的意义。正是在这个当口,我们发现了唯心主义现象学和现实主义现象学的区别。唯心主义现象学(胡塞尔在其生命后期一直恪守),强调主体确立世界,而现实主义现象学则把主体视为揭示世界的最终接受者和赋予世界意义的人,但世界最终是在主体之前就"先存在"的。

然而,这两种思潮都反对实证主义:脱离本质的对"事实"的观察和测量可能是凭直觉的,但不会产生知识,或者至少不会产生深刻的知识:它最多可以审视事物的表面。(新)实证主义哲学家反驳说,在"事实"内部总是有可能捕捉到本质的假设,只是增加了"阐释"的"陷阱"(新实证主义者认为的)和模糊概念,它们阻碍而不是促进了知识的明确性。现象学家反过来回答说,对本质的研究,比对表征实证主义立场的事物测量和标记更有助于对现实有更深刻和更有意义的认识。

作为总结,我们需要澄清一点,现象学不是理想主义或现实主义变体中的社会建构主义/建构主义。首先,它不是"社会"的:胡塞尔把绝对主体放在中心,而不是把主体间性置于社会建构主义的中心地位(主体间性最初是黑格尔哲学提出的概念)。从现象学的角度来看,现实也不是"构建"的:世界可能是主体"构成的"(在唯心主义看来,见上文);但事物可以从本质上被认识,而不是被构建——知识是本质的渗透,通过现象这一开放的大门来看本质。如果这些现象学的限定性条件是适当的,那么公共行政现象学中的一些应用(Waugh and Waugh,2006)似乎就没有了根据。我们将在第四章中讨论这一主张。

第七节 存在主义(Existentialism)

存在主义和现象学一样,是在20世纪哲学中占有重要地位的哲学运动。它与德国的哲学家马丁·海德格尔(Martin Heidegger)和卡尔·雅斯贝尔斯(Karl Jaspers),法国的梅洛-庞蒂(Merleau-Ponty)和让-保罗·萨特(Jean-Paul Sartre)(1938、1943)以及意大利的尼古拉·阿巴尼亚诺(Nicola Abbagnano)(1946/1963)联系在一起。在这个非常简洁的总结中,我们将主要提到海德格尔,首先谈的是他的杰作《存在与时间》(1927),然后是所谓的海德格尔思想"转向"之后的作品,即之后所有的著作。

理解存在主义的切入点是说明存在主义分析学是什么："存在主义"（existentialism）这个词衍生自"存在"（to exist）的词根，即，拉丁语的exsistere："走出去、出现、存在"。对于存在主义者来说，存在体验是哲学的出发点，它是独一无二的，不可简化为其他任何东西。但存在体验需要用其正确方法来分析，这种方法被称为"存在主义分析学"。存在体验（以复数形式）成为理解存在的中心：事实上，人类是对自身存在意义提出询问的一个特殊实体（entity，实体，拉丁语中实体的词根意思是"是什么"，即具有存在性质的东西）。从这个意义上说，它是通向存在的大门（存在主义和现象学都寻找一扇通向存在的大门，现象学在现象中寻找存在，而存在主义通过对存在本身的体验作为寻找存在的路径）。在这方面，存在主义与现代哲学一样，都是以主体询问自身和世界为起点，但存在主义的重点是"生活体验"，而不是像笛卡尔那样，由思维主体进行纯粹的思考行为[28]。

人类作为其本质"存在"的"可能性"的特征被放到了中心地位[29]：存在从来不是一个简单的"呈现"之物，存在从来不是"在其他物体中的一个物体"；它始终是一种本质的投射，不仅是变化成为某种事物的具体可能性，也是变化成为其他事物的具体可能性［在这种对必要性范畴作为唯一存在范畴的彻底拒绝中，显然传承了丹麦哲学家克尔凯郭尔（Kierkegaard）的存在主义理念，克尔凯郭尔对黑格尔哲学体系进行了严厉的批判］。存在的主要特征是"在世界之中存在"（德语原文：*in-der-Welt-sein*，在世之在），"与他人在一起存在"以及"关心"（caring）。世界本来不是一个值得思考的东西，而是一组可能性和工具，供每个人用来完成自己的存在投射。因此，对于海德格尔来说，世界是否存在以及如何证明它的存在的问题（这里可以细想笛卡尔哲学的方法论怀疑或经验主义者大卫·休谟 David Hume 的怀疑主义）是完全没有意义的：没有世界就没有主体，没有其他人也就没有"我"（海德格尔同胡塞尔一样，都认为其他人不能被推断为与自己的"我"并列的其他"我"：他们是独有的"我"——其他人的本质（是无数的"我"）被赋予了其他个体的"我"）。如果存在原本是作为一系列可能性存在于世界中，那么存在就表现为"关心"，对这个世界的关心。存在也可以是真实的或不真实的：当它被饶舌和愚蠢的好奇心所支配时，它是不真实的，或者说是无名的，当最终，存在放弃了它选择成为什么的特征并让其本身被非个人性所驱动时，例如"大家都这么做"，"大家都这么说"时，它是不真实的，或者说是无名的。

这种存在的构成维度一直被公共行政领域的学者们（见 Waugh，2006）所采用，特别是在 20 世纪 70 年代，用于描绘"存在主义公共行政人员"的独特形象，形容他们"关心"普通大众并为他们"承担责任"，而不是接受作为官僚行为主要特征的非个人性。这是对所谓"积极主动的公共行政人员"的概述，对他们来说"关心"是一个中心概念，可能性而不是必然性是首要的本体论范畴的主导。这是公共行政中的责任和决策哲学，与韦伯主义的概念不同，可能也不一致——或者至少对韦伯官僚的某些解释有点牵强。我们将在第四章再述这一观点。

通过发展他的存在主义分析学，海德格尔（像雅斯贝尔斯）到达了存在的本质维度——也就是其死亡。死亡在这里被认为是所有其他存在可能性变得不可能的可能性。死亡是不可能执行任何投射的可能性，也就是说，死亡是完成一个人本身存在的可能性。"向死而在"（being-for-the death）是存在的特征，说到底完全是一种个体体验——任何人都无法替代他人的死。简单地说：我们每个人都必须面对自己的死亡，而"死亡"最终，永远是"我"的死亡。这意味着，为了活出一个真实的存在，我们每个人都必须"为死而活"，其意思不是通过自杀来实现它（这绝对不是海德格尔的想法），而是在活着的每时每刻都意识到死亡的存在。这种意识不是一种明智的行为，而是痛苦体验的具体表达。痛苦是虚无、非存在的情感，是所有和每一个存在都将终极毁灭的意识。在这个意义上，它与恐惧不同，恐惧是对其他实体的恐惧——我们害怕一个实体所构成的威胁，但我们的苦恼是因为要面对这种非存在。

对"向死而在"这一本质的存在主义反思，导致了海德格尔所称的哲学反思的"转向"。这一转向是从个体存在的中心地位及其分析（存在主义分析学是在《时间与存在》中提出来的，这可能是哲学运动对存在主义发展最重要的一本书）向"存在本身"的方向的转变。该转向包含对存在的"揭蔽"过程的重新发现，或者用海德格尔最喜欢的词语，存在的无蔽：这里的关键词是希腊语"αληθεια"（无蔽，揭示），而存在的无蔽是个历史过程，但揭示了存在的超越性。海德格尔对所有形而上学都进行了激烈的批判,从柏拉图、亚里士多德到黑格尔乃至尼采,认为他们把哲学思想引入了误区。他认为从柏拉图的理念世界开始,就背离了苏格拉底之前哲学家所追寻的主要道路:理念(idea,希腊语词根的意思是"去看")的真正概念,看的主体承担着主导作用,因此首先播下了"掌控的意愿"的种子(遭到尼采的谴责),在两千五百年间主导了所有的(西方)哲学思想,阻碍哲学成为揭示存在而非阻碍存在的场所。艺术代表了通往重新发现存在无蔽的一个主要道路。海德格尔,作为一个在神学、人文学科和艺术方面都博学多才的人,认为艺术具有特殊功能,可以理解哲学推理所丧失的东西(在其著作《荷尔德林和诗的本质》中,他阐述了一种独特的美学,或美的哲学;Heidegger,1981/2000)。他的哲学赋予了艺术品一种特殊而又特定的意义:每一件艺术品都是一个"完整的世界",都有着存在的无蔽,因此,思考一件艺术杰作是理解的源泉。如果艺术可以揭示比哲学和科学可以阐明的更多的东西,那么对艺术作品的沉思和适当的解读(注释,诠释学)就是一种获得独特的、在其他方面不可到达的见解的方式,对艺术杰作的研究和解释可以提供洞察现实的源泉。

这适用于所有"存在的领域"。从这个意义上说,它也适用于公共治理和公共行政。我们认为,这与探讨治理世界、公共治理和公共行政的杰作如出一辙——我们通过讨论安布罗吉奥·洛伦泽蒂(Ambrogio Lorenzetti)的著名代表作《好政府》来说明这一点,我们将在第六章中依据对该主题整理的学术著作进行考察。

海德格尔的分析工具中还有另一个重要的概念值得一提——同时也是因为它对公共行政的影响。海德格尔对17世纪以来科学领域一直所用的"时间"这一概念进行了激进的批判。在《存在与时间》一书中,海德格尔发展了一种对时间的分析,从"迷狂"(ecstasy)的概念出发,采用的是其词源意义上的意思"在(自我)之外,超脱自我"。海德格尔认为,时间的基本维度是未来:存在意味着投射;任何(人)的存在的首要意义,都在于通过"关心"的活动,在世界上建造自己所投射的未来。但迷狂适用于时间的所有维度:如果未来是向将来的状态超脱自我,那么过去就是向接受所处的境况超脱自我(过去的事情是无法改变的,尽管它可以被解释和被接受);现在,最终就是超脱自我与万物在一起。

"活在当下"有两种方式：真实的与不真实的。真实的是，当存在作为向死而在时，假设死亡（一个人自己的死亡）作为存在的一个限定特征而活着：这样，一个人活着就不会被生活中平凡的事物所征服。真实的现在成为活在作为"瞬间"的现在，在这个瞬间，人类决定自己的命运，真实的过去是存在接受传统给我们的可能性并重生。这一时间观的一个关键含义是，自然科学——在大多数情况下——社会科学所用的时间（可以确定日期和测定的时间）是不真实的时间：它不是生命的时间，也不是我们可以获得存在的任何本然的理解的时间。这对大多数通过"科学"程序产生的"知识"是致命的打击。这一挑战甚至可能具有特殊的强度，适用于政治团体和公民在其中展开的生活的学术研究：用于研究公共行政——甚至那些采用定性方法、纵向观点和直接参与者观察形式的时间，是公民在他们团体中生活的"真实"时间吗？我们将在第四章中再述时间的概念及其对公共行政的影响。

第八节　结构主义

与存在主义恰恰相反，结构主义的起点（正如其名字所示），是解释社会和人类的（该哲学运动认为）更深层的结构。从自笛卡尔以来，人类的主体或"我"，一直在现代哲学中占据最突出的地位，但被结构主义所推翻，从而让位于内在结构，而就在这个内在结构中"我"消融了。

结构主义的开创者之一是克劳德·列维·斯特劳斯（Claude Lèvi-Strauss）。在20世纪40年代欧洲战火肆虐的时候，他流亡到了巴西。他对亚马孙河流域的人口进行了一项著名的研究，其研究结果声称已经确定了某些基本的亲属关系结构，这些结构似乎是那个遥远社会——远离东西方文明的社会——的特征（Lèvi-Strauss，1949）。其论点是他的研究揭示了"法律"跨越时空的社会特征（众所周知，他对乱伦禁忌进行了研究）。与其类似，米歇尔·福柯（Michel Foucault）是一位非常多产和非常有影响力的作家，他注重研究一系列的著名的作品，以探索认识结构在历史进程中的关键驱动力。这些哲学家和其他哲学家的工作旨在揭示治理人类社会的深层结构[30]。

结构是自然科学和社会科学的一个重要分析范畴，目的是解释现象

("影响公共管理改革的"的因素可能是功能性的、文化性的或结构性的),为了紧扣本书的主题,我们需要提及公共管理领域的一本被广泛引用的书:波利特与布卡所著之书,Pollitt and Bouckaert,2000/2011)。在前文提到的关于影响社会深层结构的学术著作的成果发现中,无论是列维·斯特劳斯著作中提出的家庭纽带构成,还是福柯的研究所揭示的各个时代之间的过渡,都可以很轻松地融入各种哲学观点中。但结构主义的特征是其词最后的后缀"ism"(主义),我们可以把它(自古希腊语)翻译成"一切都是"或者"存在的整体是":所以作为一种哲学的结构主义主张结构解释一切。这就是结构的哲学意义:更深层次的、无意识结构是对现实(或某种形式的人类知识所能触及的部分现实)的终极解释。因此,结构主义就是以这样的态度自称能以一种更深层次的结构影响来解释人类和社会,在这种结构影响中,人类主体"我"、意识和自我意识最终被消融。但这也正是结构主义的问题所在:结构是解释人类社会的一部分,但为什么隐藏的动力以及为什么更深层次的结构隐藏的"原因"是现实,是存在的整体?什么样的真理标准能够识别和区分"真实"存在的终极结构?事实上,如果我们遵循结构主义的中心主张,就会导致一个矛盾:人类的理性和意识应该同时是对以下主张真实价值的评判,即现实最终由更深层次的结构组成,而这些深层结构本身却融入这些结构;人类的意识除非融入超越它的结构,否则便不存在,但是同时这个断言只能以一个说明它的理性意识为基础。正是这些问题对作为本体论的结构主义构成了严重的限制。尽管如此,这股思潮中的多方面研究的发现显然对理解社会动力学有重要贡献,而且它们本身很容易被纳入不同的哲学观点,并被各种视角所接受。结构主义在社会科学上的影响地位是毋庸置疑的,而且仍然有很多东西可以借鉴,特别是可以借鉴结构主义思想者的工具,用于公共治理研究中。此外,结构主义的观点可能代表了与其他方法相比的一个重要的替代框架,如果结合起来,可能会对人类和社会现象产生更多的揭示[我们可以对比结构主义人类学与克劳德·列维·斯特劳斯的文化人类学,以及与主张人类文化作为不可复归的创造性行为的概念相比较(Tylor,1920;Kroeber,1952)来探索不同观点的结合在揭示社会现象方面有多大成效]。

第九节 20 世纪其他主要流派：实用主义、过程哲学、分析哲学、诠释学、后现代主义、人格主义、唯灵论

我们现在来关注另一系列的哲学运动。它们的共同特征（尽管我们很快就认识到这是一个相当主观的分类）在于更多地强调哲学的独特方面或维度，而不是一个理论或意识形态的整体研究。

我们首先回顾的是美国的实用主义。这可能是第一个起源于美国的独特哲学运动（因此要用"美国的"加以修饰限定）。在这一哲学中，一个概念的真实性是由"其各自的实际后果"来追溯的，"……如果某个概念是真实的而另一个概念不是真实的，那么实际上会有什么不同"（James，1907，p.45）。詹姆斯的这一主张有效地描述了实用主义的关键重点。不难看出，与其简单地说它是一种哲学体系，不如说它是一种知识哲学。它还强调了把现实视为变化的过程观，这似乎与美国文化产生了强烈的共鸣："真正的观念是那些我们可以吸收、证实、互相验证和核实的……某个观念的真实性并不是其内在静止的属性。实际的发生形成观念。观念变为真实，通过事件成为真实。它的证明实际上是一个事件，一个过程（James，1907，p.201）。"我们可以举例说明：[31] "90度意味着什么？是冷还是热？实用主义者会问，你是在煮开水还是在打篮球？真理就在经验、问题和背景中。"实用主义对美国社会科学发展的影响之大怎么说都不算言过其实，但是对公共行政研究的特殊影响需要更精细的研究，这种研究的目的则是要从影响该领域研究的一系列哲学方法中收集其独特的影响（Snider，2000）。

与实用主义相联系的是所谓的过程哲学，至少在强调变化过程这方面有联系。这是一个激进的变化本体论，其根源明显可以追溯到阿尔弗雷德·诺夫·怀特海（Alfred North Whitehead）的哲学（尤其是怀特海1929年的著作）。怀特海是一位有影响力的作家，特别是在英语国家，而且远不限于此（怀特海社团仍然存在并且一直在运营中，其特点是定期召开会议并提出各种各样的倡议，其中一些会员是在公共行政领域活跃的学者）。怀特海提出的主要概念是"事件"的概念：要更深入地理解现

实,我们需要了解事件和事物的变化,而不是本质;而且是互动、行动的相互性造就了事物的变化——这些相互作用就是怀特海所说的"合生"(concrescence)[32]。怀特海强调,相比核心论点是把绝对时间和惯性物质作为事物"本质"的旧牛顿物理学,这种哲学更符合现代物理学中在爱因斯坦相对论时空中发生的事件的概念。以"过程描述"为中心的研究工作是社会科学研究的一个显著特征,尤其是政治科学和公共行政研究,特别是美国的研究思潮(大家可能会想到阿伯特关于社会科学中一般认识论问题的著作 Abbott,1992a,1992b;艾利森的政治学,Allison,1971;以及 Barzelay and Campbell,2003;Barzelay and Gallego,2006,2010;Asquer and Mele,2017;还有公共行政领域的其他学者)。按照怀特海形成哲学思路作为其关键本体论基础,对玛丽·帕克·福利特(Mary Parker Follett)思想的解读,是由斯托特和洛夫(Stout and Love,2015;另见 Ongaro,2016;Stivers,2006)所提出的,一方面为我们如何构想公共治理提供了启示,另一方面也为如何构想公共行政的工作场所提供了启示。

语言学转向在 20 世纪哲学研究中也具有突出的特点。此处的重点是分析语言构建逻辑哲学的问题:伯特兰·罗素(Bertrand Russell)和路德维希·维特根斯坦(Ludwig Wittgenstein)是主要作者,而英国牛津大学和剑桥大学已成为分析运动和语言哲学的全球中心。这一运动还与现代逻辑的发展交织在一起,特别是与意大利逻辑学家、数学家朱塞佩·皮亚诺(Giuseppe Peano)的作品和弗雷格(Frege)的作品(弗雷格的"原则"在公共行政领域有关环境的辩论中深思熟虑的应用是由布卡提出的,Bouckaert,2013)。所谓的"现代"逻辑(与亚里士多德建立并以三段论为中心的古典逻辑相反)很大程度上归功于分析运动,当代语言学分析也是如此。随后的发展,如诺姆·乔姆斯基(Noam Chomsky)带来的发展,也归功于分析运动。乔姆斯基特别研究了句子表层结构和深层结构之间的区别。他提出了一种方法来分析句子的深层结构,即它的非歧义意义,可以被转换成不同的结构,其中有许多结构,而其意义又可以按照任何一种现存的特定人类语言的语法规则来表达,在整个世界和历史过程中都可发现这种语法规则。当代语言研究的其他主要进展包括作为能指与所指之间关系的"符号"的概念,这一概念在人文科学和社会科学文本分析中具有广泛的通用性和广泛的应用。分析哲学在当代哲学中占有显赫的地位，即使不是主导地位，也具有很高的影响力，至少在英语国家的当代哲学中。这种哲学运动对公共行政研究的影响则比较有限或间接。直接地说（简单地说），似乎将分析运动中开发的方法论中的工具和方法引入公共行政领域有很大空间。

诠释学是一种主要与汉斯·格奥尔格·伽达默尔（Hans Georg Gadamer）（《真理与方法》，1960年）有关的哲学运动。他的研究提供了一种解释文本的方法，即基于"预理解"的概念解释文本，以及将文本不仅视为读者面前的一个物体，而且是对读者的冲击和碰撞来解释文本。在这个观点中，文本的效果成为文本的一部分，超出了作者的原始意图（作者原来可能的意图）。这就形成了诠释的循环。在伽达默尔的哲学中，也有对偏见的重新评估，他意在其作为预先判断——它们被认为是任何文本处理方法的必然起点。这一观点与培根的观点（见第二章）和许多启蒙运动的方法存在分歧，他们的哲学思考中相当重要一部分是消除和抹除所有偏见。伽达默尔认为，来自知识分子"权威"的偏见是理解任何文本的起点，只要（正如启蒙运动所暗示的），它们可以接受批评，而不是要求不加批判的拥戴。对于加达默尔来说，与一本书的邂逅最终是"创造体验"——辩证的体验——它是一种知识形式，这种知识形式与有时被认为是知识生成的唯一起点的"观察收集"截然不同（与实证主义等相反）。

还有一种多样性的哲学思潮被标榜为"后现代主义"（Post-modernism）。这是个很难定义的概念，因为在这一传统上有所著述的作者不断重复后现代主义是无法定义的。

后现代主义的主要作者包括哲学家米歇尔·福柯（Michel Foucault）、让－弗朗索瓦·利奥塔（Jean-François Lyotard）和雅克·德里达（Jacques Derrida）。通过文化哲学上并行的转变是一种可以抓住后现代主义某些特征的方式，即从工业社会转变到信息社会，从物质产品转变到基于信息的服务，并且由此从工业社会的价值观、前提和哲学基础（如实证主义）转变到不明确的社会，而在这个社会中，那些特征已经不复存在，但其他特征和新特征尚未形成。也因此，它被定义为超现代性和前现代性的结合体（Lyotard，利奥塔）。在社会科学中，它往往与社会建构主义

(Berger and Luckman, 1966）以及（弱）主体在解释现实中作用的超强度有关，也与解释社会和现实中的主体间性和主体间性一致性的形式有关。后现代主义在公共行政领域具有一定巩固的但非常有限而轻微的地位，其主要作者、学术期刊（主要是《行政理论与实践》）和反复出现的主张将在第四章中详细讨论。

经常与后现代主义形成对比的是批判现实主义（Pawson, 2006; Pawson and Tilley, 1997），它（在我们的解释中）主要是尝试将古典现实主义（带有亚里士多德的痕迹）与现代哲学所带来的现代性中的主体作用结合起来。这也将在第四章中进一步讨论。

人格主义（Personalism）是一种与哲学家的伊曼纽尔·穆尼埃（Emmanuel Mounier）联系起来的哲学运动，新经院哲学派哲学家雅克·马里坦（Jacques Maritain）等和现象学家舍勒（Scheler）等的著作也对该运动产生了影响，舍勒将现象学方法应用于道德价值本质的研究。人格主义主张激进的人道主义，强调人的整体性的繁荣，与所有的还原主义形成对比。穆尼埃认为，还原主义是所有哲学对人类的片面描述（无论是"经济人"还是尼采的"超人"）。

穆尼埃提出回归激进的人道主义，这是一种以"人"的概念为中心的新的文艺复兴。他的思想可以更好地从他所从事的马克思主义和资本主义论战的角度来理解。他认为，马克思主义和资本主义是最终运用还原论一种形式的哲学，强调人格的一个方面，损害其总体性和整体性。穆尼埃将人的三个维度分为天职、道成肉身、社群。天职是对实现某个投射的号召，是每一个人拥有的，或接收到的号召，对穆尼埃来说，是人类生活的一个必要特征。道成肉身是指身体永远是一个人不可或缺的一部分这一事实，与那些倾向于设想人类是作为抽象的"我思"的哲学思潮相反。社群的观点是指只有归属于人们所组成的群落中，一个人才能实现自我并充分发展其天职。这是一个相互联系而不是单一个体的人类及她/他的发展概念。穆尼埃提出的社群主义与人格主义的哲学运动密切相关。在后文中，我们将探索这种观点是否能够超越共同善与社会契约的传统二分法——该论断将在第五章进行阐述和进一步讨论。

但是，对于像卡尔·施密特（Carl Schmitt）这样的哲学家，社群主义的概念步入了一条完全不同的路线：成为一个民族主义的解释，种族纽带在其中占据了主导地位。从这个角度来看，个人自由必须通过个人对社群的责任加以调节，这种责任在国家一级则被构想为民族或语言文化纽带形成的民族共同体。对"社群主义"概念的完全不同的解释也将在第五章进行讨论。

唯灵论是19世纪末到20世纪初在整个欧洲兴起的更大的运动中的一股独特思潮，其中大部分是——至少在开始的时候——是对实证主义的回应。唯灵论运动的主要宗旨是主张哲学不能被吸收入科学和科学知识；它考虑的是人类的特殊性以及人本身的内在、自由和意识的重要性；而与此相关的是，内省和意识是对现实的调查的一部分，意识的内在性是一扇通向超越和上帝的大门。这场运动的主要作者可以追溯到普罗提诺（Plotinus）和奥古斯汀（Augustine），然后到现代哲学的创始人——笛卡尔——以及定义了西方文明时代的文化运动，如文艺复兴和浪漫主义。

法国哲学家亨利·柏格森（Henri Bergson）属于唯灵论流派和柏拉图—奥古斯汀传统，但他对哲学的阐述却表现出了极为新颖的特点。我们将用他的哲学思想对本章进行总结，并结束我们对西方哲学思想的介绍。在下一章中，我们将探讨所介绍哲学思想在公共行政领域的关键议题和问题中的应用。

柏格森哲学的核心是对"真实的"生命，尤其是有自我意识的生命，有更深层次的认识。他反对将任何生命还原为化学过程的还原论，并声称还原论彻底遗漏了生命的统一性。但如何理解这种统一性呢？

在讨论这个问题之前，我们应该思考一下柏格森对所有形而上学的激烈论战背后的理论基础，这些形而上学都认为实体沉浸在一个没有真正时间绵延的现在中。而他的哲学的出发点是时间是持续的概念（在他的第一部主要哲学著作《意识的直接材料》（*Essai sur les données immediates de la conscience*）中提出，1913/1989年英文版以《时间与自由意志》（*Time and Will*）为名出版）。从每个人所经历的生存时间出发（笛卡尔哲学思想前提下的一种方法：对自我作为最不可辩驳证据的研究），柏格森对"意识状态"这一概念提出了现在成为经典的批判，这种批判是对使用"状态"这一词在表达"意识状态"中所隐含的稳定性或静态性的批判。事实上，柏格森认为，在我们的意识中发生的任何感觉、表现或意志，都不会随着时间停止而减弱或改变，尽管改变可能是如此细微以至于几乎无法察觉,只有当注意力集中在这些变化的积累上时,自我感知才会从一个意识"状态"中过渡到另一个或不同的"状态"。但是,意识——有个非常著名的比喻可以进行生动地表达——就像一个雪球。它通过现在的生活把未来吸入不断增长的过去而逐渐增大,就像滚雪球一样,整个生活过的时间都被保留下来,并构成生命的存在:我们是我们过去生活的全部。只有出于行动的目的,过去某些"部分"才通过记忆的过程被人为有选择地挖掘并带到聚光灯下,因为这是理智所进行的抽取,人为地将我们生命中的瞬间区分并重新聚集,贴上某些抽象的标签(因此,才有了我们的"职业生涯"与"私人生活"的区别,我们的"青年"与暮年的区别,等等)。柏格森给哲学思想带来的关键创新是,柏格森主张,"自我意识的我"是其自身一种持续向外的开放活动(通过现在投射未来)并且"同时"(可以说)由绵延的时间构成,即通过保存其过去活动的全部:过去的全部生活时间被保存进一个被认为是累积的过程中。[33]在柏格森的哲学中,与亚里士多德关于形式和统一的概念有着深刻的类比,但这位法国哲学家的独特新颖之处在于,他把时间想象成构成每一个(生命)存在的组织。

在这种哲学观点中,时间是构成现实的组织。绵延是过去不断前进的过程,它通过自身的活动"啃咬"未来获得增长,一口一口地啃咬未来,同时又保存着自身的整体性。记忆活动是一种断断续续的活动,在可能和可以的情况下发生,但过去的全部不需要记忆活动来保持自身的全部:过去本身就保存着自身的整体性,而我们——换句话说——就是我们过去的全部。我们自幼年以来所感知、感受、思考和想要的一切,都构成了我们的本来面目。只有为了有用的目的和实际行动,我们的意识才会拒绝我们的大部分过去,让我们只关注为了最直接行动的目的所必需的东西。我们(作为众生)的意志、情感或思想不会通过不确定的短暂时刻(瞬间)存在而不断地从非存在状态过渡到非存在状态;相反,我们过去的意志、情感或思想的整体性都被保存下来,同时我们不断地向未来投射,新的意志、情感或思想被我们不断成长的过去所吸收(从而塑造了我们:这就是所谓的"我们的性格")。在这里,柏格森区分了数学时间和生命时间。数学时间是一个空间化的时间,纯粹瞬时性的时间:对于数学家来说,世界在每时每刻都在死亡并重生;[34]这种不持久、不延续的时间，不是生命的真实时间。这也引出了记得和记忆之间的关键区别：记忆是构成我们过去的整体性。记得是为了行动：我们只记得行动需要的记忆。

柏格森提出的一个关键问题是，生命体是否只是个身体——是"物质的一部分"——像其他物质一样？虽然它明显地占据并切割成一个质料，并且可以被截取切割（通过活体解剖和截肢），但质料的一部分和生命体的主要区别在于，在质料中，现在所包含的东西仅仅就是现在已经存在于确定它达到既定状态的原因中的东西，而生命体则是持续的：它的现在都包含着它的过去，而且现在依然真实而活跃。正是因为这个原因，一个生命体经历各种阶段、变化，最终变老——因为它确实有历史。柏格森并不否认有机物和无机物的基本特性，而是声称，任何生命体现实的一部分都不是生命体本来的样子，例如，从任何可以想象的角度拍摄的上千张巴黎照片都不是巴黎。哪里有生命，哪里就有一个记录时间的注册表。因此，最直接的类比是每个生命体和整个宇宙（而不是宇宙的一部分）之间的类比，宇宙同样也由它过去的整体性组成。由此产生了这样一种观点，即宇宙是由有生命的、有机的生命在每一个意志行为中不断地添加、增强的整体（但是柏格森谨慎地提醒读者，宇宙作为一个整体是一种构造，与一个生命体的"现实性"不同）。

但是在柏格森哲学的框架下谈论"一般的生活"意味着什么呢？柏格森认为，生命就像一股涌流，通过生殖细胞从一个生命体流向另一个生命体（如他 1907 年的著作《创造进化论》中所述的）。因此，物种的进化是一个内生过程：它不是由预先确定的动力因造成的（亚里士多德定义的四因说体系），因为如果假设这些原因，将否定延绵的现实，并且因为当它们是"现在时"，所有发生的都已经在原因中了。物种的进化也不是由目的因引起的，因为类似地假设这些原因将导致所有的生命都简单地存在于这些目的因之前，而没有真正的延绵［这是柏格森和莱布尼兹（Leibniz）之间的一个分歧点，或者说是在柏格森使用时众所周知的莱布尼兹的部分思想］。生命是流动的，就像涌流：被总结成著名的名言"生命的冲动"（élan vital）（"生命的推力"）。

关于这个生命冲动的来源仍是个有待解决的问题，生命之源塑造物质，通过个体的多样性展开，但它是一条贯穿于每个个体并将所有个体团结在一起的单一流。进化沿着不同的子流演变的生命发生，对抗物质的抵抗。一个方向带来了植物世界的能量积累。另一个方向带来了以最快的方式疏通并部署能量的能力，如在节肢动物和脊椎动物中。最后，在人类生活中，通过突破物质的反运动以及实现意识的解放，从而发生了质的变化。人类物种中起源于生命冲动的超级意识获得了自我解放——它现在可以追求自由、不受约束的行为，而不是本能的自动性。人类和生命穿过它翱翔至何方？柏格森认为，神秘主义是一种真正的宗教，能够超越人类的极限，走向绝对/超越（这一主题是在他最后的作品《道德和宗教的两个来源》中提出的，1932年）。

柏格森提出了一个独特的生命进化的哲学解释（与达尔文1859年提出的观点大相径庭，但更接近于其他科学家所提出的观点，如生物学家德·弗里斯 De Vries），从一个非常独创的角度阐述了意识与大脑之间关系的哲学问题（心智哲学中的一个关键问题）。对于大脑是什么的问题，他用了一个著名比喻，他将大脑比作匕首（意识）之刃：大脑不是意识的全部（因为刀刃不是匕首的全部，而是它的一部分），但却是能够促成行动的一部分。伯格森主张，意识绝对不是大脑的产物。对我们这位大哲学家来说，是生命塑造了物质，换言之，精神活动的延伸是物质，不是物质创造生命。空间被认为是意识的延伸，而物质是创造行为/意志行为的巩固和惯性。

柏格森的另一个高度创新和独创的贡献在于他对理智及其与直觉关系的见解的关系。对于柏格森来说，理智是从外部观察事物，对事物之间的关系进行分类和找寻的能力。它是自然科学（和大多数社会科学）的理智。智慧是利用无机物以最实用的方式塑造它的能力。但是，理智停留在事物的表面，将物体旋转却不能看穿它（因为它在一个空间化的时间内运作，延绵消失）。洞察事物本质的能力只发生在本能上。直觉是利用有机工具来追求由自然本身管理的目标的能力：用眼睛看东西，用嘴和下颚咬东西和吃东西，等等。直觉对事物有内在的认识，但本能本身是盲目的——它只能重复它所倾向的事情。直觉和理智是互补的，它们有着共同的起源，并且仍然保持着这种共性的痕迹：直觉驱动着事物，理智知道事物之间的关系。只有直觉，与意识相伴的本能，才能了解事物，而只有理智可以将这些事物本身联系在一起。这带来了一个问题：

理智（标记和找寻关系的理智）与事物的本质及其形成的"现实生活"失去联系。这难道不是许多研究人员，包括公共管理研究人员，都经历过的体验吗？当所寻求的关系是在空间化的时间里处理的，而这个时间与真实的组织，由真实的、活生生的人所创造的不相符时，一个组织或公共政策过程的现实生活不就失去意义了吗？柏格森认为，当研究工作时间悬置时，所触发的是理智的能力，它从外部对无时间（无生命）的物体采取多种观点，以便分类、发现关系，并最终干预被调查对象以达到实际目的。但是生命——构成组织的个人的生命，因此在某种意义上，作为一个生命共同体的组织生命——失去了，生命随着时间的展开逐渐衰退逝去。从与现实生活密切接触的研究方法（如民族方法学或案例研究，尤其是纵向的、密集的、深入的案例研究）转变为需要悬置时间、对人和组织进行静态观察（快照：但是，即使从任何可能的空间角度拍摄了一千张巴黎的照片，也永远不会是巴黎——就如由活生生人组成的生活社区）的研究方法，可能是研究人员对哲学、形而上学基础所拥有的经历。

在本章的末尾，我们引用一下这个著名的比喻：从任何可以想象的角度拍摄的上千张巴黎照片都不是巴黎。到目前为止，我们已经从无数的角度示意了哲学（本体论、认识论）思想对公共行政的可能影响，但我们还没有讨论通过更系统地应用和检验这些思想而可能给公共行政领域带来的发展，那是因为我们要做的是，从公共行政的巴黎的内部漫步而不是从万花筒的角度给它暗示，请看下一章。

注释

[1] 本书中我们保留了少数"技术的"哲学词汇之一，希望不会让读者感到困惑，因为它不仅在康德的思想中具有中心性，而且在由此产生的哲学思考中也占有中心地位。

[2] 尽管在牛顿物理学的基础上，这一概念对康德似乎很明显，但它并没有出现在现代物理学中（参见，例如，关于"暗物质"的辩论——其影响可以感觉到，但它"在哪里"尚不清楚，在什么意义上它是延伸的也不清楚，因此可能不是所有的身体都是"延伸的"）。我们稍后再回到这一点。

［3］例如，哲学家莱布尼兹（Leibniz）提出了一个空间和时间的概念，由此这些概念被认为是"事物在主体看来的方式"：空间和时间源于主体对它们的排序关系。

［4］康德认为美是秩序与和谐的情感，是超越任何与客体相关的手段而喜欢的东西，是作为无限情感的升华。通过审美经验（康德术语中的反思判断），人类可以通过情感参与有限和无限的可知性被否定的事物。这个概念被证明后来对浪漫主义有巨大的影响。

［5］在这句话中"我们的"是指把我们作为理性存在的人类。

［6］这真正地体现了启蒙运动的精神，康德以巨大的力量将之带到了令人眩晕的高度。

［7］康德从未把现实还原为现象；相反，他假设现象是人类知识的周界。

［8］自笛卡尔以来，思维主体是哲学的主要出发点；然而，像他之前的笛卡尔和后来的许多哲学家一样，康德一直为把握思维主体本质和基础的统一性而挣扎。

［9］费希特对康德特别崇敬，他甚至在这本著作中暗示，也许康德没有揭示他思想会带来的后果（费希特声称现在正在揭示这些后果），因为他（康德）可能认为他的时代尚不成熟，不足以让人们理解革命的一触即发。

［10］这就是黑格尔对他思想的解释：正如我们所看到的，谢林的思想不应该被看作黑格尔哲学的一个阶段；此外谢林一生中不止一次彻底改变了他的思想。

［11］自然哲学是浪漫主义时期的中心阶段，谢林是其中一位有影响力的代表。

［12］不同于泛神论假设上帝是一切的论调。

［13］我非常感谢沃尔夫冈·德雷克斯勒（Wolfgang Drechsler），是他帮我指出了这个德语词 aufheben 的三重含义及其在黑格尔辩证法中的用法。

［14］在黑格尔早期的著作中，对这一论点有过精彩的描述：《精神现象学》（1807/1977 年）。

［15］很难指出所谓的"马克思的原始思想"——事实上，他的哲学

经历了各种各样的解读,并被用作灵感的源泉,在世界各地进行了大量有影响力的社会实验。现在几乎不可能从这样一系列的解读和实验中抽离出"原始"的思想。

[16] 从这个角度看,神学起源于人类学。

[17] 异化的概念在黑格尔哲学中由来已久,被定义为理念的客观化,当它与物质世界相遇时,就从追求它的主体变成了"其他"。对于黑格尔来说,异化是客观化过程的固有特征,是辩证过程的结果。相比马克思,黑格尔对异化概念给予了本体论更大的意义。对马克思来说,异化是社会的一种异常产物;对于萨特来说,任何社会行为都被其他人修改的行为,是与物质性的直接遭遇,因此,行为的意义也会被修改,其具体表现形式也会"变成"与主体最初希望不同的行为——行为对于追求行为的意志来说变得陌生,反馈给意志就形成了异化,这便是异化的过程。

[18] 有意思的是,卡尔·马克思最著名的著作《资本论》(1867年)(连同《共产党宣言》,1848年)是在世界资本主义之都(如伦敦)所创作的,马克思被从德国、法国和比利时流放后,就住在伦敦,为了谋生而辛勤劳作,几乎无以为生,仅凭他毕生的挚友弗里德里希·恩格斯(Friedrich Engels)资助和帮助过活(恩格斯在马克思去世后编辑了《资本论》的第二卷和第三卷)。恩格斯的原始思想也是苏维埃马克思主义的重要启示。

[19] 对于许多那些以寻求真理为己任,坚持以独立思考为条件来从事研究工作的学者,可能会对这种对知识分子角色的解读感到反感。

[20] 这是从叔本华从印度哲学思想,尤其是《奥义书》中衍生的概念,叔本华通过与东方学者弗里德里希·迈尔(Friedrich Mayer)的频繁接触而对《奥义书》有所了解。

[21] 尼采曾计划写一本《权力意志》的书,但毕生并未完成书稿。他的不完整的笔记后来被支持纳粹主义的强大而完备的意识形态任意操纵并被解读为追求权力的正当理由。尽管这可能并非尼采的本意(因为他强烈反对任何哲学"体系"及某个原则可以解释现实的思想,还因为他更关心的是为后基督教时代的贫瘠生活提供一种意义:他关注更多的是在"上帝死了"之后,那些个体在绝望中如何生活,他的所有哲学都

远非将任何拯救力量托付给国家),但是当非理性的意志和生命的狂欢维度变得突出并获得了一种拯救地位时,就出现了致命漂移的风险。

[22] 如果细细地解读,有人可能认为尼采的意图是,一个人必须选择"好像"每件事都无限重复的生活,这样她/他就可以通过接受命运的必然性"控制"一切。

[23] "这个公民世界(即社会)当然是由人类创造的,正是因为这个原因,我们才有可能,而且必须在我们自己的人类思维的改变中发现它的原则"——詹巴蒂斯塔·维柯(Giambattista Vico)《新科学》(*Scienza Nuova*),3a 版,Libro I,sez. 3——英文版:《新科学》(*The First New Science*)。

[24] 世界觉醒的概念是韦伯阐述的另一个关键概念,在这里我们甚至无法涉及。这是人类对世界的研究和世界意义的问题——以及我们在世界上存在的进步的理性方式,而科学理性永远无法对之作出回应。

[25] 事实上,正是关于著名的欧几里得几何第五公设的讨论激起了关于几何学基础(乃至科学)的辩论,如"毋庸置疑",不证自明的真理的建立,或者几何学(以及科学)的起始点是否"只能"属于纯粹的"惯例"地位。在欧几里得传统中,不证自明的真理要么被称为"公理"(在几何学以及知识领域内有效的假设),要么被称为公设(通常与几何学有关的不证自明的真理)——传统主义质疑"不证自明的真理"这一概念。

[26] 至少部分原因是最近物理学的发展似乎扩大了量子理论的应用范围。

[27] 我们还应该增加另一个源自文艺复兴时期的思想家奎恰迪尼(Guicciardini)的警告,奎恰迪尼以其经验主义闻名,他对归纳法的一般化挑战提出了强烈的警告:以一种基于如同法律的一般化的模糊和绝对的方式,对世界事物作出判断是一个巨大的错误;因为几乎在任何情况下都需要区分和找出规则的例外情况,这取决于不同的情况;而这种不同的情况不能以一刀切的方式加以处理;为了了解如何辨别不同的情况和发现例外情况,有必要行使自由裁量权,因为这种实际知识不能从书本中学到(Ricordi,n. 6)。

[28] 在其探求结束时,马丁·海德格尔还将回到前苏格拉底学派,

即苏格拉底、柏拉图和亚里士多德之前的哲学家那里，以发现对存在的神秘性的揭示，因此在某种意义上，他会拒绝古典哲学和现代哲学。

［29］这里受到了19世纪丹麦哲学家索伦·克尔凯郭尔（Soren Kierkegaard）的强烈影响，他被认为是存在主义的先驱，他的哲学以批判形而上学的必要性范畴为构成或内在的存在为中心，如黑格尔哲学和斯宾诺莎哲学之前的哲学体系所描述的。

［30］结构的定义多种多样，对"结构"一词的含义也存在数不尽的争议。一种将结构定义为"自我调节转换系统"可以满足目前介绍的需要，如，皮亚杰（Piaget）。

［31］引自希尔兹（Shields, 1995）。

［32］怀特海的观念与古希腊哲学尤其是斯多葛派哲学家所提出的变革的根本原因之间可能有相似之处。读者可能会注意，并且冒着重复这一点作为叠句的风险，本书的一个关键点是强调，如何采用广阔的、长期的哲学观点来启发现代和当代思想家的语境化和环境化视角。

［33］这种方法将他的哲学与笛卡尔的哲学区分开来，并且以一种颇有洞察力的方式来提出一系列指向笛卡尔的批评［包括洛克（Locke）在他的《教育漫话》中的批评］，他在其中指出了"自我意识的我"与其行动的显著特征，还有曼恩·德·比朗（Maine de Biran）的批评，他强调笛卡尔的"我"是一种纯粹的被动物质，是一种类似黑板的东西，描画成什么就是什么。

［34］从中，柏格森认为，笛卡尔错误地得出了他关于继续创造的概念——从创世论者的观点来看，作为上帝礼物的偶然实体对存在的分有是由众生维持的，而他们则是他们过去的整体性的绵延。

第四章 从哲学角度重新审视公共行政理论与主题

第一节 简介

在本章中,我们将根据前几章中介绍的主要哲学思想,重新审视公共行政和管理领域的一系列关键主题。我们的主旨是把(西方)哲学思想中几个世纪以来出现的本体论的基本问题,纳入公共行政的论述中。与公共行政领域其他主要哲学著作不同(Raadschelders, 2011; Riccucci, 2010),本书的出发点不是从公共行政中研究流派的分类入手,再深入探讨它们的哲学基础和前提,而是从哲学方法、主题和流派入手,然后深入探讨公共行政研究和实践的一些含义。从这个意义上说,采取这种广阔的视角需要很强的演绎能力和很大的勇气——在许多方面,它体现了典型"欧洲式"的学术传统和方法。

本章主要讨论的是与本体论问题更为相关的主题,在最后一部分,讨论了认识论问题,而政治哲学问题则在第五章(公共行政领域"本该"与"本来"的困境)。本章围绕关键主题展开,首先审视了康德哲学的先验主体的一些含意,讨论其仍可为该领域提供基础的程度范围,然后转向了该理论的主要批评家:相对主义者和后现代主义学派。同时也考虑了批判现实主义,本章中还探讨了亚里士多德体系的"四因说"对公共行政领域的当代意义问题,呼吁更广泛地使用这一思想,与其他呼吁将亚里士多德的思想带回社会科学的主张相一致。接下来的部分将回顾实证主义、新实证主义和后实证主义。

本章之后并没有运用公共行政领域中较为普遍的方法，转而回顾了哲学流派应用可能对公共行政领域的影响，例如：结构主义；新马克思主义，尤其是安东尼奥·葛兰西的思想；存在主义与存在主义公共管理者和公民的形象塑造；现象学在这一领域的应用路径；以及历史主义的持久继承。随后提出哲学思辨中"时间"概念对公共行政研究方法的一些可能影响。同时对形而上学偶然性的意义和可能性的本体论（相对于必然性的本体论）提出了一些思考。接下来，文中论述了当代哲学界对普遍性概念本质的争议对公共行政研究的意义。本章最后简要回顾了公共行政领域中的认识论问题。

第二节　康德哲学的先验主体

与现代哲学的许多观点一样，康德的思想代表着一个坚实而有基础的起点。规范地讲，康德试图在理性的人类主体中建立道德和伦理基础，旨在为价值观驱动的实践行为提供普遍的基础，这种实践行为通常用希腊语 praxis（实践）来表示，它是指有目的的行动，由价值观和方向感形成的行动，具有道德意义的活动表现，也就是以道德法则或绝对命令的形式指导每个人的行为。从认识论上讲，建立在构成人类理性基础上的现象的可知性，为能够指导集体行为的有限但有基础的科学知识的可能性提供了基础。

尽管康德的政治哲学是一个相对有限的领域（我们在第五章会再次提及），他的一般哲学本身并没有规定如何构建一个有能力和负责任的公共治理体系（Rainey，2003）[但我们应该注意到，康德通过试图勾画出一个能够超越当时巩固的威斯特伐利亚秩序的全球治理体系，对公共的，尤其是全球的治理进行了非常重要的尝试：参见其文章《论永久和平》（1795 年），该文章经常被视为 20 世纪国际联盟及之后联合国建立背后的哲学灵感]，但它确实通过为政治团体的每一个成员提供关于所谓可知的和道德的基础，为关于这种制度可能具有的标准和基础的辩论提供了基础。从康德制定的道德法则的原则（"你的行动，要把你自己人格中的人性和其他人格中的人性，在任何时候都同样看作是目的，而不能仅仅看作是手段"）到任何关于公共治理的设计规定都是一个漫长的道路，却为规范评估任何治理体系提供了一个基础标准；类似地，在康德哲学体系中，现象的知识是以理性为基础的，因此他为社会和公共现象的任何关于知识主张提供了基础；最终，在康德哲学中，人既具有认识的能力，又具有道德行为的能力。从这个意义上讲，任何试图为道德提供基础的尝试（尤其是在以公共服务的伦理行为为目的的本书中），不能放弃本身与康德提出的"绝对"道德行为基础的冲突（例如 Lynch and Lynch，2006，pp. 71—72）：把你自己人格中的人性和其他人格中的人性，都要作为目的，而不仅仅只是作为手段，即所谓的"目的王国"。这意味着赋予公共行政人员管理公共权力最重要的标准，根据该标准衡量其行动过程。[1]

康德的道德基础备受各种方式的挑战；声势最大的可能是带有相对论倾向的挑战，声称任何绝对的和普遍主义的道德基础都是不可能的。然而，也有来自完全不同哲学角度的批评。事实上，对康德哲学中道德行为和利益与优势的考虑一定是完全不同的假设，特别是在公共治理的基础问题上假设的一个强有力的挑战，却是来自一个活跃在两千年前的哲学家：柏拉图·伯德（Bird，2006）。伯德对此给予了恰如其分的总结：如果与道德相结合并不能促进任何人的利益，或者实际上对他们不利，那么这就给政治体系的正当性带来了一个问题：即使它符合道德标准，如果一个政治制度对促进其成员的福祉没有任何作用，那么其基本原理、其存在的理由又是什么？我们将在第六章对这一点继续讨论。

康德哲学的先验主体也是秉持"相对论"观点（例如 Catlaw and Treisman，2014）的公共治理学者的主要目标。那我们现在就转向这一流派，该流派在公共行政领域构成了一个整体有限，但声音相当响亮的群体。

第三节　相对主义与后现代主义

19 世纪末和 20 世纪的许多哲学也可以被描述为对黑格尔体系的反应和批判，以及由此对康德哲学的先验主体的批判。这导致哲学话语的一个重要部分，即黑格尔体系的瓦解，以及对康德先验主体中伦理和知识基础的可能性的严密质疑。直接或间接促成该结果著作的主要作者包括卡尔·马克思、弗里德里希·尼采和西格蒙德·弗洛伊德（他们曾一度被贴上"怀疑大师"的标签）。他们质疑康德和黑格尔所倡导的强大主体（尽管所用的措辞截然不同）是否真的存在。反而认为，这种强大主体可能并不真正存在，而是决定社会阶级形式及其关系的底层经济结构的产物，而这种观点中的主体实际上只是复制了其所属阶级的信仰体系（马克思）；或者可能主体是构成和绕过意识的心理过程的缩影（弗洛伊德[2]创立的精神分析学，揭示了意识之外心理活动的存在：潜意识及其对心理过程的影响）；或者说，人类的非理性、酒神精神维度可能构成了人类生活的终极基础，为道德支配个体行为没有留下或留下了极少的空间。

尽管马克思或精神分析学作为一门已确立的学科的相关性对社会学和经济学分析的贡献毋庸置疑，但这些作者的著作所产生的哲学影响，反过来也受到了严厉的批评。潜意识活动的存在是否证明了主体的消解和先验形而上学的不可能性，无论是在康德还是在古典形而上学的意义上，都是非常值得怀疑的；与此类似，经济结构的影响不一定会对人类主体行为的整体性产生决定性的影响（这种批判也可以在葛兰西等马克思主义知识分子中找到），非理性主义的局限性（尼采对酒神精神的呼吁）也受到了审查。总之，是否可以轻易抛弃现代（莱布尼兹、康德和黑格尔的哲学）或古典形而上学很值得怀疑。然而，马克思、尼采、弗洛伊德等作家的遗赠之一，在于在当代哲学辩论中形成了后天智慧的重要组成部分，黑格尔和康德所提出的强大主体的消解被普遍认为是共同智慧。后来的哲学运动，如结构主义（第三章），进一步促成了广泛持有的关于理性主体消解的假设（就结构主义而言，是潜在的社会结构的消解），对这一观念的巨大贡献来自一系列法国（实际上，巴黎）哲学家；所谓的法兰克福学派在诸多方面也促成了这一进程（Horkheimer and Adorno，1979；另见 Habermas，1987、1996）。

这是后现代主义标签下的各种哲学思潮的滋生地。知识和道德的基础在于理性、思维的主体（如康德哲学）或在事物本身的秩序中（如古典形而上学）被这一哲学运动所摈弃。所剩下的就是"相对主义"，既是认知的（可以用这一句话总结："所有的信仰对信仰者都是真实的"），也是道德的（使正义和道德价值观相对化）。应该立即注意到一点，相对主义者的观点不断地在推出问题：如果知识的任何可能性都是不成立的，任何"本该怎样"的基础都是不可能的，那么剩下的就是主体间一致性的某种形式,一种约定的论述,意图成为断断续续知识所拼凑的集合(知识的绿洲,每一个都有其自身的内部理由和"范式"),其特征仍然不明确(知识通常被视为一个过程),并且其影响仍具有其固有的脆弱性(就正确和公正而言)。我们将在本章的其余部分详细研究这一运动,特别是它在公共行政领域的表达。

在我们深入研究这一流派作者的著作之前,有一个重要的条件是:该学派著作的主旨显然是多元的,而且对他们所从事的各种哲学流派都博大精深。如果把它们全部放在"相对主义/主观主义"[3]的标签下,虽然可以在这些著作中捕捉到一些重要的共同主线,却是一种牵强附会的解读,可能会贬低并在某种意义上讽刺他们对该领域广泛的,往往具有挑衅性和刺激性的,属于"跳出框框思考的"贡献。该学派的主要作者对公共行政的批判性鉴赏作出了贡献:他们通过提供对公共行政主体的批判性和独创性见解,开辟了新的调查途径。然而,在拒绝康德的理性主体或通过古典形而上学固有的理性对世界的可知性方面,他们具有共同的特点。我们先介绍他们的著作,然后再讨论这些特点。我们以一种必然选择性的方式,来回顾这一流派中最重要的贡献。

伯克斯(2005a、2005b 和 2007)以及福克斯(Fox)和米勒(Miller)的著作,特别是他们联合的著作(Miller and Fox,2007,这一著作是为了纪念 2004 年 5 月去世的福克斯),都作出了重大贡献。他们的书通过挑战多数主义民主模式的"正统"提供了一个非常尖锐的、伤人感情的、对代议制民主的批判(第 4—5 页)。根据这种正统观念,人们被认为知道自己想要什么和需要什么,并通过比较竞争候选人和政党提供的供选择的方案来选择一位代表担任竞选职务。反过来,一旦执政,法律就会被投票反映人民的选择,而警惕性强的民众会足够关注州长的选择,从而能够判断当选代表是成功还是失败。最后,下一次选举的结果将受到人民对现任者在职期间工作质量的判断的决定性影响。这就是他们所说的"代议民主的责任反馈循环",或者简而言之,是民主的循环模型,是这本书所驳斥的——技术地讲,是这本书所解构的——显示了其所谓的虚构的性质[4]。然后讨论了三种其他主要的选择:新自由主义的回应(以市场机制取代人们的意愿)、宪法回应(替代宪法和宪法原则对当前选举胜利者的影响)和社群主义回应或趋势(寻求用行政部门和公民之间的直接联系取代循环,该书第30页)。

米勒和福克斯(Miller and Fox, 2007)所写的书随后从批判(对代议制民主的现存理论或意识形态的批判)转向了解释(对该书建设性部分的解释),在这种情况下主要是借用传播学研究[尤其鲍德里亚(Baudrillard)的研究]通过媒介注入超现实的概念来解构现实的框架。然后,该书主要以伯杰(Berger)和卢克曼(Luckmann)经典的《现实的社会建构》(1966年)为模式,制定出了政府的社会建构,尽管其中一个关键的灵感出自安东尼·吉登斯(Anthony Giddens)的结构化理论,作者特别主张其目的是"避免归因于人类建构的不变性令机构看起来像花岗岩山脉(Giddens, 1984, p. 84;然而,可以认为,吉登斯著作的重点并不是社会建构主义,它实际上代表了一种选择框架,由此福克斯和米勒的书的主要社会建构主义模式最终与之融合)"。下面是吉登斯的关键段落(米勒和福克斯引用了全文,Miller and Fox, 2007, p. 84)

> 在结构化理论的制定中,我的主要抱负之一是结束这些帝国建设的努力。根据结构化理论,社会科学的基本研究领域既不是个体行动者的体验,也不是任何形式的社会整体性的存在,而是跨越时空的社会实践。

可以注意到,虽然吉登斯的方法远远超出了黑格尔无所不包(帝国建设)的主旨,但一个结构化理论并不一定会导致社会建构主义(机构是由社会行为创造的,但它们可能具有相对的稳定性和持久性——本质上的"目标"——如果没有这一点,它们就被认为如同是花岗岩:一个批判现实主义研究议程可能包含吉登斯结构化理论的启示——参见下一章节)。

在米勒和福克斯(Miller and Fox, 2007)理论中,机构被视为"习惯",作者对其工作方式的分析在很大程度上归功于米歇尔·福柯(Michel Foucault)的著作,特别是政府能力的概念(福柯自造词语),一种工具理性,以学科知识为基础的治理方法,根据福柯的说法,这种治理方法出现在16世纪的欧洲。我们对机构的理解仅剩下作者的特殊规律研究法叙述(与一般规律研究法相反——关于特殊规律研究法和一般规律研究法的概念，请参见第三章中的文德尔班思想说明）。表意符号是米勒和福克斯（Miller and Fox, 2007, p.120）提出的新的分析单位：

> 表意符号是一个象征的领域，在这个领域中，话语构成的民主多元主义成为可能。我们认为，这种充满希望的民主公共行政的推论方法，确实暗含了一种不可通约性和新部落主义的方法。但在不可通约性的范围内，是差异的火花；差异意味着表意符号的冲突，它可以停止动作或改变动作的方向。

米勒和福克斯指出，不可通约的，但潜在的有影响的和开放思维的叙述，是我们在试图塑造公共治理时所需要的。

就我们在第二章中讨论的共相本质的争论，作者还非常巧妙地进行了站队：正如作者所明确指出的，"建构主义的认识论/本体论从根本上就是唯名论。相互影响的人类群体给出的名字最终是随意主观的"（Miller and Fox, 2007）。激进的唯名论是社会建构主义、相对论认识论和本体论应采取的立场。这一点突出了中世纪关于共相本质的辩论的现状：事实上，我们在这场辩论中的立场可能与我们在一般社会科学和具体公共治理方面的立场密切相关。唯实论者在共相观念中的立场与激进的社会建构主义很难相容，后者倾向于与唯名论的共相观念相一致；而与其相反的情况也可能有效：唯名论在共相观念中的立场很难与唯实论在整个范围内的立场相协调（这一要点在本章后面将进一步讨论）。

为相对主义和社会建构主义传统中的探究思潮作出重要贡献的另一位重要作者是法莫（Farmer, 1995, 2005, 2010）。2005年他出版的书通过重新想象公共行政，最终转向"后传统的治理和官僚"给人们带来了一次多姿多彩、令人眼花缭乱的旅行。该旅行在哲学家、艺术家和诗人的著作引导下围绕三大主题展开：游戏式思考；寻求式正义；艺术般实践。2010年，法莫的著作对其所选出的公共行政五个关键要素或功能进行了强势回顾：规划（规划是什么意思？）；管理（管理是什么意思？）；公共行政的基础（价值观、信仰、意识形态、符号和语言）；公共行政领域的性质；想象创造力在公共行政中的作用［大家可以在这里找到与维克（Weick, 1989）关于理论本质和理论构建的相似之处，我们在第三章讨论波普尔（Popper）认识论的替代选择时回顾了这一点]。这五个要素的重新发现是从广泛的学科角度进行的：商业与管理、经济学、政治学、批判理论、后结构理论、精神分析学、神经科学、女权主义理论、伦理观点和"数据角度"。

最具影响力的著作可能是法莫在1995年早期所撰写的书。该书的出发点是假设公共行政理论和事实是社会建构的，公共行政观察者是形象的共同创造者。然后，该书通过分析语言和公共行政之间的关系，换言之，通过分析公共行政的语言，挑战了既定的思维方式。这本书最终提出一个后现代对公共行政的描述，用"游戏"取代"目的"，"机会"取代"设计""过程/表现/发生"取代"完成的工作"，"能指"取代"所指""讽刺"取代"形而上学"，"内在"取代"先验"[尽管人们可能会怀疑是否有必要调用后现代性来用内在取代先验，鉴于现代性已经意味着取代了这个世界的先验，正如迪特里希·潘霍华（Dietrich Bonhoeffer）等神学家所明确指出的那样]。挑战依然在继续，"想象力"应该取代"理性化"，并坚持解构主义，意在作为"一种接受文本中的符号没有参照物的阅读"。（Farmer，1995，p.185；米勒解构主义的目标是西蒙的宏大叙事，它把好的公共行政理论等同于客观性，把更好的理论等同于更客观性，第187页；并且假定效率是公共行政实践的一个可行目标）去地域性、意图除去用于研究问题或情况的代码或网格，以及他异性，即道德他者——对法莫而言，后现代的特点是对他者开放，价值观多样性，对元叙事持怀疑态度的基本立场，以及对既定秩序的强烈反对。法莫的书籍代表了在公共行政研究中构成秩序的一个引人入胜的挑战，尽管有时它似乎是针对一个被制造成稻草人的目标，而不是研究和实践中所代表的公共行政。从方法论的角度来看，法莫的读者可能也会怀疑，用新范畴彻底取代所谓的"旧"范畴的激进逻辑，是否最终将导致公共行政"更好"的知识、更好的理解和更好的实践。总之，后现代性在许多方面似乎是一种道德立场，一种激进的——以及激进的批判性的——对以往立场的判断：我们不禁疑惑，是什么使这种立场具有权威性，能够从公共行政的基座上推翻其他方法？

阿贝尔和赛门泰利（Abel and Sementelli，2004）的研究为相对主义学派中关于本体论基础的不确定性，提供了最系统的阐述和批判性的检查之一：正是由于这个原因，对他们的研究进行批判性的回顾，可以成为例证说明跨越各个时代的哲学家和哲学对当代公共治理和行政的基础进行更细致讨论的重要性。阿贝尔和赛门泰利（Abel and Sementelli, 2004）对公共行政理论的本体论地位提出了坚定的主张：他们认为，"善治的主体间经验"是公共行政理论的基础。让我们审视一下他们的论点。从行政理论和实践与善治有关的考虑开始，他们认为：

> ……大多数人都同意，所谓善治取决于对政府机构和行动者的"共识态度"，而这种态度是由公民通过持续的矛盾态度、价值观和信仰的对话而制定的。因此，善治是主体间就如何描述政府机构和行动者的经验达成一致的问题。这种主体间的经验，虽然易变且像不实证主义本体论预期的那样具有认知上的确定性，但仍然是本体论构成的，因此是"一阶"理论的主题……因此，以善治的主体间经验为主题，将本体论地位赋予公共行政中的实证理论（即本体论），为规范性批判提供了本体论基础。（Abel and Sementelli, 2004, p. 4）

通过利用这一假设，他们认为，公共行政中的明显不可弥合的理论—实践鸿沟〔在他们看来，无论是将理论应用于实践的启蒙运动希望（通过知识启蒙实践）还是将黑格尔的理论愿景（通过辩证综合）融合到实践中，都无法克服〕实际上可以填补。因此，不可调和的流派分裂和理论对实践的明显不适用性都可以得到纠正。他们旨在克服后现代性令人不满意的不确定性。他们认为他们所说的"进化批判理论"〔借鉴了托尔斯坦·凡勃伦（Thorstein Veblen）的研究〕可能会在传统社会科学、制度主义和解释学的方法和公共行政中产生协同作用："我们的论点（是）公共行政通过使用重建的批判性理论作为协同剂协同运用传统社会科学、制度主义和解释学的方法论。"这种方法允许将公共行政的主题确定为善治的主体间经验，而且由于公共行政的作用是培养善治的主体间经验，因此该学科对整个社会和公众负责，而不是对某些特定的政治利益如国会或总统负责，对此，作者主张为公共行政作为一门领域提供实践和理论上的正当性。

从一种更广泛的哲学方法来讲，阿贝尔和赛门泰利独具匠心的论点可能是适当的，用以表明系统地运用哲学思想可能对公共行政有益，至少可以提供更广泛的视角来审查讨论中的论点。第一，主体间性是哲学家中相对主义思想较少的一位的核心概念，即黑格尔，他的哲学体系是建立在存在必要性范畴之上的（第三章）。第二，此处结合了达尔文的论点，"理论—实践差距缩小，因为社会要么适应和改变（采用更合适的制度和流程），要么停滞不前并死亡"（Abel and Sementelli，2004，p. 161）；这是介于达尔文主义的"适者生存"[5]与黑格尔的必然性之间的论点（存在即必然——见第三章）：换言之，作者提出的论点，就公共行政而言，也许可以克服启蒙运动希望把理论应用到实践中所遇到的挫折（对于公共行政而言，启蒙运动的理论显得如此遥远），但它可能比作者认为的黑格尔理论与实践融合的观点更接近。

　　我们来进一步看本体论假设："我们不能体验这个世界，只能拥有对这个世界的经验"（这在很多地方都有所提及）；这是一个容易产生歧义的句子，例如，当结果是"我们的认知不能是关于事物本身的……而且由于世界本身无法面对，因此任何有关它的主体间经验必须在本体论上给予（先验的或世俗的），或由我们的历史和文本实践偶然完成"。作者接着论证道，先验地给予主体间性的这一观点最终是信仰的问题；而社会化的论点并没有最终的根据，因此，"我们回到了这样一个结论，即主体间性似乎是不可还原和不可推论的'每个人生活世界的数据'"。有趣的是，在长达四页的篇幅中，作者摒弃了多个世纪以来讨论的本体论的可能性，在大多数情况下，甚至没有对此提到，并在短暂的旅程后，最终依赖于胡塞尔的理想主义现象学（加上对海德格尔《存在与时间》的间接引用）作为主体间性的哲学基础：通过胡塞尔来解释先验的"我"如何与其他"众多我"的经验相联系，"他者"的经验如何进入个体的意识并构成主体意识的一部分。这发生在将康德的思维的先验范畴斥为信仰的飞跃之后。鉴于作者在学术方面的严谨性以及论证流程的透明性，在批评中具有完全的学术诚实和卓越能力，因而变得更加有趣。然而，问题仍然存在：康德关于思想中知识可能性的基础在什么意义上是"信仰的飞跃"？事实上，康德的论点（更广泛的讨论见第三章）是，为了获得经验（例如，变化的经验），必须有某种永恒的东西；这不是经验的对象，而是使经验成为可能的统一的经验主体——从这个意义上，这与信仰的行为正好相反。[6]再者，既然笛卡尔哲学基础的出发点是在自我中寻求本体论陈述的现代哲学的基础，为什么笛卡尔哲学基础通过方法论的怀疑（我思故我在）居然没有被提及呢？为什么理性主义的观点（思想可能至少部分是与生俱来的）被排除在外？例如，莱布尼兹（Leibniz）提出的预定和谐（pre-established harmony），正是在缺乏主体间互动基础的情况下，解释单位（莱布尼兹术语中的单子）"经验"之间的一致性的一种尝试：为什么不考虑莱布尼兹对主体间性的解释呢？[7]在这里，我们只局限于持有"现代主义者"相同观念的哲学家和哲学关于主体或自我的假设，作为哲学研究的唯一可能的出发点（亚里士多德在将主体间性建立在人类对事物本质的可知性上没有任何问题）。

在后现代学者和古希腊的智者们之间找出一些相似的东西也很有趣。智者们认为哲学是对普遍持有的智慧的一种持续的批判，并产生了一种哲学思想的母源体，在当时，这是具有革命性的思想，诸如，主体在认识中的中心地位的思想，甚至设定了事物的是与非[普罗泰戈拉（Protagoras）的著名论断："人（人类）是万物的尺度"]，或者对人类知识提出根本性的挑战[比如高尔吉亚（Gorgias）关于存在的不可知性和不可沟通的著名论断[8]]。如今，"智者"一词（通常小写：sophist）常带有贬义的意味（因为sophist有"诡辩者"之意，译者注），但在以恰当的历史视角考虑智者论（以及与之相关的哲学巨人，如普罗泰戈拉和高尔吉亚）时，这是不恰当的。这一哲学运动[9]给当时广泛存在的共同智慧，带来了一种强大的人文主义，同时也带来了当时一种批判性的、非正统的、富有想象力的和创造性的怀疑主义。智者们对他们那个时代的社会所做的尖锐批判与当代"后现代"社会建构主义者的许多立场似乎有着惊人的相似之处（不言而喻，也有非常重要的不同之处），而这种类比性不应被视为具有任何贬义意味。如果人们按照这一传统解读公共行政著作——就像尤恩（Jun，2006），法莫（2005），阿贝尔和赛门泰利（2004），博克斯（2005a、2007），米勒和福克斯（2007）——很容易发现惊人的相似之处：赞扬富有想象力和创造性思维揭示了公共行政职能的隐藏面；强调相对主义；将多种观点的辩证衔接作为学术工作（在缺乏适当知识的情况下，对"主体间一致性"的呼吁）重要组成部分的迫切需要。这些"呼吁"可能自我标榜为后现代,但与两千多年前古希腊所提出的论点非常相似。

然而,它们之间也存在着关键的差异。公共行政中的解释性的、社会建构主义方法表明的伦理立场和主旨是为善治及其伦理基础建立足够的共识(如 Abel and Sementelli, 2004)。对于智者派,这点意义不大,或者无关紧要。但是,我们不应该忘记大的背景差异:智者们没有被视为,他们本身也没有意识到,自己是对他们政治团体生存和繁荣的致命威胁。在古希腊,城邦之间和城邦内部的裂痕并没有破坏每个城邦(通常只有不到两万名公民,其余的人是没有多少权利的奴隶)内部以及整个希腊城邦的根本政治团结,他们认为自己属于一个共同的文明,即希腊文明,即使他们散布在整个地中海,有时远离当今希腊的地理边界(智者们过去常常从一个城市游荡到另一个城市,而不是长久属于一个社区)。在面对波斯的威胁和希腊人民为争取自由而进行的斗争时,这种认同感也得到了显著的加强,马拉松的胜利就是这种斗争的缩影。相比之下,如今复杂的政治体系是由数百万公民以及通常没有公民身份的移民组成的,他们的特点是多元文化或亚文化,并往往充斥着关于终极价值观的分歧。现在的政治制度,简而言之,比古希腊城邦甚至整个希腊都要复杂得多,因此,对于当时的哲学家,对道德观念、习俗和广为接受的思维方式的批判,并不意味着破坏祖国的最终凝聚力的行动。[10]建设一个伦理社会——一个公认的伦理基础和善治运营概念的社会——对于古希腊,在与波斯人的战争中的获胜者不是一个问题,而对于当代陷于政治困境的社会,对伦理基础的关注以及对善治概念的认同则确实是一个问题。除去这些差异,某些相似之处则令人震惊:诚然,智者们在治理和知识方面的视野都很薄弱——这是一种解释主义的最低小分母——而这与公共治理和行政方面的大多数相对主义、后现代主义思想相去不远。事实上,他们的立场与亚里士多德的观点相去甚远:而在社会建构主义者和批判现实主义者之间现在也可能发现类似的鸿沟,我们接下来就要讨论亚里士多德。

我们对"后现代公共行政"思想派进行了相当长的探究,这在公共行政[11]领域中是显而易见的,而其他哲学方法的声音可能不那么大,或停留在表面之下,隐含在这些学派学者的科学工作中,但很少在他们的出版物中处于前沿和中心位置。最重要的可能要属批判性现实主义，我们下面就讨论这一点。

第四节 批判现实主义及其基础：重提先验论和亚里士多德的四因说

批判现实主义是一种本体论的认识论方法，其根源可以在哲学家波普尔的著作中找到（见第三章）。批判现实主义当代的领军人物是帕森（Pawson），而在公共行政和管理领域，一些主要支持者包括波利特和塔尔博特（Talbot）（Pawson，2006；Pawson and Tilley，1997；Pollitt and Dan，2011；Talbot，2005，2010）。批判现实主义的基础是这样一种假设：现实并不完全存在于主体之中，而是"存在"于主体之外，并且在某种程度上是可知的，尽管存在一些主要的局限性［最初是色诺芬尼 Xenophanes 的反思思路，后来得到了亚里士多德和托马斯·阿奎那（Thomas Aquinas）等哲学家的系统研究，见第二章］。事物的可知性，即"客体"的可知性，与现实相反，仅存在于主体中以及主体构建它的方式，这是批判现实主义的一个关键原则［"real"（真实）和"realism"（现实主义）的词根是拉丁文 res，"事物"的意思］。与此同时，这种方法对主体在认知中所扮演的角色很敏感，而且（同样）它代表了对实证主义和新实证主义的反应，后者更倾向于将主体的角色限制于突出的"事实"之上。然而，现实并不是主体的排他性创造，而是客观本体论在这一视角的中心，例如，在本书中，帕森提到了公共计划的性质以及如何分析这些公共计划："计划本体论"的重要组成部分是其"生成机制"及其"连续的环境"（Pawson，2002）。

据我们所知，在上一章节中，当讨论后现代主义、相对主义在公共行政的立场，以及关于共相本质（在第二章中进行了介绍和讨论）的争论中的唯名论立场之间的联系时，帕森并没有明确提及他在哲学"关于共相争论"中的立场。但假设批判现实主义在构想共相本质时更符合唯实论立场似乎更为恰当。此外，为了继续参照之前章节关于相对主义和建构主义的理论，用吉登斯提出的结构化理论作为批判现实主义立场的基础就并不显得不恰当了。

最后，尽管这可能被认为是一个备受争议的主张，但也可能有人认为，批判现实主义观点最终意味着存在的范畴是"有意义的"，要么基于理性的主体，要么基于客体，也就是说，基于事物本身。这些范畴是古典形而上学和康德从另一角度所说的"先验论"（古典形而上学中的"存在范畴"）；它们是（这里回顾的是《纯粹理性批判》中概述的存在范畴[12]的康德哲学框架——见第二章）：统一性、多元性、整体性（指更高层次的数量范畴）；现实性、否定性、局限性（指更高层次的质量范畴）；物质与事故、因果、互惠（指更高层次"关系"的范畴）；可能性/不可能性、存在/非存在、必要性/偶然性（指更高层次的形态范畴）。事实上，如果关于事物的命题具有真理价值，几乎不可避免的是，它们必须依赖于存在范畴：关于什么可以被断言为存在，关于存在的可能含义或重要性。反过来，这些范畴也可以被建立（它们最终可以被建立），或者是在理性主体（康德哲学的知识基础），或者是在客体中，在事物自身中（古典形而上学知识的基础）。综上所述，在社会科学中，古典形而上学思维与批判现实主义之间似乎存在某种形式的一致性，或者更确切地说，是连续性。

在此基础上，我们进一步论证了关系的范畴这一角度，特别是亚里士多德最初制定的因果关系范畴，即区分四因说（见第二章），再次成为中心。我们的论点与最近社会科学界呼吁重新发现斯塔吉拉这位哲学家最初提出的解释框架相一致。

表4—1　亚里士多德四因说在公共行政和社会科学中的当代意义

亚里士多德确定了四因说：质料因、形式因、动力因和目的因（见第二章）。质料因是构成事物的物质要素。形式因是事物的形式或本质，是赋予事物的形式，使之所以称为其的原因。动力因是变化发生的原因，是变化的力量。目的因是目标或目的：是为什么，及什么原因导致了事物的样子。现在的社会科学倾向于主要参照亚里士多德术语中的动力因来处理因果关系，并将其他因归入这一范畴。例如，观察一个社会行为者的动机或"之所以怎么样"的行为符合某种模式，其主要目的在于某种行为的驱动因素，而这种驱动因素又产生一种可观察的行为过程，这种行为过程结合其他"因素"使事情发生：最终的目标或目的往往不在"可观察"的范围之内，或不在社会科学的调查范围之内，因此要么被忽视，要么被倾向于归为"动力"因的一部分。[13]相反，亚里士多德对因果关系有更广泛的看法：对他而言，因（archè 一词在希腊语中，意思是事物的主要"条件"或者"基础"）不仅涉及事物产生的过

续表

程，还涉及其最终含义和基本原理（最终意义，目的论：为什么事物会成为现在的样子）以及它固有的本质或形式，事物的内在是什么。最后，动力因只是解释事物因果的一部分。古琦（Kurki，2008，pp. 210—234）在研究国际关系领域时，将这组强大阵势的因运用到了批判现实主义的描述中，声称亚里士多德的类型学具有很高的价值，特别是在她对社会现象的现实主义解释所做的探究中。波利特（2012，pp. 42—43）在公共管理领域的研究中也重新审视了四因说。我们认为值得花一点时间来思考一下，四因说到底在公共行政领域意味着什么。从动力因入手分析应该是比较明智：波利特曾列举了一个公共服务的例子，医生为了拯救交通事故受害者而进行手术说是挽救病人生命的"原因"是恰当的，但这只是整个故事的一部分。物质存在，如事先所拥有适当的设备、支助人员、专门建造的手术室也是拯救生命的一个原因；因此，物质材料和社会结构也构成原因解释（质料因和形式因）的一部分。行动者的意图和最终目标也构成解释的重要一部分：临床医生的尽职尽责；路人的公民意识，他们没有匆匆离开，而是拨打了急救电话使救护车尽快到达；还有，数十年前，决策者决定建立和发展国家卫生服务。事实上，亚里士多德可能会超越社会行动者的意图，并在此基础上增加了对生命的关怀——生命的延续和发展——也是作为目的因为生命所固有的。社会行动者的这些意图，无论是在现在，还是在一个久远的过去，仍然会产生它的影响，还有对所有生命的延续和改进的努力，在人类中也可能采取利他主义的行为形式以及对不知名姓的同胞的关怀，这些都构成解释交通事故发生后拯救危及生命事件的重要组成部分。再比如埃普等人的研究（Epp et al.，2014），他们所调查的美国实施警察站的动机和动态也遵从亚里士多德的四因说。调查的交通警察站分为两种类型：一个是交通安全站，另一个是调查站。作者发现，尽管在前一类人群中，社会族群之间没有显著差异，但在后一类人群中，黑人被警察拦下进行调查的概率是白人的三倍（这项研究设在美国）。虽然这种站点调查的制度化做法可能有助于预防犯罪，但它对黑人群体产生了浓重的歧视感，对社会不平等产生了重大影响。从统计数据上看，在公平对待黑人和白人的观念上存在显著差异，从而对政治团体的归属感产生了影响，最终对公民的生活方式和观念也产生了深远的影响。就四因说而言，警察截停效果是动力因；造成这种情况的机制（制度化的社会技术实践——因此，包括物质资源以及警察依法有权实施制止）是资质因；预期和意外的目标或所追求的"原因"（预防犯罪，但也产生歧视情绪）属于目的因的范围；现象的本质，即政府作为现代国家中使用武力的垄断者行使至高无上的权力，是形式因。

烦请读者再稍微耐心一点继续跟随这段旅程，深入了解亚里士多德的思想，特别是对公共行政和一般社会科学的当代意义。让我们来看看亚里士多德因果关系系统的另一个侧面，以及它与传统的因果关系系统的对比方式，也许可以对当代因果关系的方法有所启发。让我们考虑一下倾向于统计方法和最终概率因果关系的现代新实证主义方法——事实上，可以区分确定性因果关系和概率因果关系。在确定性因果关系中，原因的存在，不管是单独地或与其他原因一起，都通过自身导致了结果[14]。在概率因果关系中，"必要条件和充分条件之间

续表

的区别在很大程度上趋向于消失"（King et al. 1994，p. 87）；这种方法主张确定一个因果变量，并断言该变量增加了给定结果的概率；这一主张不能转化为一种关于结果的必要和充分条件的主张（在金和他的同事报告的例子中，这一主张是关于在危机期间超级大国之间的沟通不畅，从而增加了战争的可能性）。这些不仅适用于定量现象，也适用于定性现象[15]。

"概率因果"这一概念如何与亚里士多德的"四因"体系相符合？深入探究亚里士多德关于认识论和逻辑的这一维度的问题，是专业哲学家的职责所在。我们应该补充一点，我们的问题是要发人深省，是通过社会科学中的当代方法引发人们的反思，而不是进行不符合时代的比较（几百年哲学思想的后见之明以及"现代"科学和当代社会科学探究所带来的巨大变化令这一练习只能是这样：发人深省的反思）。然而，这种思维练习可能会揭示出与当代辩论出人意料的相似之处。这位希腊哲学家是否会满足于寻找某种相关性，作为对"原因"的充分解释，令人怀疑。事实上，亚里士多德的方法与下面两种方法截然不同，一是智者们对人类知识的可能性的怀疑，二是从因果关系的概念中寻找某种脱离潜在因果机制"解释"的"相关性"。[16] 以综合的方式寻找事物的本质（形式因），以及事物的目的论（目的因），而不仅仅是为了对变化的动因（动力因）的理性理解，与前面提到的两种方法中的任何一种都是不同的研究议程。亚里士多德并不满足于"薄弱"的思想和零零碎碎的知识。在这方面，如果说当代现实主义者和批判现实主义者的根本动力［Pawson and Tilley，1997；Kurki，2008——以及公共行政领域的克里斯托弗·波利特（Christopher Pollitt）或吉尔特·布卡（Geert Bouckaert）］与亚里士多德的根本动力相似，当代批判现实主义者与（尤其是）激进社会建构主义者之间的争论，与亚里士多德和他之前的柏拉图与智者们之间的争论有着密切的相似之处似乎并不过分。

（Kurki，2008；Pollitt，2012）。表4—1对这些考量进行了深入的讨论。

第五节　实证主义、新实证主义与后实证主义

我们在第三章中介绍了实证主义。实证主义将"科学知识"置于首要地位，不借鉴任何形而上学的知识。以自然科学为模式的科学知识被认为是唯一可获取的知识形式，自然科学的方法也被普遍认为是社会科学的模式。从这个角度来看，（据称是）不言而喻的、无可争辩的"事实"取得了唯一坚实的知识基础的地位。这种对科学知识的完全依赖，

与对这些知识的进步所能带来的好处的非常乐观的看法联系在一起：对科学知识的积累可能对人类产生的影响及其克服困扰人类问题能力持有积极的看法。

目前我们主要指的是新实证主义，它是20世纪对19世纪开始的实证主义的一次声势浩大的复兴，最初的实证主义只解决了一些比较幼稚的主张。这次复兴的一个关键推动者是"维也纳学派"，领军人物有莫里茨·石里克（Moritz Schlick）（1882—1936年）和鲁道夫·卡尔纳普（Rudolf Carnap）（1891—1970年）等。卡尔纳普对语言的结构进行了分析，影响力非常大，他的研究与"语言的逻辑句法"有关，这是对控制一种特定语言的规则及其后果的系统陈述，根据这一标准：

(a) 理论、规则、定义或之类等，在没有涉及符号（例如，语词）的含义或表达的意义（例如句子），但仅限于构成表达方式符号的种类和顺序时应该被称为形式。（Carnap，1937）

物理的语言在这方面就是表达一种模式。他的研究旨在"净化"为科学目的而使用的语言用法，使其不受不精确和滥用的影响，而这种不精确和滥用在日常语言中——以及在哲学上——妨碍了"可验证命题"的正确表述，即表达潜在事实状态的命题，其现实性或不现实性可以通过经验加以验证。

正如我们所看到的（第三章），形式语言的斗争迎来了传统主义者的挑战，而验证程序——如何验证一个命题——从过去到现在仍然是一个主要的方法论问题，因为甚至是大量的"验证"也不能确认一个命题，而只有一个证伪就可以否定它（见第三章波普尔对验证原则的批评及用证伪原则替代的提议）。卡尔纳普后半生心智生涯的一个重要部分就是研究归纳逻辑的基础。

我们之所以对这位哲学家再三提及，一是因为与本书的目的相关，他对赫伯特·西蒙（Herbert Simon）产生了巨大的影响，后者是公共行政领域的领军人物，而且本人还是鲁道夫·卡尔纳普的追随者，他在其职业形成的年代，受到了维也纳学派新实证主义倡导者的严重影响，其中许多人离开欧洲前往美国躲避纳粹的迫害。在维也纳变种学派中，新实证主义对赫伯特·西蒙的影响是显而易见的。第二次世界大战后，西蒙进入了公共行政领域，他的影响被比作原子弹爆炸（Riccucci，2010），而且爆炸的放射性废料到现在仍然存在于公共行政中，尽管他后来的研究工作主要在其他学科，主要在组织科学、认知心理学、经济学（1979年，他获得了诺贝尔经济学奖）和设计科学哲学（所谓的"人工科学"）中进行。

反复要求对语言和方法的净化和严格，使命题的"测试"能够严格控制辅助假设（早期的例子，见 Perry and Kraemer，1986），以及重视"可验证"命题的研究论文的期刊影响力和作用的上升（如《公共管理研究与理论》期刊）也可以被看作"爆炸"的长波，它导致了新实证主义在公共行政领域的经久不衰的影响，尤其是在美国，最近，在重要的方面，通过从美国"进口"的方式，在像韩国这样拥有大型公共行政社区的国家也施加了持久影响。可以肯定地说，自西蒙以来，新实证主义在公共行政领域一直拥有持久的影响（例如，Rainey，2001）。著名的代表性例子——仅举几个例子——包括乔治·博因（George Boyne）、肯尼斯·迈耶（Kenneth Meier）、劳伦斯·奥图尔（Laurence O'Toole）和斯图尔特·布雷特施奈德（Stuart Bretschneider）的许多著作。

也有人谈到所谓的后实证主义，在公共行政中具有显著意义（Riccucci，2010，pp.84—89）。就像所有的"后某某"哲学一样，它保留了一些东西，但也拒绝了起源于该哲学的其他东西。保留的是以某种方式隐藏在主题之外的事实的"客观性"，被抛弃的是对"事实"近乎痴迷的效忠，以及社会科学最终可以自然科学为模式的假象。后实证主义也源于对科学的进步及其对人类的绝对积极影响的过分乐观的主张，或者更为有限和特别是，就本书而言，任何关于科学知识对改善公共治理和行政影响的过分乐观的主张。批判现实主义被视为后实证主义最显著的表现形式（Riccucci，2010，p.84），不过，正如我们所说，除了代表对实证主义的"战胜"外，它也可以被解释为根源于其他的和更古老的哲学方法，这就是为什么我们不喜欢把批判现实主义归为后实证主义的标签，而是作为一种自成一派的思潮和方法（我们在前一章节讨论了批判现实主义）。

我们在本章第一部分研究的三种哲学流派（社会建构主义/相对主

义、批判现实主义、新实证主义）往往成为公共行政（和社会科学）辩论中的焦点，尽管它们大多仅以认识论的术语讨论，而不是以本体论的基础讨论——我们希望通过这本书为这一事业做出贡献。

在 20 世纪享有很高知名度的其他哲学思潮，现在大多都从公共行政学者的视野中消失了。我们不知道重新审视其中的一些是否有价值。这是我们现在所承担的任务，但只有一个前提：在 20 世纪长达几十年哲学和社会科学的辩论中，已经对这些运动进行了剖析，我们现在拥有非常有利的条件，能够对这些哲学运动展开的所有辩论进行评估，并可利用指导每股思潮的所有批评。总而言之，这些批评至少在一定程度上可能是这些哲学运动部分或大部分被放弃的原因，重新审视它们以避免重蹈覆辙应该是明智之举。

心怀这种重大责任，我们现在重新审视我们在前一章中遇到的一些哲学思潮对公共行政领域的潜在意义。我们先从结构主义开始。

第六节　结构主义与公共行政

结构主义是一种把社会结构的分析放在核心地位的哲学方法，特别是那些更深层次、普遍性和不可变的结构，这些结构（据这种方法而言）跨越时间和空间描绘了社会的特征。正如我们在介绍这一运动时所讨论的（见第三章），它更多的是一个分析的重点和焦点，而不是一个严格意义上的哲学体系，至少，如果从"结构解释一切"这一极具争议的哲学论断中分离了出来，即人与社会，"我"与自我意识可以完全融入更深层次的结构影响中。社会结构必须与机构区分开来。与机构不同，结构不是人为的（人类产品）——它们以某种方式预先存在，或者至少不适于经过深思熟虑的设计；相反，它们构成了精心设计的社会干预措施的基础（至少在结构允许而不是限制人类活动的范围内。正如我们所看到的，从结构主义的角度来看，个体作用往往被贬低。）

结构主义在社会科学中被广泛应用，如通信研究领域，但（据我们所知）在公共行政领域却非常有限。如果我们问"结构主义的发现和对社会结构的分析在多大程度上被纳入公共行政研究中"？直接的答案似乎是"非常有限"。这可能是出于以下几个原因：可能是因为在结构主义框架内运作的社会科学工作者对公共行政不感兴趣,和/或因为公共行政学者没有受过结构主义分析方面的培训;或者可能是公共行政学者慎重地拒绝了那种似乎由结构主义所衍生的社会决定论,这种社会决定论为人类的活动和思考几乎没有留下什么空间。此外,结构因素可能被公共行政学者认为是一组解释性因素,可能类似于环境因素,可以与功能和文化因素放在一起讨论(在公共组织分析坚持一种非常常见的"解释性因素"的框架方式参见 Christensen et al., 2007;Christensen and Laegreid, 2017)。因此,可能是公共行政学者认识到结构主义的局限性,所以几乎完全(据我们所知)将其从公共行政领域中排除。

然而,有人可能认为,在某种程度上,如果将这些局限考虑进去(这显然意味着,对因素的选择类别进行考量,给予个体作用适当的空间,机构不被分解成结构,而是被视为人类的产物,从最初的创造者中得以幸存,并对社会有持久的影响),在这一思潮所研究的社会结构的分析可能对公共行政领域是个有益的补充。它们还可以提高我们对政治行政机构与社会结构的理解。它们可以增强我们对个体能动性的理解,特别是在能动性被视为"被赋权做某些特别的事情"的情况下,而不是作为人类的一种所有物(Clarke, 2013, p. 32),因此,结构分析可能是一种揭示背景和背景影响的方法(Pollitt, 2013)。总之,结构(主义)分析在公共行政领域的引入和宣传似乎还有一定的空间,虽然整体可能有局限但意义重大。

第七节　新马克思主义与葛兰西

在第三章中,我们(非常)简要地概述了马克思思想的一些要素,包括除了异化和阶级冲突的概念外,辩证唯物主义的观点。辩证唯物主义认为,历史在矛盾中前进,也就是说,在斗争中前进,冲突的两极(正题和反题),主要在经济结构的层面上运作,并被解决成更优的合题。我们曾经讨论过马克思主义和马克思思想在预测力方面的局限性,其预测在当时并没有实现。我们还特别详细论述了从经济到元经济的决定论、线性因果关系的局限性,注意到意大利思想家安东尼奥·葛兰西(Antonio Gramsci)对马克思主义的有趣解读,他阐述了马基雅维利关于政党作为现代"君主"角色思想的原始综合,通过对经济和元经济相互影响的双向解释,注意到政党的权力掌握是如何通过塑造相关权利的主导价值观来实现的:征服公民社会,只有这样,才能征服政府和国家机构。我们在第三章也探讨了意大利共产党尝试利用被称为"有机知识分子"的工作来控制公共教育机构,作为灌输和传达社会价值的手段。

我们现在可能会问:葛兰西的思想对当今的公共治理讨论有什么意义?翻译和重新解读的重要工作是必要的,尤其是要纳入全球化进程的影响,而这完全超出了葛兰西的设想。然而,其渊源,或者至少相似之处,可以用后来在当代辩论中广泛流行的方法来描绘。我们这里提到了其中的一些。首先,研究新自由主义议程与新公共管理传播之间的联系。一个论点是,全球资本主义需要独立的监管机构来建立市场信任:这些都是新公共管理改革公共部门配方中的一个关键要素(Roberts,2010)。更广泛地说,研究已经指出了新公共管理与新自由主义意识形态之间的联系,有些人认为前者是后者的产物。虽然罗伯茨(2010年)等研究的理论来源并非马克思主义,但通过对经济过程的分析,特别是对资源控制斗争的视角,在剖析社会力量和解读复杂现象方面,还是颇具马克思主义敏锐的洞察力。更具体地说,在解读全球化(在我们当今全球化的世界)提出的学说时,其中不乏葛兰西原始的阐释和敏锐度,其中至少有一部分是由经济利益努力取得支配地位所造成,将其作为塑造共同智慧和思维方式的工具(在这种情况下是公共部门应组织的方式)以推进其自身的议程和优先事项。关于公共部门组织方式的公众讨论并不是一个自由思想家讨论共同利益问题的最佳可能解决方案的完美领域,而是一个战场,在这个战场中组织利益(对葛兰西而言,就是现代马基雅维利君主政党)与自由思想家并肩作战,通过在当地或往往在全球范围内的共同价值观中取得主导地位而寻求推进自己的议程,从而塑造公共部门的组织形式,以最大限度地扩大其影响力。葛兰西提醒我们,寻求意识形态支配(我们这些独立的学者认为这是一种危险)可能是当代公共管理理论辩论的一部分(事实上,如果葛兰西今天仍健在的话,他很可能是这种意识形态统治企图的实施者)。顺便说一下,我们注意到当代流行的公共治理方法,如"政府能力"(最初由法国哲学家福柯提出;最近对一些将其应用于公共管理的批判性讨论,见 FerlieMcGivern,2014;

Ferlie and Ongaro, 2015, 第三章) 或"元治理"(例如 Baker, 2015) 都有着这样的基本指导思想, 即"使人们以这样一种方式思考: 他们将按照当权者的意愿行事"确实是一个非常强大的工具 (这一想法可以追溯到人类诞生以来建立"成功"政治制度的最初尝试, 但对这一点, 葛兰西等作者提供了更为独创的阐述和解读)。看来, 评估马克思体系的遗赠, 尤其是葛兰西提出的详细阐述, 是公共行政领域一项富有成果但有待完成的任务, 但这属于本书之外由其他作者完成的任务。

从结构和如政党这样的集体实体, 我们现在转向形而上学最基本意义上的个体。

第八节　存在主义公共行政人员

尽管这场运动的起源可以追溯到德国哲学家海德格尔和雅斯贝尔斯 (Jaspers), 但存在主义因让·保罗·萨特 (Jean-Paul Sartre) 的著作而得到了广泛的传播。"20 世纪 60 年代和 70 年代, 存在主义哲学在大学校园和知识界风靡一时"(Waugh, 2006, p. 511), 在美国、法国和其他地方都是如此, 至少在"西方世界"是如此。"关心"这一关键概念, 成为特别是公共行人员肩上的责任, 他们需要承担并超越其严格界定的任务和职责, 以解决当时紧迫的问题 (Richter, 1970)。这种方法的哲学根源和理由可以在作为存在的构成维度, 以及作为"投射"的存在观和对未来推测的"关心"概念中找到, 这是存在主义哲学的独特特征——真正的生命就是关爱的生命 (见第三章)。基于这些哲学概念, 公共行政人员的行动自由被诱发并唤起, 公共行政人员受到鼓励, 开始呼吁解决迫切的社会需求, 这需要某种形式的政治激进主义。其理由是, "官僚, 随着他们越来越了解因果关系以及如何运用这种知识, 有社会义务为公众利益行使自由意志。"(Waugh, 2006, p. 514, 在原文中强调)。当时的背景是有充足的证据——至少在美国的辩论中是如此——当时的管理者往往不能自由地运用自己的判断, 即使对明显察觉到的政策失误采取补救措施的情况十分明显的时候也是如此。事实上, 检举者经常为自己的行为付出高昂的代价, 而对于高层官员明显不愿纠正方案缺陷 (甚至在已知并有现成的解决方案情况下) 的沮丧, 也是促使人们呼吁公共行政人员发挥不同作用的原因。

这些情况似乎表明，对现实的真实本质敏感的真实组织是可能存在的（Waugh，2006，p.515），并且可以通过参与存在主义所设想的真实生活的公共管理者的承诺来实现。这是一个以存在主义哲学为基础的"行动呼吁"，是在超越"技术"之外价值中立行政工具驱动下认识现实的可能性，是一种以现象学为基础的知识（见第三章和下一章节）。这一呼吁在讨论公共行政发展现状（Marini，1971）的第一次明诺布鲁克会议上留下了印记，也在"新公共行政"的概念以及后来弗雷德里克森（Frederickson，1980）对这一概念的阐述及系统化上留下了印记。这些影响也可以在德怀特·瓦尔多（Dwight Waldo）的后期作品中找到，他在明诺布鲁克会议的组织工作，以及特别是罗伯特·登哈特（Robert Denhardt）和玛丽亚·阿里斯蒂盖塔（Maria Aristigueta）的著作中发挥了关键作用。

尤恩（Jun，2006）提出了一个有趣而新颖的公共治理视角，将重点从行政管理人员（如早期存在主义对公共行政的应用）转移到公民身上。他旨在以诠释学和现象学的视角，结合民族方法学、后现代思维和批判理论，对存在主义的复杂合题进行阐述。尤恩可能是公共行政领域相对主义学派最有效的先锋之一，他对东亚（主要是韩国和日本，他成长的地方）和西方（主要是美国，他职业生涯发展的地方）行政文化的影响进行了深刻的分析。该著作具有价值驱动和规范的基调——正如作者在一开始的宣称可谓恰如其分，"我的方法可以被描述为自我意识的价值负载和规范性，而不是名义上的价值自由和描述性"，这无疑是反对新实证主义方法的一个宣言，这是解释主义和建构主义学派的一个关键特征。其方法的宗旨是公民积极参与促进公共价值观，他的书旨在概述民主背景下公共行政的社会建构过程——民主公共行政管理的社会建构，其中员工参与、公民参与、赋权和协商是核心，不仅是结果，而且是解释公共行政的辩证过程，以及行政过程中强调公共的行政理论。尤恩的视角对"存在主义公民"的兴趣不亚于对"存在主义行政人员"的兴趣。他提倡一种包括一般公众和政府公共行政方面的社会设计方法。社会设计是一个进化的、发展的、综合的过程，应该有助于共享现实（或主体间性）的构建，从而导致了一个发明、进化和自治的过程（Jun，2006，p.83，第4章），为了在不牺牲每个人独特个性或自治的前提下，改善民主治理，并通过将组织和个人、行政部门和公民联系起来改变组织（第258页）——但是预期的"社会设计"所提倡的新颖性与公共治理的参与性方法之间有什么区别并不总是十分清楚。尽管与存在主义相比，尤恩的著作可能更符合后现代思想，但他的原作强调的是公民在公共治理方面的贡献，这一贡献，连同其他贡献一起，突出了存在主义在公共行政领域的持久影响。因此，重新审视存在主义可能会对公共行政人员和公民在公共治理中的责任赋予新的视角，并可能代表一种有价值的视角，可以从这个角度来审视公共伦理问题以及公民与公共行政人员之间的关系。

然而，存在主义观点必须处理公共问责基础的关键问题：公职人员的积极责任，就成为政治激进主义而言，在多大程度上是与对公众负责相一致的（Bovens et al., 2014）？在20世纪70年代初的辩论中，就出现了这个问题，当时有人质疑，公共行政人员的这种积极行动主义是否能够满足传统的行政问责的民主考验，反驳方的论点是，不利用专门知识和经验来解决社会经济问题既不专业，也会带来不良的公民权。（Waugh, 2006, p. 523）。但这一问题仍然存在，在美国以外的宪法框架中可能更为严重。例如，作为公共行政理论的基础，而且在整个欧洲大陆广泛传播的韦伯（和新韦伯主义）的官僚概念（Rosser, 2017），提出了一个公共问责制，这最终可能与积极参与的公务人员的存在主义观点不符：让积极行动的公职人员负责的标准是什么？官僚的公正性（许多国家的宪法都规定了这一原则）如何与终身制官员侵入政治活动的行为相一致？这些都是存在主义观点中有待解决的棘手问题，保罗·杜盖伊（Paul Du Gay）提出的关于公共服务中个人激情危险的警告仍然存在于所有现实中（du Gay, 2000）。

无论对公共行政中公共问责和责任的两难困境做出何种评价，存在主义都有力地提醒人们，公共组织是由自由的个体组成的。官僚以及所有对公共服务和共同善负有责任的人、选举的官员和终身官员、政策企业家或简单参与的公民，都是实实在在卷入和参与的人，他们在对他们有着巨大要求的环境中工作，同样也因为公共服务的性质，通常涉及关于生与死的意义的问题（死亡意识作为明确的存在是存在主义的一个关键原则，见第三章）——可以想想医疗保健专业人员，或国土安全或国防部门的专业人员,他们的工作本质上与他人的生死有关。这也提醒我们,人类的存在从来不是"在其他物体之间的一个物体在",而是对未来的一种投射,一个可以被描述为(用海德格尔的术语)"存在于世界"和"与他人一起存在"的投射,因此关爱他人是每一个人的决定性特征。这种考虑带来了一种观点,即在公共场合下的人类行为不能简化为只对效用最大化的逻辑做出反应,或是对中立的非个人规则遵循(或习惯遵循)做出反应。存在主义哲学思想对于学者和实践者来说都是一个强有力的提醒,即在全球化的人类,公共行政实践的存在主义维度不可逆地超越了任何建模或简化;存在主义提醒我们公共行政实践作为社会练习:是一种具有道德意义的活动,在亚里士多德最初使用这个术语时,显然是指一种特殊的人类活动,即公民致力于政治的生活。程式化的模型可能有助于突出支持行政行为的现象之间的特定关系,但不可能将人类能动性——以及公共服务中的人类能动性——简化为那些程式化的行为。

第九节 公共行政中的现象学和现实主义现象学

"认识本质"的问题在上一章节中出现过:事实上,正是某种形式的深入知识和对事物的理解推动了对"存在主义公共行政人员"来"承担责任"。以编程方式预言"回归本质"的哲学运动是现象学(见第三章中的专门章节)。这种哲学观点认为,现象不是知识的极限(如康德),反而是事物本身可以被意识所了解的一扇大门:在每一次经历中,意识不仅得到事实,而且得到本质;知识是通过本质的直觉产生的。哲学反思提供了获得这种知识形式的方法:正是这种被称为"存而不论"判断的悬置,使事物本身得以显现。从这个角度来看,现象学为存在主义公共行政人员的行为提供了强有力的基础,为他们做出的判断提供了基础。当然这也是有条件的:只有对先验判断悬置方法的严格应用,才能使现象学所倡导的本质知识成为可能;知识反过来也可以支持决策和行动的评估判断。

在现象学运动中,关于这种世界知识的基础有一个实质性的划分。回顾唯心主义现象学和现实主义现象学之间的差别(第三章),关键的问题是作为现象残余的主体性（不能被悬置的东西）构成了由主体建立意义上的世界（唯心主义现象学），还是主体揭示了世界并赋予其意义，但不管怎么说，世界预先存在于主体（现实主义现象学）。关于现象学的解释，在公共行政中更为广泛并普遍地被认可的是唯心主义现象学；事实上，它可能被错误地理解为现象学中唯一的方法，接着就对其激进的主观主义要么支持，要么指责。出于同样的原因，它一直是新实证主义者的众矢之的，他们指控它增加了"泥沼"，这个"泥沼"据称是阻碍了"科学和事实"知识，他们也指控其激进的主观主义以及因此在提供评价命题的标准（判断标准）方面的内在困难。

我们认为——曾在其他地方有过表述（Ferlie and Ongaro, 2015, 第九章）——现实主义现象学和理想主义现象学之间的区别将有助于辩论，而现实主义现象学作为与理想主义变体的区别，可以被用来为研究社会制度的基本问题做出非常宝贵的贡献，允许两者都对这些问题进行更好的"了解"和更好的"理解"（理解是为了组织和理解已知的东西，也可用于实际用途）。例如，当我们研究公共组织中策略形成的过程时，我们会从收集事实证据、对其进行标记和衡量事实证据中获益——但这只是整体情况的一部分：我们还需要处理策略决策是什么的理解，以及对所有积极参与策略形成的人来说意味着什么，以便随着时间的推移做出一致的决策，从而能够塑造组织的未来，并影响与组织有利害关系的所有人的职业生涯。现实主义现象学可以为这方面提供更加坚实的基础评价判断，它虽然被主观解释赋予了意义（价值负载、要求采取行动的规范性判断），但源于事物知识的形式，本质的知识，是超越主体间性的，以客体为基础，因此在这种意义上是"客观的"。现实主义现象学，因此对参与的、有关爱之心的存在主义公共行政人员（或公开参与的公民）来说可能是一个更为坚实的基础，而这些人随后被要求"战略地管理"公共服务组织，以改善其所关心的公共服务（至少这是我们的观点，已在2015年弗利耶和昂加罗著作的第九章中有所表述）。

综上所述，到目前为止，公共行政领域的大多数著作几乎都倾向于将现象学与公共行政研究的社会建构主义方法相联系（Waugh and Waugh, 2006；Morçöl, 2005），因为他们——含蓄地或明确地——主要依赖于唯心主义现象学,因此排除了将其现实主义变体中的现象学与社会科学中的批判现实主义及其在公共行政领域的应用联系起来的其他解释。我们则认为现实主义现象学可能有助于提高人们对公共行政的认识和理解。

此外,将现象学与社会建构主义方法联系起来的解释可能会使现象学超越其范围,因为他们声称它可能为公共行政的社会建构主义方法提供基础。如第三章所述,可能有人反对现象学既不是"社会的"(胡塞尔把绝对主体放在中心,而不是主体间性)也不是"建构的",因为从现象学的角度来看,世界可能是通过主体(在理想主义的视角下)"构成的",但事物可以从本质上被认识,而不是被建构——诚然,这一点远不是无懈可击的,而且在许多方面是一个模糊的区别。我们认为,对现象学在公共行政中的应用有一个更广泛的,甚至是完全不同的视角——这个视角包含其现实主义的部分——可能会为公共行政领域(以及社会科学和应用行业的其他领域)提供一个卓有成效的贡献。

第十节　历史主义(历史决定论)与公共行政

到目前为止,在这一章中,我们还没有太多关注时间、历史和历史视角。在第三章中,我们研究了一些学者的思想,如詹巴蒂斯塔·维柯(Gianbattista Vico)、威廉·狄尔泰(Wilhelm Dilthey)和威廉·文德尔班(Wilhelm Windelband),我们讨论了他们为当代社会科学家提供的概念工具的意义。这些概念工具包括文德尔班区分特殊规律研究法和一般规律研究法的描述,以及后者对社会科学、公共治理和行政的持久意义。其中还包括狄尔泰的"精神科学"概念与自然科学的不同,他们研究的特点是人类生命的表达。因此,我们指出,研究者,他/她自己是一个生命体,在某种意义上与认识过程的对象是相同的,也就是历史上是由其他人所生活的生命,通过他们的集体行动影响历史事件(行动中的精神),结论是精神科学在某种意义上可能导致比所启用的自然科学更深刻的知识。该论证思路已经被维柯的真理即事实(其字面意义是"真理是创造的")原则所预见,意思是指我们可以获得比自然世界更全面地的人类世界知识，因为对于后者，我们不仅可以通过实证调查，而且可以通过想象、推测、纯粹的推理方式来追查原因，因为自然的共性存在于创造世界的人和观察人类世界的人之间，也就是人类。

在当代公共行政的学术中，有很多方式使得"历史"在解释行政现象中发挥作用。一个庞大的学者群体在历史新制度主义的理论视角下进行了广泛的研究（Peters，1999，2005），其中包括贝塞斯（Bezes，2009）、凯科特（Kickert，2011a、2011b）、昂加罗（Ongaro，2009，2011，2013）、帕拉多（Parrado，2008）、索蒂罗波罗斯和斯帕诺（Spanou and Sotiropoulos，2011）、迪马西奥等人（Di Mascio et al.，2013，即将出版）。在另一个层面上，拉施尔德斯（Raadschelders，2000）和鲁格（Rugge，2006）等其他学者还深入探讨了历史编纂学对公共行政的意义，并对行政历史的各种概况进行了有趣的叙述。波利特和布卡（Bouckaert）已经专门出版了两本书来研究"时间性"。（Pollitt，2008；Pollitt and Bouckaert，2009）。从部分不同的认识论前提来看，亚斯科尔（Asquer）、巴兹雷（Barzelay）、加列戈（Gallego）、米勒（Mele）等主张"过程式制度主义"作为公共管理研究的方法论方法（Asquer and Mele，2017；Barzelay and Gallego，2006，2010；另见 Ongaro，2006），核心为激进历史主义（即历史事件的知识只能在其历史背景中获得，很接近哲学历史主义），严格意义上就是说，存在只在历史中，随着时间的推移而显现，而在事物发生的时间之外，一切皆不可知。

这些都是"历史"和"时间"被带入公共行政领域的多维度的重要例子。然而，即使是最关注历史维度的公共行政学者，似乎也有些沉默，以进一步探讨维柯、狄尔泰和文德尔班哲学思想的含义，并明确提出了关于研究"人类创造世界"独特性质的论点与研究自然世界的反差，以及研究者，她/他自己，通过对人类行为在历史上展开的调查（见第三章所述维柯的启迪性引文，"公民世界当然是由人类创造的，正因为如此，才有可能，而且我们必须在我们自己人类思维的变化中发现其原则"；见 The First New Science）。最关注历史维度的公共行政学者与哲学历史决定论之间的对话，可能会为公共行政的进步带来成果（也可能为这一领域的专业哲学家提供新颖、有趣和可能具有挑战性的材料）。

当然，在任何关于历史和历史决定论的辩论中，都有一个主要的哲学主题——有关时间概念哲学基础的关键话题。现在我们就讨论这个话题。

第十一节　时间与公共行政研究与实践

先前的著作，以及近期由克里斯托弗·波利特和吉尔特·布卡（Geert Bouckaert）撰写的著作（Pollitt，2008；Pollitt and Bouckaert，2009；Bouckaert，2007），已经讨论了公共管理和政策中如何处理时间视角的主题。波利特（2008）提出了一个研究"时间性"的框架，特别解决了适当时间范围的关键问题，以便正确理解行政现象。布卡（2007）深入探讨了时间的多种文化概念，以及它们如何影响公共行政和管理。本书所论述的主题的具体观点是，重新审视哲学思想中所争论的"时间"概念中的某些基本问题对公共行政研究的影响。

法国哲学家亨利·柏格森（Henry Bergson）介绍了物理学的"空间化"时间与时间延绵之间的区别，非常著名。根据他论证的思路，后者是生命的时间。柏格森认为（见第三章），过去被完整地包含，并被保存到现在：时间是每一个生命体的组织，就如宇宙是一个整体一样，尽管不是其无生命部分（Bergson，2005）。柏格森认为，生命（在这方面同海德格尔一样，尽管角度不同）是对未来的持续投射，通过将自己投入现在，并逐渐积累我们过去生活的每一瞬间，就像一个雪球，在滚动中不断地成长，并将所滚到的雪全部保存在自身之中。柏格森指出，这就是人们生活的时间。如果我们接受这个时间本体论，那么这就是各级公共行政人员的真实的生活时间，可能大多数的伦理学方法论者，以及更广泛地使用适合以更全面的方式接触管理现象的技术的学生都会认可。这种社会现象的"空间化时间"（从外部研究时）与作为社会现象时间绵延的"生存时间"（从外部研究时）之间的差别，被广泛地应用于社会科学的许多领域（例如在传播学研究中，见 Kember and Zylinska，2012），但到目前为止，其潜力尚未纳入公共行政和治理的变化和连续性的考量（至少据作者所知）；至少，在该领域的绝大多数著作中，这种对所采用的时间概念的关注并没有作为方法论观点得以明确，或被纳入主流。然而，生命的时间是从业者在行动（管理）方面的经验这种说法有些同义反复，因此可能会被质疑——质疑其基础，其隐含在时间概念下的本体论基础——目前公共行政学术团体所提供的知识与从事公共行政工作人士对可运用知识的需求之间的契合程度。经常引起误解的部分原因也可能在于所运用的时间概念的基础。

对于过去具有解释力的所有分析框架而言，一个具有核心意义的哲学视角是伟大的德国哲学家黑格尔所用的著名辩证方法（见第三章）。在这个观点中，正题与其反面（反题）并没有相互抵消，而是动态地（即随着时间的推移）合成在相反决定的高级统一中，在这种统一中，它们两个都继续存活下去，尽管超越了最初的现实。在公共政策和管理学的纵向研究中，有时会出现一个辩证的运作过程。关于"公共管理改革轨迹"的辩论（由诸如波利特和布卡，Pollitt and Bouckaert，2000年，2011年等具有开创性的著作所滋养）就是一个很好的例子，尤其是备受争议的新韦伯主义国家的模式（Pollitt and Bouckaert，2004，2011；Drechsler and Kattel，2008；另见 Ongaro，2009，第七章），我们认为，其中包含了以辩证法分析历史进程为前提的正题、反题、合题逻辑：正题是韦伯主义模式，反题是管理模式，新韦伯主义模式是合题（尽管"进程"这里是与内在决定论分离的，由必然性逻辑驱动的，可以在黑格尔以及历史决定论哲学流派的重要部分中找到依据）。

采用辩证的哲学立场也意味着拒绝任何在两个极点之间摇摆的历史模式：即在两个极点之间的持续交替，反复出现但在根本上保持不变的（另一种具有很长历史的哲学立场）。在黑格尔的辩证观中，在一个极点及其矛盾（正题与反题）发生后，历史已今非昔比。黑格尔认为，时间构成了事物——它不仅仅是事物出现（存在）和消失（回到非存在）的背景；因此，在发生之后，两个极点不再重复，它们不会重新呈现出相同的状态。这种哲学立场构成了对"摇摆方法"的挑战，这种方法是公共行政中共同智慧重要组成部分，因为它是由"经典"著作发展而来，例如西蒙的"行政箴言"（1946）或胡德和杰克逊的行政论证（Hood and Jackson，1997）。这些经典著作并没有宣称行政历史实际上在两个极点之间的摇摆；相反，这些研究是在行政论证的层面上进行的，注意到对策经常是相互之间相反，或具有潜在矛盾（Simon，1946），或者是公共部门组织的"新"理论实际上所体现的是旧立场，而这些立场又以新的面目出现。基于这些以及其他方面的考虑，一些研究采取了长期的观点，并通过时间序列或其他技术，追求的目标是检测行政理论和实践中的模式，尤其是检测两极交替模式是否具有解释力。但是对这种模式探索的本体论假设是，当钟摆摆动时，一种状态的事物"溶解"，当钟摆摆回时，又重新出现。虽然这一逻辑文章可能没有被注意到，却是一个与黑格尔辩证观点背道而驰的本体论假设：对于黑格尔（以及大部分历史决定论，以及其他哲学）来说，在最基本的意义上，时间的流逝是禁止返回到相同的状态的，因为过去被纳入了现在，并且是它的组成部分。[17]

黑格尔的历史辩证发展观也为历史（新）制度主义的理论视角提出了一个很大的问题。历史制度主义是一种解释过去的选择对当代制度和政策持久影响的理论（Peters，2005）。历史制度主义的基本问题在于因果关系的解释（关于最近的评述，见 Ongaro，2017）：为什么过去对政府结构和过程的选择会产生现在的影响？路径依赖的因果基础是什么？历史制度主义的一个理论依据是基于"适当性逻辑"的观点，即制度被认为形成了决策者认为适当的东西，从而限制了决策者认为可行或适当的东西的界限。解释路径依赖性的另一个理论依据在于理性选择，并认为制度塑造了决策所依据的机会结构。但这两种因果逻辑都假定过去是有影响的，因为它产生了某种东西，这种东西存留了下来并在产生因果效应的那一刻仍然"存在"：制度保留下来，继续存在，而正是它们的存在成为了因果因素。如果没有"存在"的原因，就不会产生任何影响。这是一个广泛存在的科学（包括社会科学）假设的论述，然而事情可能更复杂。[18]假设只有存在的东西才有影响（可能是某事物的原因），是基于独特的哲学基础的特定认识论。但其他哲学家持不同看法：黑格尔和柏格森，两人虽然角度各异，但都指出过去以一种更为结构性的方式发挥影响：过去的全部构成了我们的样子（所有一切的样子），解释并使我们有可能单独地、集体地把自己投射到未来。这既适用于个体生活（柏格森），也适用于广泛的集体历史进程（黑格尔）：接下来的问题是，它是否也适用于制度。

小说家威廉·福克纳（William Faulkner）在《修女的安魂曲》中对那些声称"过去已死"的人进行了反击，通过密西西比州一个虚构的名为杰斐逊城市的公民之口，发出了下面的评论："过去从未消逝。它甚至还不曾过去。"（引自 Sansone，2009，p. xv）时间可能比人们通常认为的意义更为重要，而且对于那些最注重将时间和时间维度纳入社会科学解释的人来说也是如此（阿 Abbott，1992a，1992b；Pettigrew，1990，1997；van de Ven，1992，van de Ven and Poole，1990），尤其是在公共行政领域（Asquer，2012；Barzelay and Campbell，2003；Barzelay and Gallego，2010；Bouckaert，2007；Ferlie and Ongaro，2015；Mele，2010；Mele and Ongaro，2014；Ongaro，2006；Pettigrew et al.，1992；Pollitt，2008；Pollitt and Bouckaert，2009）。

如果过去的整体性被保存，保留下来并塑造了现在，那么这种考虑对所有认识论的方法（尤其是本书中那些研究行政现象和公共管理的方法）提出了根本挑战——这些方法从表面上看无伤大雅的且不证自明的断言"t = 0"（或者"给定 t = 0"）出发——因为在这些哲学观点中，t 从不等于零。

另一个挑战来自海德格尔（Heidegger）所描述的将时间概念视为"迷狂"（"迷狂"在词源学意义上是指"停留—置身——于自我之外"，见第三章）。海德格尔认为，未来是将我们自身投射到未来的样子；过去是把我们自身延伸到一个事实的情境中去接受它，而现在则是置身于自身之外，与其他事物同在。如此一来，问题就变成了当我们研究过去的案例时，我们最终会做什么？对于海德格尔来说，我们不仅仅是发现因果关系，而是最终"接受"它们——这是完全不同的立场。当我们为未来"吸取教训"时，我们最终会做什么？根据海德格尔的观点，吸取教训只是从我们自己身上投射出来的更广泛的构成和存在维度的一部分。当我们将知识应用于当前情况时，我们最终会做什么？海德格尔称，知识的应用只是我们"关心"事物这一事实的一部分，我们置身于自身之外，与其他事物同在。海德格尔提出的一个大问题是，科学的时间（自然科学和社会科学）是不真实的，而我们与他人共同生活和经历的生活是在真实的时间发生的，而真实时间的组织是个体存在于自身之外的投射：因此，在积累的科学与技术知识（在我们这种情况下，是由行政科学积累的知识）与实践之间——在我们这种情况下——即行政和管理之间就形成了无法逾越的鸿沟。

然而，公共行政中的某些方法可能比其他方法对这个问题更敏感。例如，巴兹雷和坎贝尔在《为未来做准备》一书中对时间的处理，属于对美国空军战略愿景的描述（Barzelay and Campbell, 2003），基于一种过程主义的方法，这在很大程度上归功于像玛丽·帕克·福列特（Mary Parker Follett）这样的哲学家（她本人是组织研究与哲学研究的主要贡献者；见 Feldheim, 2006；Stout and Love, 2015；Ongaro, 2016），代表了公共管理领域一种有趣的独特方法。与此类似的还有亚斯科尔（Asquer, 2012）、巴兹雷和加列戈（Barzelay and Gallego, 2010）、米勒（Mele, 2010）、米勒和昂加罗（Mele and Ongaro, 2014）、昂加罗（Ongaro, 2006）、佩蒂格鲁等人的作品（Pettigrew et al., 1992）——活跃于公共管理领域的作者，他们借鉴了下列在更广泛社会科学领域学者的著作，如阿伯特（Abbott, 1992a, 1992b）、佩蒂格鲁（Pettigrew, 1990, 1997）、皮尔森（Pierson, 2004）、范德文（van de Ven, 1992）和范德文和普尔（van de Ven and Poole, 1990）。

第十二节　可能性与现实性

在第二章中，我们简要地阐述了几个世纪以来托马斯·阿奎那（Thomas Aquinas）思想的持久影响。他的思想和经院哲学的传统是哲学辩论中一个持续的和非常有影响力的存在。在 19 世纪和 20 世纪，新经院哲学与下列哲学家有关，如德西雷·梅西耶（Desiré Mercier）（1851—1926 年）、雅克·马里坦（Jacques Maritain）（1882—1973 年）、艾迪安内·吉尔森（Étienne Gilson）（1884—1978 年）和弗朗西斯科·奥尔贾蒂（Francesco Olgiati）（1886—1962 年）。在这个传统中广泛阐述的两个概念被挑选了出来。第一种是形而上学的偶然性和存在活动（actus essendi）；第二个是类比。我们已经讨论过与后者相关的并作为概念工具对波普尔科学哲学的批判。这里我们来讨论（简要地揭示一下）偶然性形而上学的影响。

在阿奎那哲学中，万物在最形而上学的意义上是偶然的：世界上的一切实体，历史上的一切事件，既可能存在，也可能不存在。它们有可能存在，但它们的存在是偶然的（只有在上帝中，本质才包含存在）。这是一个重要的形而上学先验论，定义了一种基于可能性范畴的本体论。我们遇到的其他本体论论调则相反：万物的存在都是必然的（如黑格尔从斯宾诺莎的哲学中衍生出的这个概念——见第二章；尼采的理论也认为存在是必然）。

在可能性范畴领域内，可能性与现实性的区别至关重要。简而言之：事物存在的可能性不同于事物的实际存在。为了说明这一哲学范畴的实际意义，有人认为，对这一哲学主题的适当考虑可能会揭示公共管理中的关键主题，如"这个能行吗？"的辩论：新公共管理改革能否在"X"环境下运行？如果"Y"理论转入"Z"背景下会怎么样？一个成功的"A"实践（产生了"B"效果）怎样才能在"C"情况下复制其在"D"情况下的效果？至关重要的是，同样的（"B"）效果是否可以通过其他方式获得（由实践"E"而不是"A"引起）？"A"，由于偶然事件，是否可能在"C"种情况下不产生"B"效果？诸如此类的许多问题被视为非常"实际的"问题，但它们的哲学前提提出了相当不确定的问题。这些问题的关键在于哲学中的可能性与现实性的区别，以及本体论基础是基于"可能性"的先验范畴还是"必然性"的范畴。

类似的考虑也适用于反事实论证，这些论证试图解决关键问题：如若不然，又会发生什么？如果（事物发生了变化）怎么办？社会科学已经开发了精良的技术来解决这些问题，如综合控制方法，其目的是通过使用比较单位的组合来解释在缺乏某种政策干预的情况下"将要发生的事情"，从而为比较研究选择比较单位提供一种系统的方法（Abadie et al.，2015）。需要注意的关键点是，这种方法的意义在于，假定了一种可能性的本体论，而不是必然性本体论。这是一个具有重大意义的问题，但我们在这里只能一笔带过。

第十三节　存在是出于必然性还是出于可能性？

存在必然性的概念（所有的存在都是必然的）是由巴鲁克·斯宾诺莎（见第二章）提出的，至少在现代哲学思想中是如此，之后它主导了黑格尔及许多哲学后人的哲学体系（见第三章）。对黑格尔体系的否定论断与认为可能性是存在的首要范畴的主张如影随形［哲学家索伦·克尔凯郭尔（Soren Kierkegaard）曾这样极力地主张］：万物可能存在，也可能并不存在，反之亦然。[19]

我们认为，在整个社会科学研究中，尤其是在以公共行政研究为目的的本书中，对这个基本本体论问题的最基本的立场——无论是必要性还是可能性是存在的最主要的范畴——是研究者区分基本立场的重要分水岭。例如，当波利特和布卡在其关于行政改革轨迹及其前因和后果的研究中主张"偶然事件"发挥作用的时候（Pollitt and Bouckaert, 2004, 2011），他们似乎比其他作者更明确地认识到，他们的基本立场是可能性存在的终极范畴。

如果我们假设波普尔的观点是推动科学研究的本体论假设，那么问题是：在公共行政的科学研究中，在研究行政现象时，驱动研究者的是什么样的本体论观点？研究者是否要假设观察到的结果最终是内在的必然的（最终，它不可能是相异的[20]）？或者，需要假设被观察者最终只是众多可能性中的一种；也就是说，最终，事情本来可以有所不同？机会、自由意志、他者的先验性（当前视野之外的东西）都在后一种本体论的观点中举足轻重，而在前一种观点中它们往往被排除。

第十四节　关于共相争论的当代意义

在第二章中，我们已经注意到了共相概念本质的持久意义，这场争论涉及共相概念是否是真实并且是作为（理想）物体的存在，还是共相是真实的并由理性产生的抽象过程的产物，但只有个体在本来意义上是真实的，或者根本不是真实的。

那么，为公共组织运行而精心设计的社会体系是什么？如策略规划体系、管理会计和控制体系、人力资源管理体系、全面质量管理体系等？它们是不是在世界上任何地方（以及任何时间）都是同样的，或者只是混合了偶然性元素，而模糊了理想客体的纯粹本质？这一立场可能在相当多的学术调查中显得不清晰：公共管理和行政体系倾向于被视为（思想的）"客体"，几乎等同于偶然事件，尽管根据情况，表现出不同或显示不同的特性。

或者策略规划体系、管理会计和控制体系、人力资源管理体系、全面质量管理体系等等，只是空虚的声音（*flatus vocis*）：任何谈论或书写这样体系的人，都会发出同样的声音或书写同样图形的字体（如果他/她正用同样的英语，也就是当今通用语谈论或书写文章，语言载体），但是在每个个体旁观者心目中不同的事物都是用相同的声音或文字所表达。这一点已被一些学者明确指出，尤其是后现代主义学派（Farmer，2005；Abel and Sementelli，2004；Miller and Fox，2007）。

那么这是故事的全部？还是说策略规划体系，管理会计和控制体系，人力资源管理体系，全面的质量管理体系等意味（表示）更多的东西？一个温和的现实主义者/批判性现实主义者会争辩说，所存在的是个体策略规划体系、人力资源管理体系、全面质量管理体系等，但是理性可以区别、划分，在某种意义上，抽象出所有这些属于同种或同类（用现代逻辑术语，同类或同集合）个体的事物的资格特征和共同特征。

正如前面所讨论的（特别是后现代主义和相对主义部分），中世纪关于共相本质辩论的现状，是由这样的观察所证明的：我们在辩论中的立场可能与我们在一般社会科学和具体的公共治理方面的立场密切相关。重要的是，可以说，从多个方面来看，公共行政学者对公共行政领域本质的观点取决于其对共相本质的哲学立场。在许多方面这是至今仍然争论不休的话题。

对共相最深层本质的思考将我们带入认识论的主题，我们现在就讨论这一主题。

第十五节　公共行政探究的方法、认识论和逻辑

认识论已经成为许多公共行政领域著作所关注的主题，而且在更广泛的社会科学领域中也有无数的作品涌现——因此在这里，我们只能相应地做简短的阐述，引导读者参考有关公共行政领域主题的综合著作（Riccucci，2010；van Thiel，2013）。本书的具体贡献在于从一些广泛的哲学主题的角度重新审视公共行政中的探究逻辑。

在整本书中，我们已经通过讨论关键的哲学传统，间接地处理了公共行政中认识论问题，每个哲学传统都对知识哲学有着重要的影响：从新实证主义到后现代主义，从批判现实主义到现象学，从历史主义（历史决定论）到实用主义，等等。我们还谈到了波普尔的社会科学哲学和库恩的科学范式竞争的概念以及"规范科学"的相关区别，实质上是在主导范式中积累起来的，以及范式革命（见第三章）。竞争范式的概念可能代表了在社会科学中更多进行的认识论讨论的术语。然而，人们强烈主张，当涉及公共行政时，该领域的特点是范式的多样性，实际上是范式的巴别塔，而不是某个范式模式的主导和知识积累（Bauer，2017；Raadschelders，2005）。

还有一种传统智慧认为，这一领域主要有三种方法：新实证主义、社会建构主义、批判现实主义。同其他作者一样，我们认为这是区分这一领域的非常局限的观点，而不是这一领域具有多种方法的特点，正如本章通过回顾更广泛的哲学流派对公共行政的一些影响所间接说明的那样。对这一领域的主要回顾确实发现了更广泛的探究传统和知识哲学：里库奇（2010年）确定了六种大致对公共行政研究具有重要意义的社会科学的科学哲学和研究方法，作者将其置于经验主义、实证主义、后实证主义、理性主义、解释主义和后现代主义/批评理论的标签之下（Riccucci，2010，特别是第四章）。在广泛回顾公共行政领域时，作者确定并讨论了每种思潮的重要公共行政作品（Riccucci，2010，第五章和第六章）。在本书的结尾，讨论了认识传统的异质性是公共行政领域的一个关键特征，是一个有待挖掘而不是要去除的取之不尽用之不尽的丰富资源。[21]里库奇书中的一段文字相当精辟，现抄录如下：

> 本书的目的是让理性的公共行政主义者参与一个关于在认识传统中异质性重要性的对话，并在总体上加深该领域对其认识论范围的理解和接受。这一领域更符合这样一种认识，即知识源自对心智和感觉两个方面的印象。（Riccucci，2010，pp.2—3）

首先，我们赞同这一呼吁，承认在活跃于公共行政领域探究传统中的异质性，而且对它们各自所能作出的贡献的评估，比起参与它们中哪一个有所谓的优越性的战争，是更为恰当的立场。

其次，我们想摘选引文最后的总结语，文中这样描述"知识源自……心智和感觉两个方面"。从广义的哲学观点的全局来看，的确可以认为，知识哲学方法的多样性，在一个相当崇高、非常抽象和高深的层次上，可能集中形成了两种主要的知识传统：理性主义和经验主义。正如我们所见（第二章和第三章），在一个非常基本的意义上，理性主义是这样一种哲学立场，假设思想，至少部分是与生俱来的，因此至少在某种程度上，理性可以"自行"地继续了解世界［尤其是我们在第二章对柏拉图、普罗提诺（Plotinus）、斯宾诺莎、莱布尼兹和沃尔夫（Wolff）哲学的简洁评述］。在这个方案中，理性主义的反对阵营是经验主义，至少在这个术语被用来假设所有思想都源自感觉的方法。事实上，似乎公共行政研究中的一个分歧最终可能取决于，人们对理性主义的立场及其所带来的后果：先验知识的意义，心理"体验"，演绎推理。这些是否与源自感觉的知识一起被接受为真正的知识来源——还是不被接受（在后一种情况下，只有经验驱动的知识才被赋予"真正"的知识地位）——可能构成了该领域学术方法之间的分界线。有可能，正确认识公共行政中认识论传统的异质性含意，可能会被界定为包含接受理性主义流派学者所贡献的知识是正确的，并与经验驱动的知识相同，而一种保持分歧的方法可能在于一方面抛弃理性主义思潮，另一方面，或者在于夸大其影响力以掩盖经验主义思潮的力量。

到目前为止，我们应用于公共行政的哲学思想主要集中在本体论和认识论（形而上学和知识哲学）问题上。现在我们要进入第三个步骤，从哲学思想的角度重新审视公共行政主题：政治哲学。

注释

［1］需要注意的是，康德的道德基础不是乌托邦，与加罗法洛（Garofalo）和戈乌尔拉斯（Geuras）2015年所声称的相反。我们将在第六章中讨论乌托邦的规范和监管职能，从托马斯·莫尔，"乌托邦"一词的首创者的著作开始。

［2］基于像莱布尼茨等哲学家的直觉，他们首先注意到，与那些受到关注的我们的警觉意识相比，存在着更广泛的知觉，而这些知觉影响

着我们的精神活动。

　　[3] 这里需要澄清一下"相对主义"和"主观主义"的概念。在本章节中所指为后现代主义（而在后面的章节中指的是应用于公共行政现象学中的一个方面）。这一点拉施尔德斯（2005，pp. 622—623）讲得很清楚，我们在此借用一下他的定义："本文中使用的相对主义包括认知（即所有信仰对信仰者都是真实的）和道德相关主义（将正义和道德价值观相对化）。"而我用主观主义和相对主义的概念作为关联时，它们是不同的概念。相对主义者认为没有"正确的"答案并非主观主义，因为它不涉及特定的时间和背景。主观主义认为软性毒品应该合法化也并非相对主义，因为这种观点在同一时间和背景（比如国家）下，有人支持，也有人反对。后现代主义既具有主观主义特征，又具有相对主义特征。

　　[4] 对民主循环的批判是政治科学中广泛讨论的话题（近期的包括 Achen and Bartels，2016），但是不像福克斯和米勒所从事的那样，这些关注很少把重点放在对公共行政的理论和实践提供启示上。

　　[5] 在第五版的《物种起源论》中，达尔文只提出了"适者生存"的概念，对于是什么决定了某些基因突变的繁荣和繁殖问题则普遍性地持开放态度。

　　[6] 黑格尔通过假设思想的创造性活动发生在宇宙尺度上而不是在个人意识的层面上，从而进一步割断了这种联系，因此，我们对知识的可能性实际上是理性创造了世界的结果，而理性（大写的）创造世界的真正原因是，理性本身是包罗万象的精神生活中的一个插曲。

　　[7] 同样，这似乎至少夸大了这样一种说法（Abel and Sementelli，2004，p. 171），"伊顿【例如，1923 年——我们的注解】是第一个作出理性的努力去考察由批判现实主义者、新现实主义者或理想主义者所创造的目的论界限之外的知识的人之一……特别是如果我们认为知识可能是一种表象的知识，而不是现实本身的知识（！）。此外，他认为真理是建立在一致性基础上的（！）"（我们使用的感叹号）：我们对调用伊顿（并不属于最著名的哲学家）来果断解决千百年来的争论而感到震惊："知识可能是表象的知识，而不是现实的知识"的论点并非是什么新鲜的主张。这一主张与希腊化时期的怀疑哲学有什么区别？康德的范畴学难道不是对休谟激进经验主义的一种反应吗？不正是为了把知识局限于现

象（康德哲学中的绝对性只能通过坚持道德原则和崇高的审美体验来获得）吗？黑格尔的现实之所以存在于意识中，正是因为他（声称）克服了康德的"本体"概念，即事物本身是未知的。关于"真理是建立在一致性基础上的"的主张，早在两千多年前，智者们就以类似的方式进行了讨论——事实上，他们还得出了一些自利的影响，并对教育富家子弟如何有效地辩论，以说服大众同意对自己有利的主张要求了补偿——可以作为拒绝任何真理标准的危险的良好提示。总之，为公共行政（以及其他）的建构主义方法提供一个本体论基础，是一个非常不确定的任务，而这个任务至今也尚未完成（我们严重怀疑，这个任务终究是否真的可以完成）。

[8] 事实上，高尔吉亚甚至声称"非存在"，认为存在或非存在，或存在和非存在都是非存在：但根据定义，非存在不存在，而存在要么是永恒的，要么是生成的，或者两者兼而有之。如果它是永恒的，它是无限的，也就是没有处所的，因此它不是永恒的。如果存在是产生的，要么是由非存在产生的，要么是由存在产生的；但是非存在不能产生任何东西，而存在，如果它是存在，应该已经存在，因此只有非存在——的的确确是个智者论的例子。

[9] 不要和与之相连的后来希腊化时期兴起的怀疑论的哲学运动相混淆。

[10] 诚然，这主要是由后来的时代产生的一个概念——就像法国大革命的祖国——尽管对共同文明的强烈感觉被普遍认为是古希腊的一个决定性特征。

[11] 我们讨论过了福克斯和米勒、法莫、阿贝尔和塞门泰利的作品，因为他们是这股思潮的典型代表，但应该注意的是，在这股思潮中还有许多其他重要的作品，但出于简洁考虑，我们无法一一介绍。

[12] 亚里士多德是第一个对"存在的范畴"进行全面理论化的人，他确定了以下的范畴：物质；质；量；关系；行动或主动；承受（在词源学中，受某物支配的感觉，接受与行动相反的行动的效果的感觉）；地点；时间。这些是主要范畴。亚里士多德还另外提到"拥有"和"状态"，但亚里士多德很少在别处使用它们，通常提到只有前八个。

［13］社会科学对"因果效应"的一个标准定义是，"解释变量取一个值时观测的系统分量与解释变量取另一个值时可比较观测的系统分量之差"（King et al., 1994, pp. 81—82）。在金等人的方法中，解释变量被称为"因果变量"（也被浅显易懂地称为"处理变量"：它们的状态取决于操纵者，而不是享有自己造成的因果状态），与控制变量有所区别。这一定义接近亚里士多德框架中的动力因概念，而其他因，尤其是目的因和形式因，则往往不在研究者的考虑范围之内。

［14］这是对必要条件和充分条件进一步区分：必要条件或原因，是必须存在的，以使效果显现出来，但仅凭其本身是不够的，其他条件也必须存在；充分条件是指其本身的存在就可决定效果。

［15］这是金等人的核心论点（King et al. 1994, p. 87）。我们再回忆一下金等人提出"因果效应"的定义。"解释变量取一个值时观测的系统分量与解释变量取另一个值时可比较观测的系统分量之差"（King et al., 1994, pp. 81—82）。

［16］不言而喻，许多研究工作借助于概率因果的概念，确实试图为社会现象提供解释，而且并不局限于断言某种概率联系——这里所指的是那些不做这种尝试并满足于已经建立了某种联系的人。

［17］我们在第三章中已经看到，我们的德国哲学家是如何把将所有时代的人类历史和哲学思想融入逐步高级的合题中作为目标，而把自己的哲学放在了首位。

［18］在自然科学中，尤其是在物理学中，它们似乎也更为复杂，20世纪的发展，挑战了许多以前所持有的假设。量子物理学指的是粒子"存在概率的分布"，粒子组合"位置加运动"决不能以高于普朗克常数所定极限的精度来测定："存在"的概念似乎破灭了。从极小到极大的变化，爱因斯坦的相对论限制了因果关系的影响：一个物体的"存在"只能影响那些在离开物体的光速范围内可能发生的未来事件；超过这个限度，一个物体不能施加影响，不能作为一个原因发挥影响。

［19］不言而喻，当一个必然性原因出现时，根据定义就会伴随必然性的结果——但这里的问题是，现实和历史的整体性到底是由必然性范畴还是可能性范畴所支配。

［20］即使调查最终令调查人员以概率因果关系的形式提出命题，但

这也许是因为我们方法的限制无法找到更好的方式。

　　［21］这是一种假设并最受欢迎的论点，但在某种意义上，它超越了对方法论多元化的呼吁，主张处于该领域核心的多种哲学探究。

第五章 政治哲学与公共治理

第一节 简介

继上一章以本体论和认识论问题为中心之后,本章转向政治哲学问题的探讨。它是从"正当性"这个关键问题的具体角度出发的,即什么是一个政治体系正当性的依据——然后探究政治哲学思想如何能够对当代的一些公共治理和管理中关于"应该"如何组织公共部门和公共服务的争论有所启示。

"正当性"之谜——什么可以证明政治秩序的正当性并使之"公正合理"——是哲学中一个非常古老的问题,对任何一套提出改变公共行政(这不是政治制度的整体,而是政治制度的重要组成部分)的学说都提出了令人生畏的问题。简单来说,正当性就是"给出认为某物有重要性的理由",特别是一套政治体系以及其中公共行政如何组织的重要性。正当性是指在所考虑的政治基础上获得成员的同意,能够从其参与者那里获得对政治制度的忠诚。总之,这是一个关键的公共治理问题。

这些都是千百年来政治哲学家(以及政治家和法学家)所面临的巨大问题。另一个问题是,在政治体系正当性这一更宽泛的问题中,公共行政正当性的具体含义。一方面,正当性可能被认为与政治体系有关,而不是与公共行政有关,因为公共部门的组织和流程被视为更宽泛的政治体系的一部分。然而,即使沿着狭隘的公共行政观(另一种更宽泛的观点是将公共行政纳入更广泛的公共治理体系和领域)走下去,也许有人会说公共部门的运作及其改革(行政改革、公共管理改革、部门改革)可能对政治制度的正当性产生明显的影响:如果改革试图"在某种意义上使公共部门更好地工作"(Pollitt and Bouckaert, 2004, p. 16),那么人们会问最终"更好"意味着什么,这就需要有什么是"好"的概念,以及因此"改革后的公共部门"和更广泛的改革后的公共治理对整个政治体系的正当性的影响是什么。另一方面，公共行政的正当性本身就是一个问题：公共行政的正当性是否源于其对于政治的从属地位（公共行政受制于政治统治，如在韦伯主义的官僚主义概念中，其影响一直延续到我们的时代，并且仍然保持着突出的地位；见 Rosser，2017）？这是正当性的唯一标准吗？或者是否应该重提诸如（非常成问题的）共同善的概念，像黑伦（Herring，1936）那样，或者是行政行为的正当性来自公共利益的实现和公共价值的影响（Bozeman，2007；van Wart，1998）？

正当性是公共行政的一个核心但又非常难以捉摸的概念：瓦尔多认为正当性是一种历史背景化的行政思维和实践状态（Waldo，1948/1984，1971；有关非常有价值的评论，见 Jordan，2006）。虽然很难界定，政治科学家和公共管理主义者却广泛地用经验来处理正当性。大约在这本书出版的时候，美国公共管理学会（ASPA）和欧洲公共行政组织（EGPA）已经将第十二次"跨大西洋对话"会议主题定为讨论正当性的问题[1]。正当性的决定因素可在公共服务用户"满意"（van de walle，2017）；信任（van de walle 和 bockaert，2003）；各种预期的绩效（Bouckaert and Hallighan，2008；Rainey，2003；van Dooren et al.，2015；van Ryzin，2013）；公民参与；在获得公共服务中的公平（Rutgers，2008a）和社会公平（例如，关于承担环境保护费用的跨代的社会公平，或是与国家共同承担的社会公平，Epp et al.，2014）等类别中找到。

在本章中，与本书的总体观点一致，我们为读者提供了一些，必要的，主要是介绍性的，对正当性的哲学基础的检验，也就是对"正当性"探究的政治哲学问题（Bird，2006）。然后讨论了在更宽泛的政治体系中公共行政正当性问题的适用性。在本章的其余部分，我们概述了构成一个政治体系正当性的一些方法，可以分为以下几类：共同善论点、社会契约论点、罗尔斯提出的自由主义建议和以人为中心的论点（源自人格主义这一哲学流派，见第三章）。然后，我们试图解决一个大问题：正当性论点如何能找到一个公共行政理论，或者至少为更广泛政治体系的正当性在公共行政理论和潜在的哲学基本原理之间暂时建立起什么联系？政治哲学的正当性方法如何被用来思考公共部门应该如何组织的学说？我们的努力仅限于试图勾画出一些元素，这些元素可能为继续、更系统地反思和研究这一重要的，但迄今为止大多被忽视的主题铺平道路。

第二节 "共同善"论点：柏拉图的概念

解决正当性问题的一种方法是确定特定制度中的政治秩序和公共治理是否促进了"共同善"。共同善的问题是一个至少从伟大哲学家柏拉图（见第 2 章）开始就争论的话题。在他著名的著作《理想国》中讨论的一个关键问题就是"公共"与"个人"利益之间的联系。对共同利益本质的探究史就是付出各种努力面对和回答正义（在正义社会的意义上）与为属于同一个社会的人民的利益、幸福、福祉和全面改善其生活考虑之间的联系：

> 共同善的论点……已经无所不包并且多种多样。尽管有许多不同之处，但它们有一个显著的特点。这些观点都认为，政治安排的价值和集体组织的形式，以及使其保持恰到好处的正义和其他道德理想的信念，最终必须以它们对生活在其中的所有人的福祉和幸福的贡献来解释……用柏拉图的话来说，"决定哪种生活方式能使生活对于我们每个人都最有价值（1992 年翻译，第 21 页）"。（Bird，2006，p.33，着重部分由作者标明）

在本节的其余部分，我们将对这一重要思想的历史以及对相关关键问题是如何解决的进行一定篇幅的讨论，例如：我们如何确定其他人的生活是否在某种相关意义上得到了改善［这是不同人的福祉的（不）可相比问题］？与什么相比？我们如何确保公平考虑每个人的利益？像大多数其他哲学领域一样，柏拉图的长处在于提出了关键的问题——如果不是所有的问题，也提出了大多数问题。第一个大问题是公共生活和私人生活之间的关系。如今，我们可能更习惯于（至少在西方社会）将二者分开：这一点通常是用这样的句子来表达，即"在一个自由民主的社会里，每个人都有权过自己的生活，没有人应该阻止它，即使是有人很明显正在犯一个最终会伤害到她/他的错误"。这是一种观念，即私人生活是一个不受其他人的影响（尤其是国家的影响）（并受到保护）的内部空间。这可能被称为民主正义，根据自由民主原则的公正，保护个人不受外部干扰。但相反的论点可以表述为："如果我毁了自己的生活，我是以'自己的方式'做了这件事又有什么可安慰的呢？被牵连到我们自己的失败中难道不是会让我们雪上加霜吗？"（Bird，2006，p. 38）

柏拉图正是遵循这种推理，提出了著名的（有些人说是声名狼藉的）论点，即公正的自我和公正的社会是相互联系的：如果正义的社会是每个人都生活得很好的社会，那么正义必须具有改善所有生活者生活的性质：正义——证明一个政治秩序是正当的，并使之公正——就是改善那些在同一社会中的人的生活。由此得出的结论是，这种公正将要求所有那些属于由这种正义所决定的政治体系的人的理性认同，以及由此而生的忠诚。但是，为了实现这种正义，自我的内部世界和外部公共世界就不能分离，而且公共成为个人所拥有的东西，而不仅仅是政治秩序的一种所有物。把自我和外部世界联系起来，就需要有人——也就是对柏拉图来说，哲学家——知道什么对自我有好处：这是一个成为波普尔等批评家抨击对象的论点，波普尔在柏拉图身上看到了极权主义国家理论家的影子——针对柏拉图共同善的概念也有着"家长主义"的批判。

柏拉图确实走上了这条道路，提出了一个关于灵魂三分说（tripartite psyche）的理论（这是解决第二个大问题的一种方法：为了知道一个正义的社会对我们来说是什么，我们需要知道我们是谁）：对于柏拉图来说每个人都对应三种基本利益拥有三种基本能力和行为方式。在第一个层次上，有体验快乐和痛苦的能力，这与寻求前者和避免后者的自然倾向有关——因此，第一种利益对应于这种能力，即满足某些身体需求和消除痛苦。在第二个层次上，有投入某些计划中的能力——因此，第二种利益就在于其他人对我们的性格、努力和活动的认可和欣赏。在第三个层面上，有求知欲和对世界进行探索的能力——因此，第三种利益就在于获取知识和理解。

这种分类很可能会受到如今关于人类需求的心理学理论的挑战（马斯洛的需求层次是一个著名的理论，在管理和公共管理研究中广泛使用；Maslow，1943），但柏拉图提出的基本哲学论点超越了其所采用的人类特定的心理模型。他的论点是，要调动能力并成功促进幸福，必须满足两个要求。第一，在个人层面上，所有这些能力都必须得到适当的控制和引导：这是一种自我的政治，需要用理性（该词用大写表示更好）来控制我们自己——这就需要道德行为（亚里士多德进一步发展了这一探究思路，在《尼各马可伦理学》中详细阐述了一套完整的关于美德的哲学）。第二，柏拉图认识到了社会依赖的原则：我们都依靠彼此来实现自我，然而，他认为建立一个正义社会的天赋和技能并不是均匀地分布在整个人口中。（这是柏拉图提出的第三个几个世纪以来都被热议的大问题：具有不同天赋的我们在多大程度上是"平等"的?）因此，为了让一个社会提高其所有成员的生活，考虑到我们的相互依赖性，就需要政治秩序反映对自我有益的知识并将这些知识纳入其结构之中：哲学知识必须塑造政治秩序。

为了实现这一目标，柏拉图得出了一个令后人困惑的结论：只有智力上具有天赋的人才应该担任具有政治权力的职位。这是一个令人不安的说法，许多人会反驳说，尚未证明知识分子比其他人更有能力管理国家，以及能以有利于所有人的方式行使政治权力。正如我们之前所提示的，将太多权力集中于个人的想法也可能受到挑战——依赖国家或政府官员告诉我们如何生活可能是一个可怕的想法（这是自由主义的批评）。同样，人们可能会认为，试图阻止某人犯错误本身就是一个坏主意，因为正如流行的格言也表明，犯错误有时可能是学习和改进的唯一途径（顺便说一句，这也可能适用于据说在知识的传播中发挥作用的哲学家：什么时候一个哲学家才算是"心智成熟"，能够足以信赖地作出有利于所有人的判断?）。

这些批评触及了即使我们有不同的天赋个人自由和权利义务都平等这个关键点。然而，仅仅关注这些问题可能会导致因为我们这个时代对这些问题的感受而形成相当陈腐的批评，并最终忽视柏拉图提出这一论点的深度。柏拉图的论点与其说是关于个人服从于一种优越的有知识的力量，倒不如说是关于一个关键问题，即个人对社会的依赖性，以及一种深刻的意义，即公正的个人和一个公正的社会是相互联系的：

> 对于柏拉图来说，被理性和智慧所支配，并不一定与被自己的理性判断所支配一样。更确切地说，在许多情况下，它需要愿意服从更合格的人的理性判断。因此，即使它通过诱导所需的心理倾向

来提高个人的生活质量,理性的正确支配对于柏拉图来说也是一种内在的社会成就……个人在很大程度上依赖于社会。他们福祉的实现,关键取决于他们周围社会形态的模式以及鼓励他们参与其中的条件。正确理解的是,正义描述了鼓励个人参与是促进而不是阻碍每个人的福祉的条件。从这个意义上说,这就是共同善。[2](Bird,2006,pp. 42—43)

如果我们寻找一个这一概念对于公共服务工作方式的重要性的例子,我们可能会想到教育:儿童的未来生活极其关键地依赖于更合格的其他人的理性判断——共同为改善未成年人的生活而工作的家长和学校教师。一个孩子很可能有权利"以自己的方式生活",也可能需要"从自己的错误中学习",但没有合格成年人的指导和照顾的生活可能是悲惨的:一个孩子在社会上最依赖于他人,来确保他/她未来的生活充实而有成就。

这是一个本质上是至善论者的研究议题,它假定"柏拉图关于幸福生活的理想是最终目的,社会和政治安排为此而存在,而且应该受到评估"(Bird,2006,p. 44),并且最终只有一种人类本性——即所有人的"本质"——具有某些基本特征,这些特征包括知识是可以获取的,而获取这些知识是设计一个人人都能幸福的更好社会的必要条件。

最后,应该指出的是,对柏拉图思想的其他解释强调了对待柏拉图关于哲学家统治社会这一主张的重要性(柏拉图是否真的认为如果有可能实施的话其主张很容易实现是值得怀疑的),不是其字面意义上的重要性,而是作为一种启发式的方法:一种用如果哲学家们处于统治地位时"理想"的公共治理体系作为比较,而批判现有的治理安排的工具。[3] 在这个意义上,《理想国》被诠释为一个乌托邦(我们在下一章从托马斯莫尔的乌托邦思想出发讨论乌托邦思想时将重新审视对于柏拉图这部著作的诠释)。

第三节　作为共同善论点变体的实用主义(utilitarianism)

源于柏拉图的共同善论点因为其"家长式"的设想而受到批评,即设想一些据称是"明智的"人以某种方式决定了什么是"正义社会"和

"公正的政治秩序"。对这一方法的批评也有可能是有人看到这一系列论点受到一个独特的（遥远的）思想流派的深刻影响：实用主义。从实用主义的角度来看，行为和实践如果带来的是整体的幸福，就被认为具有"效用"，而其"不实用"的程度就在于它们是否带来整体的痛苦（Bird，2006，p.47）。这种方法的基本思想是，如果某种政策或制度对受其影响的个人的效用的影响可以计算出来，那么也可以推导出某种形式的"综合效用"，并且这种综合效用可以用来衡量公共利益——但在这个角度上，对产生怎样好的效用进行评估时，并不是凭借哲学家的智慧，而是，从字面上来说，"以个人为基础"，即让每个人来决定什么对他/她是好的。

应当立即指出的是，实用主义不是一种对个人利益的自私追求的主张，其要旨是一种普世主义——它的目的是为所有良好的社会及其政治制度的设计提供一个标准；它是一种以个人效用为方法上的出发点改善政治体系的政治哲学。但它的目的是改善其全体成员的生活而改革公共制度提供概念，从这个意义上说，它属于共同善理论家族中的一员。

实用主义的概念与18世纪和19世纪英国伟大的社会改革者杰里米·边沁（Jeremy Bentham）、詹姆斯·密尔（James Mill）和约翰·斯图尔特·密尔（John Stuart Mill）的著作联系在一起。人们认为边沁创造了"实用主义"的概念，尽管"最大的幸福原则"一词可能不是他的创造。边沁还高度关注监狱改革，他因发明了 *panopticon*（古希腊语中的一个词，大致意思是"所有都可见"）而闻名：这是一种监狱的设计，监狱长可以随时看到每一个牢房。"*panopticon*"的基本原理是，在每时每刻都可能受到当局的关注下，采取行动（批评者说：强制）纠正错误行为，争取早日释放并最终养成适当的行为。从那时起，普遍的社会控制是否是达到这个目的的"适当"及"公正"的手段就一直是争论的话题（如今普遍存在，尤其是在城市地区到处都是的监控系统，据称具有类似的功能）。

詹姆斯·密尔把个人追求自身利益置于社会分析的核心，"就像边沁一样，他从一个简单的想法开始，即我们所有人都会自然而然地追求自己的利益"，这对一个好的政府构成了一个问题，因为任何有力量用这种手段（即公共权力）做善事的人，也有力量造成伤害。政府的核心问题是使公众的利益与掌权者的利益相协调（Ryan，2012，p. 697）。边沁和詹姆斯·密尔作出了许多贡献，不仅对英国自由主义有影响，而且对政治和经济学科也有影响。通过引入"效用最大化"的概念，他们为经济学家系统地对待效用概念奠定了基础，这是在随后的两个世纪里无数的研究（而且还在增加）中进行的一项任务。通过把追求幸福放在政治思想的核心位置，他们从一个新的角度重新审视柏拉图所揭示的旧问题：幸福与自由之间的矛盾关系。如果最大化幸福是目标，那么还剩下多少自由？这就是杰里米·边沁反驳对"*panopticon*"的批评的理由：如果减少个人自由会带来更多的幸福，那么它就不是一个问题，因为自由最终有助于幸福，因此，如果奖品是增加了幸福避免了痛苦，自由就可以被放弃。如果一个政治团体的公民所有人都能减少成为每个人效用最大化的最低公分母，那么他们之间是否还会有严重的政治异议？

在我们进一步研究这些关键问题之前，我们必须转向第三个主角：约翰·斯图尔特·密尔。他的父亲詹姆斯是约翰的忠实而严厉的导师：在约翰3岁时，他已经开始古希腊语的识字学习，6岁时则转向拉丁语。不出所料，约翰长大后具备了能够为生活的改善提供理由的充分条件，但在如何平衡幸福与自由、自治、活力和人类尊严之间的关系方面，他却忧心忡忡。约翰提倡更广泛的效用概念，并研究了人的特性与政治制度之间的多种复杂的关系，认为两者之间的适当性可能比抽象的理性设计更重要：他是最先为亚历克西斯·德·托克维尔（Alexis de Tocqueville）的《论美国的民主》喝彩的人之一，认为它是一部天才之作，也是最早认识到不同的制度（以及美国的制度与维多利亚时代的英国的制度有很大的不同）要如何符合提高正义的目的人之一。"国家特性"成为密尔权衡的一个模糊但重要的因素，他从黑格尔那里挑出一个社会实际遵循的伦理规则和它应该遵循的规则之间的区别，称为"批判的道德"（critical morality）。在设计制度时，实际遵循的伦理规则是国家特性的一个重要组成部分。但是有趣的部分是"应该"问题的答案：根据像瑞恩（Ryan）这样的作者的说法，"密尔的实用主义的本质是声称，真正的批判的道德是那些如果我们都遵循的话，将最大限度地提高人类福祉的规则"（Ryan，2012，pp. 708—709）。这是实用主义的"厚重"版本：这里的实用不仅仅局限于普通意义上的实用；它还包括高尚、公正、美丽、正确。正是这些因素的结合形成了密尔所说的效用——也就是说,对于约翰·斯图尔特来说,效用解释了正确、美丽、公正和高尚。这一主张可能受到严厉批评（事实如此）,但密尔想要提出的观点是,正确、美丽、公正、高尚的共同点是,它们对幸福有积极的贡献,对密尔来说效用就是由增强幸福的所有这些事物和行为过程构成的。

在这一框架内,制度不能做太多事情来改善我们的生活。它们所能做的是为个人提供资源（教育、安全,等等）,使人们能够追求幸福;用瑞恩（2006, p.719）的话来说:"无论是在秩序上还是在保护下,我们都不能变得思想自由、富有想象力、大胆和有趣。"（幸福）是每个人都毕生追求的一项任务,国家不能防止自我伤害,不管这种自我伤害是以过着悲惨生活的形式还是由于不能致力于自我提升而导致生活不够幸福,尽管制度发挥着保护我们的个人追求这些目标不让其他事物伤害我们或阻碍我们成长的重要作用。密尔比起柏拉图或亚里士多德来给国家和政治体系分派的任务要少得多:在预先防止其他事物对个人造成潜在的伤害方面是一个更消极的、更有限的国家的概念;一个我们现在习惯用"自由主义"国家来思考的概念。

密尔比其他形式的实用主义采用了更广泛的效用观,通常更注重快乐和痛苦,被认为更易于衡量（但事实如此吗?）。事实上,实用主义的变体"享乐主义"的重点往往是增加快乐和减少痛苦,试图衡量给予的干预——政策规定和公共服务的提供——对个人生活的影响。然而,我们是否可以测量快乐或痛苦,以及这两者是否可相比从而可以在一个有助于计算对个人的效用的方程中增加（用代数的方法增加或减少）是值得怀疑的。为了克服这些明显无法克服的障碍,辛格（Singer）等政治哲学家提出了另一种方法:从愿望实现或偏好满足的角度理解效用（Singer, 1993）。从这个角度来看,一个人是否更幸福在于他/她的喜好或欲望得到满足的程度。这种方法的好处在于,欲望——不同于愉悦或痛苦等需要洞察某人心灵的精神状态——可以被明确地表达出来,并以"满足"或"不满足"来衡量,而这种衡量的工具如今在世界范围内比比皆是,例如像"满意度调查问卷"这样的工具被广泛应用于私人服务中一样,也被广泛应用于公共服务。在这一领域,复杂的模型已经发展起来了,这些模型结合了对态度和行为的观察,并将期望（预期—不确定模型）

和其他因素都纳入了考虑。在检测公共服务使用者满意度的测量工具方面，以及对可能有助于提高满意度的机制的分析方面，此类模型已经积累了大量的知识（有关优秀的评论，请参阅 van de walle，2017）。

然而，仍然存在两个关键的概念问题。第一个问题是，人类"满足"的水平是否可以被衡量，并相互比较，以便能够以某种方式对它们进行排序。最终，这个问题似乎被归结为一种分歧：要么认为效用在某种程度上是可以衡量的，并且可以在某种程度上被"评分"，要么认为最终不可能把它作为衡量政治制度和行政安排对提高福祉的影响的标准，因此不能作为政治秩序及其管理的正当理由，也不能作为设计其改革的标准。事实上，设计的改革必须至少具有一种特性，即至少潜在地能够带来一种比现有状况"更好"的情况；但是，如果公分母——效用——不能以比较的目的来衡量，如何计算出更好的状况呢？

一个至少在一定程度上解决了这个问题的巧妙办法是，意大利工程师兼经济学家维尔弗雷多·帕累托（Vilfredo Pareto）提出的一个标准，被称为"帕累托效率"（pareto efficiency）或"帕累托最优"（pareto optimility）。它表示任何资源分配，都不可能在不使至少一个其他个人更糟的情况下使系统中的任何一个人的境况变得更好。标准的不同公式已经被制定出来，但这种方法关键的基本思想是不同个人的"效用"不能相加：帕累托效率的标准能够在不依赖效用的加减的情况下判断最优状态，不同个人的效用可以被视为不可相比的。帕累托效率标准的使用可能被视为一种试图克服实用主义观点内在困难——评估综合效用的方法。然而，1998 年诺贝尔奖获得者阿玛蒂亚·森（Amartya Sen）对帕累托效率标准提出批评，他的目的在于证明在合理的条件下，达到帕累托效率的系统可能产生不公平的资源分配。

然而，第二个概念性问题仍然存在，基本上可以用柏拉图和亚里士多德的说法来表示：在另一个更为基本的层面上，"对期望的满意"并不是一个人生活"幸福"和"满足"的同义词，——"从某种意义上说，这把我们重新带回到起点，即实用主义方法的基本局限性"。其问题就在于"满意"在多大程度上可以被比作"福祉"，古希腊哲学家称为"*eudaimonia*"（满足，过着充实的生活，活得完美充实），这一概念可以被认为比满意状态总和意义上的幸福的含义更为宽泛。

但是，如果完全抛弃源于"正义"和"共同善"的政治制度正当性的观点——可能是因为它被认为是不可能实现的，甚至可能是危险的——又会怎样呢？为什么不让个人来决定什么是政治制度的正当理由（而不是哲学家对共同善的高谈阔论或经济学家——数学家计算效用水平）？一言以蔽之，这是，契约论者对正当性观点的逻辑。

第四节　社会契约视角

一些重要的哲学家，包括托马斯·霍布斯、约翰·洛克和让·雅克·卢梭，都与"共同善论"的其中一种论点处于对立的阵营——都属于那些倾向于拒绝"正义"的假设，拒绝对寻求公共利益为政治秩序提供正当理由的阵营，并寻求以政治共同体的成员之间某种形式的协议、共识和选择为政治制度的基础："社会契约"。

这种观点中的"契约"纯粹是假设性的，而不是历史性的，在国家建立之前个人相互作用的情况被这些作者称为"自然状态"。在自然状态下，个人容易伤害自己。因此，从这个角度来看，国家作为政治制度首先是服从其权力的个人之间某种自愿协议的产物，而国家主要被视为一种解决争端的机制，在个人之间带来秩序并确保和平共处。［据卢梭而言，每个人都应该自愿服从即将建立的国家的权威，他在这类论证中引入"普遍意志"（general will）的概念。］

尽管霍布斯等一些作者似乎认为国家的权威是无限的，但对于其他主要作者来说，国家的权威是有条件的。康德提出了一个关键的观点，即应该提出这样一个问题："一个已经与一个体系有着契约的理性之人是否能够允许一个国家这样做？"当答案为否定时，国家的权威将终止[4]。

这一流派的作者用比康德更悲观的术语来阐述这一论点，认为它是对两种邪恶中较小的一种选择：国家是利维坦，一种几乎侵入个人生活无所不能的存在，然而国家的建立是克服个人间长期暴力行为的"自然状态"的条件，这种"自然状态"更为恶劣（这一立场广为人知地与哲学家霍布斯联系在一起，见第二章）。应当进一步指出的是，对于这一流派中的重要作者来说，"自然权利"（natural rights）的概念提供了既为无法克服的国家行动（国家不能侵犯自然权利）设定了一些限制，也为指导国家行动（国家应确保促进自然权利）提供基础。

社会契约论的要点是，国家和公共机构从根本上不是建立在我们"真正的利益"和"真正的福祉"是什么的知识基础上的（这种知识，这一流派的作者们中强调，很难而且可能完全不能实现），而是建立于我们的意愿之上的，在深思熟虑后（尽管是假设性的，而不是历史性的），选择为了保护我们个人生活的某些条件——主要是安全和保障——而服从于国家的权威。这是在众多基于国家合法性的（令人沮丧的）选择中的一个选择：没有国家被认为会带来比个人建立社会契约和接受国家权力更为惨淡的局面。

对于公共行政领域，我们可以得出什么样的启示，公共行政思想中的哪些部分是以社会契约论为基础的？这一流派早期的哲学家更关心个人和国家之间的基本关系，以及国家存在的正当性，而不是国家行政机构与公民之间的日常互动。然而，这种互动在如今是分析的一个主要焦点，一些研究跟踪了政治体制中不同部门和群体与公共行政部门的日常交往对政治制度合法性的影响。例如，埃普（Epp. et al. 2014）调查了美国黑人和白人社区警察对截停车辆的不同看法，并认为执行此类截停车辆的频率和方式不同，可能会导致人们，尤其是某些年龄段的黑人，对政治制度的不信任感，并最终拒绝接受他们的合法性。

直到最近，政治哲学家们，特别是约翰·罗尔斯（John Rawls），才把社会契约论，特别是卢梭所倡导的观点，用于研究促进社会公平的议题，并因为它对公共行政领域的特殊意义被弗雷德里克森（Frederickson）等公共行政学的领军人物所吸收发展——我们将在下一节中讨论这一主题。

当然共同善论点和社会契约论点之间的钟摆总是摇摆不定：批评已经转向契约论方法。正如人们所说，"契约论者试图在没有系统地描述人类繁荣昌盛的条件（如：从福祉的任何概念中抽象出来）的情况下证明政治制度和安排的正当性，注定会失败"（Bird，2006，p. 96），这一条推理思路把我们带着绕了个圈又回到共同善论点。在这两个论点外还有其他选择吗？或者应该把它们结合在某种新颖的、创造性的形式中，为促进政治机构和公共行政的正当性和合法性提供议题？我们现在要转而讨论解决这些问题的一些尝试。

第五节 罗尔斯

约翰·罗尔斯（John Rawls）在《正义论》（1971）这一开创性著作中，试图重新审视卢梭的思想，从社会契约视角将社会、政治制度和在治理的基础上与促进人类福祉的条件相结合，而促进人类福祉，则至少是在某种程度上取得被他称为"社会基本益品"（social primary goods，又译作社会基本善）：权利、自由和机会、收入和财富以及自尊的社会基础。罗尔斯拒绝任何实用主义的观点，并注重"公平"。罗尔斯的理论虽然以整个政治体系为中心，而不是直接与公共行政有关，但对于任何关于公共行政和公共治理的根本正当性的辩论都具有重大意义（我们将在本章最后一节中回到这一点）。

在罗尔斯的构想中，社会契约是一个假想的会议——一个思想实验——在这个实验中，成员们定义了他们社会的"基础宪章"，罗尔斯称为"原初状态"（original position）。罗尔斯把原初状态视为一种"自愿的体系，因为它符合自由平等的人在公平的环境下会同意的原则"（Rawls，1971/1999，p. 12）。

作为一个假想和假设的思想实验，它的设计在我们的控制范围内（Bird，2006，p. 90）。罗尔斯不知疲倦地工作了30多年，阐述了社会和政治制度向公民提供社会基本益品的条件（Rawls，1971/1999，1993）。一个值得注意的情况是，这些条件在"无知的面纱"之后进行，"罗尔斯假设的契约者被剥夺了关于他们将要进入的社会，他们在该社会中所占据的确切社会地位，以及他们自身的识别属性等所有具体信息"。处于原初状态的个人在"无知的面纱"后面深思熟虑（Bird，2006，pp. 91—92）。采用在无知的面纱后面思考这个标准的目的是防止处于原初状态的个人根据个人在被设计的社会中的预期位置，促进特定的利益和偏好。这样一来，论证就流畅了，处于原初状态的个人可以被认为选择了"正确的"正义原则来分配社会基本益品，因为他们的选择将从一个公平和公正的角度出发，而这个出发点则是从正义的角度来评估社会制度。

第六节 人格主义（personalism）和社群主义（communitarianism）

也许可以提出另外一个观点。它以第三章中介绍的人格主义哲学为出发点，以艾曼纽·穆尼尔（Emmanuelle Mounier）等哲学家的著作为基础，马利坦（Maritain）等新经院哲学家和舍勒（Scheler）等应用现象学研究道德价值本质的现象学家也作了很大贡献。当代作家的著作呼应了这种方法的一些原则，其中包括泰勒（Taylor，1989，1995）。

人格主义主张回归激进的人文主义（humanism），强调人的整体性的繁荣幸福，反对任何还原主义。"还原论者"对于穆尼尔来说，是任何一种对人类进行片面描述的哲学。人格主义的一个关键原则是主张一个人在努力成为另一个更好的人时，能够充分地成长和发展自己。正如我们在第三章所强调的，在这个框架中，公共治理的"质量"与"满足"无关，不是满足需求或达到期望；而是关于作为一个人的幸福，通过将一个人、任何一个人想象为一个字面意义上的"向前抛"的"项目"：把自己抛离当前状态之外（一个与存在主义有共同之处的概念），其最终目标是转变为一个更好的人。这是一个实现生命圆满的概念，与柏拉图和亚里士多德所说的"*eudaimonia*"（活得完美充实）并无不同。

人格主义所描绘的是一种人类内在的关系观：只有在人与人的关系中，在多种、多层次的人类群体中，个人才能充分完成、发展、他/她的使命。它是一种关于人类和人类繁荣幸福的关系观而不是原子论的概念。

我们会问，这种哲学观点是否能在共同善和社会契约论之间产生第三种立场——第三论？同样，对于共同善论点，人格主义也采取了一个人类幸福的完整概念，而且是一个雄心勃勃的概念，其灵感来自完美的理想。它与实用主义的概念形成了鲜明的对比，特别是古典经济学中经济学家所使用的实用主义。它更接近约翰·斯图尔特·密尔关于效用的"广义"概念，但只是在某种程度上，因为效用在实用主义中是以某种方式"给定的"，而人的繁荣幸福在人格主义中是关系、人际动态的产物，是一个更接近福列特（Follett）思想的概念。此外，与此相关的是，人格主义要求政治发挥的作用比任何实用主义的概念都大〔而这正如瑞安

（Ryan，2012 年）所说，最终"可能不知道如何处理政治"]，尽管政治在人格主义中也起着最终的辅助作用，因为就某种意义而言，首要地位属于基本的群体（家庭、相关的生活）。

与共同善论点不同，人格主义定义什么是好的，什么只是为了自我，什么能改善生活没有那么多演绎推理，因为它基于的是一个内在关系和转化的本体论——尽管反对意见可能是，这种区别更多的是一种程度的问题而不是根本区别，而且沿着这条推理思路来看，这种方法可能可以被大致地归入公共治理正当性的共同善论点的大家族。

与社会契约论相似，人格主义以个人的自由和自愿放弃部分个人自由服从国家当局为出发点，只要这对带来低层群体之外的秩序和个人安全是必要的。不同于契约论者的论点，它认为个体间的相互作用并非主要作为一种威胁，而是作为生命的组成基础和任何一个人幸福的条件。人类之所以能兴旺幸福，是因为他们是社会群体的一部分。在这个意义上，人格主义也被认为是社群主义的一种形式。

然而，在继续讨论穆尼尔的人格主义之前，应该澄清的是，社群主义的概念也可以用不同的方式解释。其中一种解释是以民族主义为导向以及对反自由主义有所启发。从这个角度来看，个人自由必然受到群体责任的制约，这种群体责任通常在国家一级被构想为国家共同体：责任首先是对我们的孩子和父母（家庭）来说的，其次是对我们当地的社群，最后是对我们的民族国家。我们可以想到，卡尔·施密特（Karl Schmitt）在这方面的著作，他直接反对康德的普遍主义（universalism），在某种程度上符合黑格尔的国家观念，认为国家是保护、滋养和培育民族文化的必要现实。在这一论点中，责任的目的不是模糊的、普遍的人类和人权，而是那些种族、语言或文化纽带能够被联系在一起的人。这是一个完全不同于穆尼尔所提出的群体的解释，它与卡尔·波普尔的开放社会（open society）概念和康德的道德普遍主义基础截然相反。

穆尼尔的人格主义可能是要试图克服原子化个人自由主义的局限性（至少是克服某些个人自由主义解释的局限性），以解释人类的关系本质以及人类的充分繁荣是通过与他人的关系而发生的。然而，人格主义也反对任何封闭群体的概念，在其根本要旨中，它符合"开放社会"的概念，即一个社会，普遍社会（universal society）是内在开放的观念。人格主义带动了对群体和社群主义的开放性解释,这与施密特的解释有着深刻的不同,后者通过民族、宗教或文化语言的联系和纽带来界定群体,这种联系和纽带可能以民族国家(民族主义)或种族部落的形式或其他关系出现。人格主义是一种认识人类关系性质的方法,而这种认识既建立在每个个人尊严这一普遍性基础之上,同时也建立在每个人属于多个群体的多重属性基础上。

第七节 根据正当性论点重新审视公共治理和公共管理学说

公共治理和管理改革的理论和实践——例如新公共管理(NPM)(Barzelay,2001;Hood,1991;Ferlie et al,1996;Boston et al,1996);公共治理方法(Rhodes,1997)和"新公共治理"(Osborne,2010);新韦伯主义国家(Pollitt and Bouckaert,2004,2011);数字时代治理(Dunleavy et al,2006);民主治理(March and Olsen,1995);以及其他——过去的几十年里在学者和从业人员关于公共部门组织及其与社会和公众的关系的辩论中都处于中心地位。然而,据我们所知,只有很少,而且通常是以非常零碎的方式,对这些学说在政治哲学的正当性和合法性方法的基础上进行衡量。在这一节中,我们将根据公共部门组织的共同善的论点和社会契约论点,以及它们的变体和替代方案,概述一些初步的、尝试性的分析元素,以重新审视这些关于公共部门组织的学说。

尽管本章最后总结部分提出的问题只能是一个概览,但许多有趣的问题来自(从有百年历史的、基础性的哲学辩论的观点)重新审视这些当代的主题,如关于如何改革公共部门的理论和实践,并提出一些尝试性的建议。

第一个尝试性的建议是实用主义可以被认为是大多数(新公共管理)运动和一系列学说的根源。这里我们将新公共管理定义为一系列关于公共部门的组织(从最广泛的意义上说)的理论(例如,Barzelay,2001;Pollitt and Bouckaert,2011,第一章)。新公共管理作为一系列松散结合的理论被广泛讨论;一种概括的方式是,如邓李维和胡德所说(Dunleavy and Hood,1994),"专业化+激励化+市场化",即倾向于组织的专业化

（将大型公共组织分为小型、专业化的执行机构）、激励（系统使用与广泛和密集的绩效衡量相关的激励措施，尤其是在经济、效率和有效性维度的绩效衡量），以及在公共服务的重组中倾向于采用市场化而不是层级或网络的机制。个人的幸福往往被归结为他们是否"满意"，因而通常会更重视那些用户满意的维度，这些维度更适合某种形式的衡量。

如果实用主义处于新公共管理的核心位置这一主张成立[5]，那么关于正当性的关键问题就出现了——这些问题在文献中已经被广泛讨论过，但通常不是从政治哲学正当性方面来说的（有一个例外，Arellano-Gault，2010）。新公共管理的方案几乎不能解决如何使生活更加幸福圆满的问题（过充实满足的生活，即 eudaimonia）；相反，它们声称能够在满足感的某种集合中产生某种形式的幸福。这涉及一些宽泛的问题：第一，"满意"是否足以作为正当性的标准；第二，是否已经实际实现了作为新公共管理改革成果的"满意度"增加；第三，其他作为合理的标准，与"满意度"相抗衡的维度的损失，是否影响了新公共管理改革的正当性并损害了其成果。

对于这些具有挑战性的问题，新公共管理的拥护者可能会反驳说，新公共管理的提出者从来没有追求过如此雄心勃勃的目标；相反，"花费更少、做得更好"是改革者为自己设定的更温和的标准；在这种框架中，"更好"被认为等同于"更满意"。然而，至少在某种程度上，新公共管理被认为不仅仅是为公共部门某种形式的改善提出一系列处方，而且简单来说，是作为一种治理的理论，那么无法解决如何改善政治共同体中每个人福祉的问题也就带来了在"公正"社会和社会正义方面的一些基本问题。新公共管理的拥护者可能会反驳说，这种成分——社会正义——被故意排除在了新公共管理的方案之外；然而，这对根据新公共管理理论重塑国家和公共治理的最终正当性提出了难以解决的问题。

除了严格置于新公共管理标签下的争论之外，似乎还有一大部分关于公共服务绩效的新兴文献（绩效衡量、管理和治理；关于比较视角的系统评论，见 Bouckaert and Hallighan, 2008；van Dooren et al., 2015）倾向于采用实用主义作为其隐含的或更为罕见的、明确的哲学前提。因此，关于实用主义及其解决正当性这些基本问题的能力的辩论，对公共服务文献中的绩效问题可能是有价值的补充。

事实上，在当代公共治理和管理的思想流派中，至少有一种是与柏拉图最初提出的共同善观点而不是实用主义观点有着深刻的联系的：这就是"公共价值"这一思想流派，其代表人物包括马克·穆尔（Mark Moore）和约翰·贝宁顿（Moore，1995；Benington and Moore，2011），并且已经产生一系列成熟的著作（Alford et al.，2017；Hartley et al.，2017；Liddle，2017），且与合作领导（collaborative leadership）和优势的研究也有所联系（Crosby et al.，2017；Huxham and Vangen，2005）。简言之，这一思想流派的论点是，在立法授权薄弱、模棱两可或灵活的情况下，公共管理者有空间采取战略行动，扩大其组织的更广泛的公共价值。穆尔（Moore，1995）首先举了一个简单的例子，一个城镇图书馆员想知道是否扩大图书馆服务的传统范围，以满足需要更多支持的当地儿童的更广泛需求，以及在本质上是否要扮演一个社会创新者的角色还是继续充任更狭隘的规定角色。公共管理者在这里被视为公共价值的守护者，而不是政治家忠诚的/缺乏想象力的（取决于人们的观点）代理人。在这里，我们发现了与柏拉图关于"公正"社会的概念的联系：公共管理者被要求根据他们对于什么对社会是"好的"和"公正的"之判断，或者至少是什么是对他们可以实际提供帮助的是"好的"和"公正的"之判断来行动，并用这样的方法来影响其他人的生活；他们明智的判断和行动是一个更公正社会的组成部分。

公共管理者的这种态度提出了两个问题。第一个问题是柏拉图的论点与官僚机构对民选官员的法律和政治从属地位概念的相容性，民选官员的执政正当性不是来自更高超的智慧，而是来自共识和同意：韦伯主义的基本思想是官僚机构从属于政治机构（在民主制度中最终从属于选举机构）和法律（最终从属于选举机构）。总的来说，批评认为，这种"柏拉图"式的官僚们应该如何理解其角色的概念影响了民主问责制，阻碍了让官僚们民主地负责的过程。事实上，政治科学家（Rhodes and Wanna，2007，2008；但是反驳的论点见 Alford，2008）正是基于这一点批评了公共价值方法：因为它模糊了政治/行政差异。

这些作者还基于另一个相关但不同的理由批评了公共价值方法——官僚们的动机。这些批评认为，公共价值方法对公共管理者的动机采取了过于乐观的观点，该方法把公共管理者视为无私的"柏拉图式的守护者"（这实际上是 2007 年罗德斯和瓦纳所用的表达方式，尽管这篇文章没有深入探讨公共价值方法中柏拉图共同善概念的沿袭）；而且把他们视作公共利益的中立支持者，而不是一个拥有自己的扩张性议题的特殊利益集团。

第三种批评也许能叠加于另外两种批评上：这一批评是关于官僚机构到底实际能拥有多少知识，才能使官僚们比其他各方"更了解情况"，从而最终更公正地作出决定。诚然，知识的一种特殊形式，即技术专长，是现代官僚机构中聘用终身官员的关键标准之一，但这并不是唯一的标准（例如，政治任命也是一个标准——一些实证研究发现，这在许多国家还有所增加；见 Pollitt and Bouckaert，2011，第四章）。更重要的是，技术专长甚至很难代表柏拉图所说的"哲学智慧"——尽管通过观察发现下面这一说法是正确的，即当今高度复杂的社会确实需要提供在柏拉图和亚里士多德时代无法想象的专业技术知识，而在今天的哲学智慧，比过去更多，虽然它不能用技术科学知识来定义，但它也可能需要包含技术科学知识的发现。

正是哲学智慧——我们可以争辩说——是从柏拉图的共同善角度反驳这些批评的出发点。在柏拉图，特别是亚里士多德的观点中，哲学智慧需要美德的实践——美德是用来塑造那些有道德的人的动机和行为的。哲学智慧不同于在应用上中立的现代科学知识，这些知识极可能既用于高尚的目的又用于邪恶的目的。智慧是关于理解的，一种塑造人并全面影响其行为的理解。全世界的"真正的"公职人员可能有他们的特殊利益，并推进他们自己的议题，但共同善论点认为，哲学智慧是通向共同善的指南，为了我们自己的福祉，权力应该委托给那些运用智慧的人（在下一章中我们继续讨论这一反思思路），通过对安布罗吉奥·洛伦泽蒂（Ambrogio Lorenzetti）著名的壁画《好政府》的评论，我们充分阐述了美德政治，在这幅画中，智慧和正义作为核心美德脱颖而出。

这导致了对柏拉图式正义观的最后和最具挑战性的批判：当权者该如何被选择出来？这就是柏拉图论点中引起最严厉批评的部分——甚至有人认为从理智的角度柏拉图应该对困扰全球的极权主义负责，尤其是在 20 世纪，极权主义屠杀了数百万无辜的人民。事实上，柏拉图的论点可能会被无民主自由政权肆无忌惮的独裁者操纵，他们以一种自我确定的共同善的名义为政治决策正名。然而,对这一点的回应是,总体而言共同善论点并没有将任何绝对权力放在管理者身上,特别是非民选的官僚们——意识到美德供不应求,而智慧也很难实际成为选拔公职人员的标准。相反,共同善论点呼吁用智慧为那些在公职中承担责任的人指导公共行动,尤其是在立法授权薄弱、模棱两可或灵活的情况下的公职人员,在这种情况下,公共管理者有着为促进公共利益而采取行动的领域。

如果我们现在转向关于公共服务改革的其他运动和系列学说,我们可以注意到,在公共治理和民主治理的文献中以及在新韦伯主义国家文献中那些方法的前提有着更细微的差别,虽然总的来说,它们可能倾向于共同善论点,而不是像新公共管理那样倾向于实用主义。

人格主义的哲学运动在这里也可能是一个根源。我们观察到,在人格主义的框架下,公共治理的"质量"不是关于"满意",不是关于满足需求或达到期望,而是关于作为人的繁荣,通过把所有人设想成一个生命的项目,这个项目最终要实现把自己变成一个"更好的"人这个目标。这是一个人生圆满的概念,与柏拉图和亚里士多德所说的"eudaimonia"并无不同。公共治理和公共服务在这里可以被看作一组推动因素:通过教育、医疗保健、社会关怀、文化服务等,一个人不仅能够满足某些特定的需求,而且最终能够成为一个更好的人。如果个人受到周围群体的帮助,这种情况就会发生——从这个意义上说,人格主义可能是当代关于共同生产、共同创新和共同治理的思想的先驱(Bovaird and Löffler,2017;Voorberg and Bekkers,2017;Torfing et al.,2012)。

在众多政治哲学家中,罗尔斯的思想因其对公共行政领域的潜在影响而被著名的公共行政学者所采纳。尽管他的著作并不是直接关于公共行政的,但该领域的学者们参考了罗尔斯的思想,以及如何发展他的政治哲学可能为公共行政理论提供基础。艾斯奎斯(Esquith,2006)通过重新讨论一些公共管理学者的著作,如戴维·哈特(David Hart),特别是乔治·弗雷德里克森(George Frederickson)的《新公共管理》(Frederickson,1980)及相关著作(Frederickson,1976;Frederickson and Hart,1985;Hart,1974)得出了一个这样的论点。其出发点在于,认为将正义作为公平的原则不仅是宪法和立法决策的理想指南,而且——从弗雷德里克森倡导的"现代公共行政"的角度来看——它们还应明确在公共行政中使用的组织结构和指定权力，以及公职人员行为的道德标准。从这个角度来看：

> 新的公共行政管理者不仅受到罗尔斯正义原则的指导，而且受到作为公共行政管理者的义务的大力约束。新的公共行政管理者还必须积极参与公共对话，包括公民本身以及立法者和其他民选公职人员关于公民需求的对话……弗雷德里克森并没有确切地讨论原初立场（original position）如何作为指导道德论点的工具（但弗雷德里克森认为）需要的是一个更加精细的、描述性的理论，这个理论区分了不同的公共产品和服务（Esquith，2006，pp. 537，541）。

为了提高组织效率和效果而严格设计的公共行政规则可能会产生意想不到的分配影响，特别是对后代不利的影响。对于受罗尔斯公平观启发的公共管理者来说，阻止这些影响应该是其所关心的问题。

这种论点似乎表明，公共行政管理者应该在实现社会公正原则方面发挥积极作用。如何切实解决"公民之间公共领域的公共利益和基本正义问题"的分歧，是可以讨论的，但正如艾斯奎斯所说（Esquith，2006，p. 544），弗雷德里克森和其他公共行政学者呼吁在公共行政领域的内部理论辩论使用"自由的公共理性"，对我们所生活的政治社会的宪法本质的理由进行对话，并以一种公平、文明和宽容的方式提供理由，其最终目的是有助于促进源于"公共反省和自我澄清方法"的公共行政理论的发展——该方法是描述罗尔斯原初立场的另一种方式（另见 Denhardt et al.，2013）。

顺便说一句——但这本身就是另一本书的主题——我们注意到，欧洲及其他地区的宪法思想（其中许多国家的宪法中都强调平等原则）是可以用来进一步完善受到罗尔斯政治哲学启发的公共行政理论的重要来源。

最后，强调"最小国家"作为改革结果的激进立场（讨论见 Peters，1996；Pollitt and Bouckaert，2000，2004）倾向于放弃委托改革后的国家及其公职人员推进任何形式的公共利益的尝试，相反这一立场贬低所有改革尝试的重要性，认为国家的最小化本身就可能改善政治共同体成员的生活。但这会如何发生，以及改善的目的是政治共同体的所有成员，还是仅仅为了一些人——可能是"最适应"环境的人才能生存——还是值得商榷的。

综上所述，本章旨在初步概述公共治理的基本问题，以及任何有志于提出公共部门和公共服务作为更广泛政治制度的一部分应该如何组织的学说。本章回顾了常见的共同善论和社会契约论，并有所扩展，前者包括了实用主义，后者包括了罗尔斯的理论，然后进一步扩展到讨论人格主义是否提供了至少部分可供选择的观点。我们认为，研究和讨论公共治理、公共行政和公共服务管理的正当性及其哲学问题将有助于公共行政领域的发展。

注释

［1］第十二届 ASPA-EGPA 跨大西洋对话"如何在危机时期提高政府的正当性？"比利时根特，2016 年 6 月 8—11 日。

［2］几个世纪以来，人们对共同善的概念提出了许多疑问。从某种意义上讲，基督教思想家也采用了共同善这一要旨：他们通过引入一个更高级的秩序——神圣的秩序来做到这一点。在中世纪，共同善问题与调节世俗政治秩序的法律正当性的基础问题交织在一起，这种冲突最终存在于神法（上帝所揭示的法则）和自然法（上帝赋予创造的法律）中。在《上帝之城》（426/1972）中，奥古斯丁广为人知地区分了两种城市：上帝之城和世俗之城，后者是世俗的王国，其存在是为促进世界和平，关于这两种城市，他说（虽然）这个世界的万物对上帝之城之人来说毫无意义，但也是不可轻视的，而且世俗的成功和失败都有世俗的原因（Ryan，2012，p. 174）。通过一个更公正的社会来实现自我的提升，只不过是一个暂时的成就——无法与身属神圣宗教团体之人的提升相比——但它本身也是一个值得追求的好东西。同时，他也告诫政治制度不能阻止个人追求人生最重要的目标，即与上帝的交流——因此国家行动必须受到限制。正因为这个原因，奥古斯丁的《上帝之城》也被认为是在西方社会引入了宽容的种子。尽管这种宽容仅仅在千年后，随着 16 世纪和 17 世纪宗教战争的结束在欧洲就耗尽了，但有人认为，世俗和天国之间的这种区分在建立宗教的宽容和后来在西方世界发展起来的宽容中起了

关键作用。

[3] 我要感谢沃尔夫冈·德雷克斯勒指出了这一解释思路,这是被德国哲学家汉斯·格奥尔格·伽达默尔（Hans-Georg Gadamer）所拒绝的一个思路。

[4] 为了理解这一论点的逻辑,可以将其与相反的观点进行对比:黑格尔关于国家的本质是我们无条件忠诚的概念;为了保护文化推动的精神自由,国家是一种必要条件——它是一种通过宗教、艺术和哲学发展自己的绝对精神的工具。

[5] 一个反对的主张可能是,效率和与效率相关的价值是新公共管理推动力的核心（Hood,1991）,它强调以更少的成本做更多（或至少相同）的事情,但是与其说是让用户满意,不如说它减少了为公共目的而用于推动新公共管理改革的资源。

第六章 论公共行政中的美德、现实主义和乌托邦思想

第一节 引言

在本章中，我们将介绍三位作者的杰作——安布罗吉奥·洛伦泽蒂（1290—1348）、尼古拉·马基雅维利（1469—1527）、托马斯·莫尔（1478—1535）——作为讨论公共行政三大重要主题的切入点：公共治理中美德（如州长和公民的美德）的作用，政治和公共行政中现实主义（关于权力，关于人性）的意义，乌托邦思想对于公共行政的意义和潜在作用。

为什么是这些作者，他们有哪些经久不衰的思想？本书作者对这些思想家的选择是非常主观的，虽然不是随机的选择。以这些著作结束我们的哲学思考和公共行政之旅，可以使我们接触到三种关键的，但又有着深刻不同的观点，这些观点仍然对整个政治，尤其是公共行政有所启示，即使我们距离这些思想面世时已经有五个世纪甚至更长的时间间隔。

从乌托邦思想出发，公共行政学者可能会联想到"理想类型"（ideal-type）这个词，并更熟悉韦伯（1978/1922）提出的"理想类型"概念。理想类型（我们在后面的章节中会提到）是在人类社会中存在的纯粹类型；莫尔的乌托邦则完全是"另一个"世界。然而，它的"他性"（otherness）并不能阻止，反而是促使了对这个世界的批判成为一种建设性的批判工具，一种在这个世界能够推动行为走向完美的手段，或者至少是改善的手段。目的论思想（telogical thinking）可能是改善的源泉：

这是托马斯·莫尔的杰作《乌托邦》所传达的一个关键信息，该书于 1516 年首次在比利时鲁汶出版。

相比之下，马基雅维利的代表作《君主论》讲述的是一个世俗世界，在这个世界上，权力和暴力处于最前沿——与我们可能制定的任何道德判断无关。洛伦泽蒂的《好政府与坏政府的寓言及影响》（在本例中是一幅画而不是一本书）是关于这个世界的，尽管在这个世界里，事物本身与它们本应是什么是紧密关联的：洛伦泽蒂的杰作揭示的是，在公共治理是受美德的或者是受恶行的影响或支配时，这个世界的两种不同命运；前者是"好政府"的命运，以及它对居民生活幸福产生的影响；后者则是一个关于坏政府及其恶劣影响的故事。

在这一章中，我们首先思考洛伦泽蒂的杰作及其关于美德和道德行为作用的经久不衰的寓意。然后我们转向马基雅维利教给我们的"现实主义"——他使用了相当粗暴、让我们不抱幻想的语言。最后，我们思考了乌托邦在当代公共行政中的意义和可能的用法。本章的最后一部分根据当代公共行政话语体系更为习惯的概念和观点，如理想类型（由马克斯·韦伯首先提出的概念）来探讨这些作品的见解。

在沉浸到几百年前的作品中之前，我们要对读者提出两个初步的重要注意事项。第一个要注意的是，区分政治与行政的概念，（备受争议的）威尔逊关于政治领域与行政领域之间的区别的概念，以及将理性官僚制视为韦伯式政治统治的最理性形式的概念（一些著作很好地总结和讨论了这点，例如，Rosser，2017），是 19 世纪末和 20 世纪末的概念，完全没有出现在三位选定作者的作品中。在这些作品中政治和行政完全混合在一起（但也许现在也是如此？），因此要求读者调整镜头以适应这种视角。第二个要注意的是，读者应该注意到这样一个事实：与其关注这些作者对后来的哲学家、哲学、社会科学和社会实践的巨大影响（这是许多学者担任的一项艰巨的工作，图书馆中到处都是他们的著作），这一章旨在提供一个"回到源头"的旅程，回到这些迷人的思想家的原始著作（或绘画）上。出于简洁的原因，我们没有对他们的时代和历史——政治背景进行深入的探讨（有相关的书籍：见 Ryan，2012）；相反，我们关注他们的杰作。最后，我们将重新发现这些杰作中所包含的信息对于当代公共行政的持续意义。

第二节　安布罗吉奥·洛伦泽蒂,好政府及美德对公共治理的作用

我们从安布罗吉奥·洛伦泽蒂（Ambrogio Lorenzetti）于 1338 年至 1339 年在意大利锡耶纳市的九人会议厅（市政厅）绘制的壁画开始。这是意大利艺术史上第一件主题是公民的作品。洛伦泽蒂是当时锡耶纳自治共和国最著名的画家。他接受过许多哲学方面的教育（Argan, 1969, p. 34），并对亚里士多德—托马斯的哲学和政治哲学（见第二章）有着深入的了解，很多都在他的杰作中通过艺术手段表现出来。这幅作品是一系列壁画，由于 20 世纪末的修复工程，这些壁画保存得非常完好，标题为《好政府与坏政府的寓言及影响》（一般用"好政府"简称这个由四幅壁画组成的作品）。这些画占据了市政厅四面墙中的三面，而阳光通过第四面墙进入房间。

四幅作品中的第一幅是《好政府的寓言》（见图 6.1）。有些人将其翻译成"良好的治理（或善治）"，因为意大利语（或拉丁语）并不像英语那样有着"政府"和"治理"之间的区别。由于本节讨论的原因，我们更喜欢这里的翻译"政府"，但承认两者都具有解释价值。（昂加罗和凡·蒂尔在十几位同事的宝贵帮助下，最近对"公共治理和管理词汇"以及在各种欧洲语言的国家公共行政演讲中使用某些关键英语词汇的方式进行了分析；参见 Ongaro and van Thiel, 2017a。）其他两幅作品的标题是"城市中好政府的影响"和"农村中好政府的影响"；最后一幅壁画是"坏政府的寓言"（对城市与农村的寓言和影响）。好政府的寓言主要是美德起着决定作用，其中最上面的是神学美德（信仰基督才能获得这些美德），其次是基本美德（或"人类的美德"），与正义和市政当局的象征放在一切（municipality，即"市政当局"一词意大利语翻译为 Comune，词根来源于"共同"或"共同体"）。而在底部则画着军队和公民：即战争与和平时期锡耶纳共和国的人民。"神的智慧"处于顶部，"正义"伸向它，就好像它在努力从其源头汲取什么一样。从"正义"处垂下代表着和谐的，由天使连接在一起的绳子，传递给了第一个公民。各种美德都在画中被描绘出来。在《好政府在城市中的影响》中描绘着和平繁荣

第六章 论公共行政中的美德、现实主义和乌托邦思想 | 179

的城市生活，在《好政府在农村中的影响》中描绘着一个繁荣而安全的农村。最后，画中还一一描绘了坏政府的寓言和坏政府对城市和农村的影响，形成了第四幅主要壁画。《坏政府的寓言》中主要表现的是种种恶行。

图6.1 《好政府的寓言》

来源：https：//commons.wikimedia.org/wiki/File：Lorenzetti_amb._good_government169_det.jpg.

在深入探讨这副作品对当代公共行政的意义之前，我们应该先解决一个初步的方法论问题：我们能否利用艺术作品，尤其是过去的作品，来提高我们对公共行政的认识和理解？那么使用一件艺术作品，在这里是可以追溯到大约七个世纪之前的视觉艺术作品（一系列或一套绘画）来提高对当代公共行政的认识和理解的哲学基础是什么？同德雷克斯勒一样，我们也认为我们可以，因为：

> 没人能比汉斯·格奥尔格·伽达默尔（Hans-Georg Gadamer）更好地解释这一观点："艺术是对过去的一种去芜存菁。一切都在艺术中呈现。它成为展现的一切"（Gadamer，1997：25）这是因为艺术

只是在"展现"中"存在"——在互动意义上的解释,才使艺术作品具有意义。这是不受时间影响的;如果我们认真地看,并与洛伦泽蒂的壁画进行心灵交流……它在那一刻就变得鲜活起来,不仅仅是在美学的层面上,也不仅仅在知识层面或历史层面上,是另一种层面上的鲜活。(Drechsler, 2001a, p. 7/8)

另外一种有关艺术意义的论点来自马丁·海德格尔,他把每一件艺术作品、每一件杰作都视为一个完整世界的概念,即通过观看者与杰作的心灵交流来揭开存在的面纱。

艺术作品可以是文字的(如诗歌),也可以是非口头的,如绘画艺术。并非所有的知识都是文字的;事实上,知识和理解的一个重要部分实质上是非文字的[1],并且可能公共行政从非文字的知识中汲取得太少[尽管,在同类的私人管理中有个熟悉的例子,明茨伯格等人(Mintzberg et al. 2009)广泛使用图形、非文字交流作为一种知识表达形式]。因此,与艺术品,尤其是非文字的艺术品进行心灵交流,可以丰富和加强对公共治理和公共行政的理解。

近年来,沃尔夫冈·德雷克斯勒[2](Wolfgang Drechsler)和格雅尔特·德格拉夫(Gjalt de Graaf)等学者大力提倡并明确地提出这种方法。通过德雷克斯勒和德格拉夫的作品,对洛伦泽蒂的杰作进行辩论已成为公共行政文献的一个主流(Drechsler, 2001a; de Graaf, 即将出版)。德雷克斯勒和德格拉夫不是把洛伦泽蒂的壁画作为例证,而是作为论点的核心(Drechsler, 2001a)。德格拉夫主要的研究问题是:"洛伦泽蒂关于以善治的壁画对我们现代的善治观念有着什么启发?"在寻求对善治概念的见解时,我们的目标是看看壁画是否能帮助我们对什么形成治理、善治有一个新的视角。在进一步阐述公共行政学术著作中使用艺术的可能性时,我们将使用艺术的解释学(de Graaf, 即将出版):

沿着这一思路,可以认为,在适当的情况下,对艺术作品的分析可以产生启发性的见解。在艺术史上,图像——绘画、雕像、印刷品或微缩模型——并不用于对"过去是怎样的"进行说明,相反,图像及其背景和预期的受众,结合其他档案、文学和视觉资源,都是揭示当时的概念和实践（无论是有意的还是无意的）的出发点。艺术作品展示了对世界的种种看法，这些看法在现代人眼中可能很奇怪。它们提供了一种不为人们所熟悉的观点，而这也正是它们能够有所启示的原因。在洛伦泽蒂关于"善治"壁画的例子中，有关讨论应同时涉及艺术史学家和公共管理学者。只有当一个论点结合了一种思想——通过对图像细节的解读和一种超越纯粹历史的视野，才能形成一个对图像启发力量的严肃讨论（de Graaf，即将出版）。

那么，从对好政府的当代解读中——通过启发和增加理解，可以得出对促进当代公共行政的什么启示呢[3]？

基督教传统中"公民"和"人类"的主要美德简单来说就是萨皮恩泽尔（Sapienza）、帕齐恩扎（Pazienza）、福尔泰扎（Fortezza）、特姆佩兰扎（Temperanza）（即智慧、耐心、坚韧、节制），以及与之相伴的吉斯提扎（Giustizia）（即正义）和康考迪亚（Concordia）（即和谐），它们可以被翻译为和谐，或者这部著作的语境中，译作"统一"或"齐心协力"（"一致"的拉丁语词源意为：心心相连，心灵的团结）更好。《好政府》的关键"论点"（用视觉形式表达）是，只有在践行智慧、坚韧、公正和节制的美德时，特别是执政官们（这幅画挂在"九人会议室"中，即锡耶纳共和国当时的9个执政官在任期间开会讨论该国管理问题的地方，他们是以轮流的方式担任执政官）能做到这些时，共同善才能实现。关于公民的美德实践有多大限度上也决定了好政府显现的积极作用（这似乎是由从"正义"处穿过的绳子通过公民身边的"和谐"与握有权杖的好政府相连这一事实所暗示的[4]），或者"有道德的政府"是否可以弥补公众对共同事业的缺乏参与和投入的问题，作者的判断是保持开放的——尽管显然，洛伦泽蒂关注的是政府行为的影响，因此也关注执政官的德行。因此，美德主要是作为执政官的美德表现出来的：壁画在市政厅的位置就是证明这一意义的证据。然而，画中也大幅地描绘了锡耶纳的人民，因此，美德也可以被理解为被同样衡量的公民和统治者的美德——这一信息呼应了古希腊哲学家关于个人美德和公民美德以及所有公民的美德具有本质联系的观点[5]。

"好"政府的条件也值得注意——不是"最好的""优秀的""一流

的"，或者其他在当今流行的表示"最xx"的词汇。"好"本质上是一个非比较概念，并不是比其他人的政府更好或是"最好"：美德的实践导致了跨越时空的公共善，尽管效果的大小可能因国家的相对财富，以及它的公民的倾向和才能等的不同而不同。

描绘的是"政府"，而不是治理。这可能仅仅是因为考虑到事实上意大利语中不能用两个不同的词表达政府和治理之间的区别（这也适用于14世纪的意大利语），但是强调运作良好的军队（这通常是政府直接行动确实很重要的领域）作为政治共同体安全发展的一个条件，证明了该画放在政府行动上的重点至少与更广泛的善治是一样的。

美德之间也可能找到逻辑联系。"智慧"和"正义"正是促成共同善和繁荣的政治共同体的条件。然而，一旦暂时达到这个条件，要长期保持和保护它，就需要"坚韧"，以保持廉洁，并最终保护公共利益免受来自外部和共同体内部敌人的侵害。事实上，共同体的团结是要高度重视和维护的，绘画也把它放在中心位置上：这表明"和谐"的美德具有重要意义。"和谐"的意义可以通过对世界著名的锡耶纳赛马节的解释来更好地理解，这是一个每年都会在市政广场——坎波广场（一个建筑杰作，见图6.2）举行的赛马比赛，锡耶纳所有地区，当地称为分区（contrada）都会参加。这是一场真正的比赛，远不是公平竞争，赛马骑师要么因为获胜而受到赞扬，要么因为没有获胜而被区里的人嘲讽，甚至被排斥——在现在至少是象征性地排斥，会发生在除了胜利者的所有赛马骑手身上，因为第二名并不是一种安慰——年轻人受当分区的偶像和偶像的诱惑驱使接受骑师的训练，全然不顾他们有可能永远被贴上"失败者"的标签。这个比赛可以追溯到洛伦泽蒂画那幅著名壁画的一个世纪前，可以说，锡耶纳的精神和生命的内在动力，正如他们在赛马节里所表现出来的，对他来说肯定是耳熟能详的（尽管其他历史学家不同意这一点，他们认为我们今天所知道的赛马会的意义与在洛伦泽蒂时代是不同的；Drechsler，2001a）。如何使锡耶纳市在如此强烈的地方和地区身份认同面前，在其选区之间存在如此激烈竞争的情况下保持统一？这幅画传达的关键信息——在联邦制和在更大意义上的联邦政治的思想家的耳朵里，听起来就像音乐一样——是地方单位的自治，它们的自我组织，它们作为"福利相关"服务提供者的角色，最后但同样重要的是，它们产生的在当代意义上被称为"社会资本"的能力（这里要提到一项著名的研究，其实地证据来自意大利；见 Putnam，1993）是非常有价值的东西——只受一个但至关重要的条件制约：即它们不会破坏更高级的政治秩序，城市本身的整体统一。因此，在绘画中统一或和谐的美德被放在了突出的位置上。事实上，在赛马节上什么也赢不了：这是一个建立身份的练习，也是一个将竞争引入游戏的机会，但不是分裂，不是严重破坏城市的实质统一。

图 6.2 坎波广场（Piazza del Campo），锡耶纳，意大利，里卡多·安德尔·弗兰茨（Ricardo André Frantz）于 2007 年拍摄

在这里可以适当地提出最后一个问题了：谁付钱（Drechsler，2015a）？近年来，意大利银行业陷入了困境，原因是其最大的银行之一，且不仅是意大利，而且是全世界最古老银行的过度增长及扩张：这就是历史上的锡耶纳银行（Monte Dei Paschi di Siena）。最近几次濒临破产的原因还在于当时的管理者的贪婪行为，至少其中一些人是这样的：恶行取代了美德，特别是取代了第四大（主要）美德：节制。在当时锡耶纳兴旺发达的商业和服务业，通过带来财富，用于支付公共福利和服务的急需财富，为政治共同体的福祉作出贡献——但这些需要在节制这一美德的指导下进行实践，并永不屈服于贪婪：这一种行为准则，当然，如

果不是首要适用于，也是同样适用于那些统治这城市的人。

除了基本美德外，洛伦泽蒂的壁画也非常强调所谓的"神学"或圣经美德。在总结之前，有必要对寓言中神学美德的意义进行思考。我们将发言权留给德格拉夫，德格拉夫恰如其分地注意到并详细阐述了这一点：

> 与其他关于善治形象的公共行政研究不同（除了 Drechsler，2001），我们从艺术史学家的角度进行分析。对描绘善治寓言的那部分壁画进行的仔细研究发现，尽管学术界对壁画有广泛的认识，但到目前为止，壁画中有一些元素在二级文献中很少受到关注。这些未被充分挖掘的就是信仰、希望和慈善这些圣经美德。如今，在提到壁画的治理研究中，这些美德往往被忽视（例如，Hendrik and Drosterij, 2012；Drechsler, 2001；Liebling, 2010），可能是因为它们不符合当前关于善治的观点。在艺术史的文献中，他们被注意到了，但却被认为比其他美德"不那么重要"，"有点脱离了主要场景"（Rubinstein, 1958：180）。即使是那些更充分地认识到圣经美德重要地位的学者（例如 Von Thadden, 1951）也没有试图确定为什么信仰、希望和慈善在以前还不是善政形象的组成部分的时候，在当时都被绘入画中…在我们看来，圣经美德对于壁画来说，比艺术史（或公共行政或政治科学）研究通常认为的更重要。壁画中的每一个元素都是经过精心挑选的，没有理由认为圣经美德没有经过深思熟虑就被纳入其中：洛伦泽蒂出于某种原因将它们纳入其中……圣经美德在这里也值得仔细推敲，因为它们提供了一种不同的、补充式的视角，不仅是关于壁画本身，而且是关于什么被认为是善政（de Graaf, 即将出版）。

洛伦泽蒂壁画并不是唯一表现好政府的艺术作品。但是锡耶纳不同于统治者被赋予绝对权力的王国和帝国：锡耶纳是一个城邦，一种创新的管理形式，其中至少有一部分人口，即贵族家庭，积极参与政府，特别是通过一种机制而轮流担任高级职务。权力已变得更加非个人化，它不是由一个人、皇帝或国王来体现的，而是被转移到制度中。而这些制度是由人类运作的，其德行是共同体福祉的基础。因此：

第六章 论公共行政中的美德、现实主义和乌托邦思想

为了描绘好（和坏）的治理，安布罗吉奥·洛伦泽蒂采用了传统的统治者肖像来代表一类人而不是一个人（Rubinstein，1958：181）。在传统的统治者肖像画中，一个坐着的男性形象被与善治相关的美德的女性化身所包围。但不像以前和现在的统治者肖像，男性人物既不是一个历史人物，也不是一个活着的统治者；他的神性特征让人联想到基督作为救世主统治世界的形象（Skinner，1999：11—14）。简言之，洛伦泽蒂描绘了一个好统治者的化身，一个世俗化的天王……他既是一个当权者，又是一个执政官应该将自己利益置于共同体利益之下的形象。他既是统治者又是仆人（de Graaf，即将出版）。

那么统治者的行为与圣经美德有什么关系呢？事实上，这种联系是洛伦泽蒂构成的：

> 洛伦泽蒂描绘了三种神学美德（信仰、希望、慈善）。根据圣保罗的说法，洛伦泽蒂把慈善排在了前面："现在仍然有信仰、希望和慈善这三种（美德），其中最伟大的是慈善。"那么，到底是什么使慈善在洛伦泽蒂的壁画中获得如此重要的地位，并表明它是善政的一个重要因素呢？今天，慈善被认为是对他人之爱，慈善行为的对象是人类同胞。然而，在奥古斯丁时代，慈善的美德不仅被视为对邻居的爱，也被视为对上帝的爱（Augustine, Narrationes in Psalmos, Patrologia Latina XXXVI. 260）。没有对上帝的爱，就不可能去爱邻居，反之亦然。这是一枚硬币不可分割的两面。奥古斯丁将慈善视为提升人类和反映人类与上帝亲密关系的美德，因为人类的爱是上帝对人类之爱的反映（Fehr，1951：35—46；Puzicha，1980；Dassmann，1991：239—250）。基督为了人类而献身。只有上帝之爱的恩典才使人类有可能去爱。通过爱一个人的邻居，一个人可以模仿基督，尽可能地接近上帝。因此，正如奥古斯丁所说，有道德的生命超越了世俗的界限；它把灵魂引导给上帝，正如其渴望的那样（Augustine, De Civitate Dei, esp. ch. 6, PL 41, cols. 757—760）。在洛伦泽蒂的壁画中，慈善不仅被描绘成保罗所强调的最重要的基督教美德，而且

是基督教统治者最重要的美德……在慈善的指引下,上帝的爱和人类的爱,如同织物的经线和纬线般密不可分地联系在一起,统治者可以提升并带领共同体及其所有成员,使他们更接近上帝。"慈善"在仰视中期待着这一理想、天堂般的状态。她被描绘在美德金字塔的顶端,是神与人之间的纽带。这一切的目的是什么?如果那些参与政府的人能从洛伦泽蒂为他们描绘的理想图景中受到启发,结果会怎样?在壁画中间,在神的正义和善的统治者之间,洛伦泽蒂增加了和平的化身,这是善治的效果或结果。对领导锡耶纳共同体的九位领导人来说,维护和谐与和平无疑是最重要的任务。在九人宣誓就职的开始,他们就宣誓"要确保伟大的锡耶纳市的共同体和人民生活在和平与和谐中,并维护这种和平与和谐"(Waley,1991:47;Bowsky,1981:55)。在他的寓言中,洛伦泽蒂向议会成员展示了如何对这个和平状况作出贡献。和平在这里表明,它不仅仅是一本指南,这本指南中包含了城邦执政官为了"善"应该遵循的规则,而且它还提供了一个"善治"的形象,其中包含了其前提条件和效果。综上所述,善政源于把慈善置于一切之上的善政者。所有其他美德都来自慈善,没有慈善,其他美德都是毫无意义的。对上帝和对他人的爱,使统治者成为最终审判者的投影,这对实现尘世间的和平,世俗的天堂都是必不可少的(de Graaf,即将出版)。

总而言之,德格拉夫和德雷克斯勒的论点是将本体论、行为和效果联系在一起:良好的美德导致良好的政府和治理,这体现在共同体的福祉得以体现;相反,恶行导致贫穷,甚至恶劣的治理。在这一框架内,德格拉夫的论点强调了慈善和利他主义的现实性,以及它们在慈善这一美德中的根源(从基督教的角度)。这一话题离公共行政有些远,但并非如此:"像弗雷德里克森和哈特这样的公共行政学者(1985年;还有Frederickson,1980、1997;Hart,1974)主张以善行为重点的公民人文主义伦理。"(Esquith,2006,p.537)为了证明这一点,并参考了美国当代的民主制度,弗雷德里克森和哈特(正如埃斯奎斯恰如其分总结的那样,Esquith,2006,pp.538—539)指出:

通过第二次世界大战期间纳粹官僚和丹麦公务员之间的鲜明对比，他们认为，尽管前者对当时腐败的傀儡政权已经失去了所有的道德责任感，但在纳粹占领下的丹麦人仍然感觉到"对他们国家民主价值观的一种深刻的认同感和对人民的真爱"……因此……在一个民主国家，公共服务人员和公民之间必须存在的"特殊关系"是建立在公民意识到官僚体制对其有所关爱的基础上的。

这一立场（在许多方面与"存在主义公共管理者"的立场相近，见第四章）表明，公共管理者要解释国家的基本"制度价值观"，并始终衡量他们受命执行不符合这些价值观的政策的方式——这意味着，最终推动公共管理者践行这些价值观的是仁爱。"善治"之中仁爱的核心作用既是当前关注的问题，也是值得积极研究的主题。它是政治和公共行政的支柱，这早就得到了认可，不仅仅是洛伦泽蒂的杰作反映了这一点。

最后，可以说，对于受美德影响的政府和治理来说，只有天空才是其极限：它实际上是在努力达到"完美"。从柏拉图和亚里士多德对正义社会的哲学思考开始，追求完美的动力就存在于美德论述中。在锡耶纳和意大利的其他地方，在公共场所和教堂中的众多杰作就是一种强有力的提醒——对于安布罗吉奥·洛伦泽蒂和他的同胞们来说，共同一致努力追求完美和神圣，正是主权和城邦在整个半岛蓬勃发展时期（为意大利文艺复兴铺平了道路）意大利人民思想和心灵的驱动力。

美德政治和美德行政通常被认为是源于亚里士多德的思想。亚里士多德将伦理美德（理性在其中调节情感和激情，并在对立面中找到适当平衡来引导人类作为"理性动物"的行为）和理性美德（理性在其中追求自己的目标：思考真理和存在）区别开；因此，作为"理性动物"的人类通过实现沉思来满足自我，并认为两者都是幸福生活的必要条件——幸福从根本上来说是人类本性的实现（前一章中讨论的"*eudaimonia*"的概念）。从这个角度来看，实用而深思熟虑的智慧被放在了绘画的顶部：通过对永恒存在（此处大写表示上帝）的沉思，人类也拥有了存在的永恒性。这是文艺复兴时期被广泛采用的一个哲学原则。

延续了远古时期的传统[7]，美德在中世纪的思想中被认为是一个好政府的基础，与基督教价值观协调一致，并以演绎的方式（从圣经或通过推理）衍生出来。在中世纪后期，神学和基本美德被更广义的美德（如乔瓦尼·彭塔诺的《自由原则》中的自由、宏大、威严）所包括，在整个文艺复兴时期都在这一扩大的概念中处于核心位置：美德和智慧实践的核心地位在像伊拉斯谟（Erasmus）的《一个基督教王子的教育》这样的作品中得到了重申。

然而，正是在文艺复兴时期，美德话语和"现实主义"之间开始产生某种形式的分离：文艺复兴时期的作家们提出了一些问题，这些问题稍后将由马基雅维利（machiavelli）以一种非传统的（在当时）方式来处理：王子是被爱还是令人害怕更好？"公共"美德与"私人"美德有区别吗？［弗朗切斯科·帕特里齐（Francesco Patrizi）在《德雷格诺与雷吉斯制度》一书中提出］。正是在这种质疑美德论述的文化氛围中，马基雅维利将把道德美德和政治美德区别开来，正如我们将看到的那样。

意大利文艺复兴时期的辩论还涉及美德在产生"良好效果"方面是否具有"绝对的"、无条件的价值，或者是否需要在多大程度上与"适当的"国家宪法形式（如共和国或公国）相结合？简而言之，问题是什么更重要：王子（一般来说是统治者们）的美德，还是宪法形式？像这样的问题为"现代"政治科学的诞生奠定了基础，而且，在一个更为普通和日常的层面上，在当代社会科学文献的多个分支中还可以看到这些问题的影子，例如关于"领导"与"组织设计"的相对关系——尽管在文艺复兴思想中这些争论的根源很少被认识到，而且这种遗忘对社会科学当代话语几乎没有好处。

当代读者会发现，美德辩论比他/她习惯的辩论更为广泛、"更为崇高"，而这一辩论更常被界定为公共部门的"公共价值"和"价值体系"（见 Bozeman，2007；Frederickson，1997）。约根森和博兹曼（Jørgensen and Bozeman，2007）编制了公共部门价值的详细清单。"公共价值"论述部分接近于古典、中世纪和文艺复兴时期的美德论述，这种论述一直延续到我们的时代——但当代社会科学研究增加了对实践价值（美德）在当代的、超复杂的行政和社会系统中的经验意义的关注。作者指出了公共价值冲突（例如程序价值和绩效价值之间的冲突，见 De Graaf，2014；van der wal 等人编辑的专刊，van der Wal et al. 2011；van der wal and de Graaf，2010）以及价值和价值集群的优先排序问题（Rutgers，

2008a，2008b；Jørgensen and Rutgers，2015）。范华特（van Wart，1998）强调了公共部门价值体系的某些属性：它们特别复杂，有着多个来源——个人、专业、组织、法律、公共利益；它们还充当着调和多种利益的工具；它们随时间而变，它们容易彼此竞争，也备受争议。这些对公共价值观的构想方式肯定更符合当代读者的耳朵，因为它们来自不同的来源，并"展现"给不同的目标群体，"展现"不同目的——但它可能会错过美德论述的重要教义，正如美德论述在中世纪和文艺复兴时期所实现的那样。

这种情况的原因有很多，其中一个原因是，进入现代后，美德哲学也（重新）遇到了享乐主义，相对主义和个人主观偏好、观点的中心性等与美德话语不一致的思想。有趣的是，享乐主义也是亚里士多德论述的主要目标，因此这可能意味着，关于什么是促进群体幸福的"正当"行为的基础这一话题，很难将辩论建立在全新的基础上，这些基础在过去的两千五百年里都已经打下了。然而，事实上，在进入现代后，美德哲学也遇到了新的挑战：一个是对（意料之外）社会后果的分析，就像亚当·史密斯关于追求私人利益比公共利益更好地服务于人的需要的经典理论一样——尽管很难想象洛伦泽蒂会对这样一个事实陈述感到满意，那就是屠夫最大限度地提高她的/他的利益，可能会比有道德的执政官更好地为她/他的国家伙伴服务。相反，洛伦泽蒂会提醒我们，如果贪婪主宰了公民的生活，那么后果将不堪设想。然而，毫无疑问，社会科学调查揭示了诸如"有目的的社会行为的非预期后果"、经济结构对社会行为的影响（如马克思思想和一些新自由主义、经济主义趋势中所示的）等现实，可能会对美德论述产生取代作用；而且毫无疑问的是，美德论述在过去几个世纪中失去了主导地位，并且正在努力恢复再回到舞台的中心。本书作者认为这种情况是一种重大的损失：是对于公共话语，对于公共群体的福祉，以及公共行政领域的损失。

当然，诸如劳顿（Lawton）、范德沃尔（van der Wal）、休伯特（Hubert）等作者在将美德论述纳入公共道德的当代社会科学研究方面也有重大尝试（最近见Lawton et al.，2016）。一些作者明确提及了美德论述及其在当代公共行政管理中的地位（Lynch and Lynch，2006）。公共伦理论述有多个方向：从公共服务精神到行为准则的地位和意义或就职宣誓的意义；从个体行为到廉政体系，将伦理问题和系统理论方法联系起来，以分析和"管理"公共服务中的廉正问题等（Macaulay，2017）。

也许，在公共辩论中，当代知名度和共鸣度最高的美德辩论的一个应用是关于（反）腐败的辩论：在抵御公共部门的腐败时，采取什么样的行为是有效的？建议的补救措施包括：从增加监管和加强对执行规则的监督；到从经济学角度对腐败/腐败行为的"便利性"进行分析，以设计能够阻止腐败行为的制度；到社会心理学方法，该方法指出了价值观形成过程以及职业生涯中个人价值观可能发生变化的关键环节；到组织环境对价值观和行为的影响。这种基于分析的社会科学配方对于描述社会现象和确定导致更多（或更少）理想结果的因果关系和联系至关重要，因此可能有助于进行补救干预。然而，洛伦泽蒂的杰作——以及千百年来对政府美德的广泛反映——在这一框架中起到了强有力的提醒作用，提醒人们不要忽视更广泛的观点：良好的政府和良好的治理需要的不仅仅是经过适当设计的制度（例如，为了打击腐败，确保遵守法律，在公职人员中灌输"适当的"行为等），无论这些制度多么重要（它们确实都非常重要）。但是智慧和正义、节制和谨慎，以及慈善，对于促进福祉和滋养政治群体幸福美满的生活仍然具有重要意义。

最后用两句话结束这一节。第一，要注意区分"复数形式"的公共价值（本节中讨论的美德论述的主题）和"单数形式"的公共价值。单一的公共价值关注公共组织的"结果"，产生并提供给（用不同名称表示的）公民、用户、顾客、客户等的影响或"结果"。它带来了如何"衡量"公共组织的产出及其影响的问题：评估过程以及在这一过程中包括谁。在当今可能最有名的关于公共价值的研究是与马克·穆尔（Mark Moore，1995）的一个尝试联系在一起的，他提出衡量公共行动对公共需求的影响，这些需求是通过民主手段集体确定和选择的。不同的作者对这一主题和相关主题也进行了研究（例如，Benington and Moore，2011），他们也强调了后代的集体利益，这种关注在美德论述中得到了广泛的共鸣（Talbot，2010、2011；另见 Alford et al.，2017；Hartley et al.，2017），在第五章中曾讨论过。有人试图暗示如何将公共价值辩论与公共价值，甚至公共美德联系起来（对穆尔的公共价值创造方法的一种解释是，"归根结底，他试图了解公民对公共管理者的期望，以及对美德的追求如何被纳入执行活动中",参见 Liddle，2017[8]）。这似乎是一条重要而充满希望的探究之路。

第二，在总结这一部分时，需要从社会科学的角度，指出社会行为与美德论述之间的联系。根据维尔塔宁（Virtanen，2017）对行政实践情境的本体论——逻辑结构的分析，我们可能会问，各个时代美德论述之间的联系是什么——从亚里士多德到希腊化时代的斯多葛学派，到中世纪和文艺复兴时期，到我们的时代——以及与社会行为和行政行为的联系是什么，在马克斯·韦伯和赫伯特·西蒙等当代公共行政之父们写出开创性的著作之后我们更习惯于思考这样的联系。把这些浓缩成一个问题：在某种程度上，美德是行使和实践美德的人的"所有物"，那么美德如何转化为社会行为，并最终产生社会效应？我们可以在这里的可用空间中，使用非常大的画笔并粗略绘制一些可能有助于解决这个大问题的元素。

社会行为是社会学学科以及包括公共行政在内的整个社会科学的一个关键的、明确的概念，它的主要关注点之一是对行政行动和行政行为的理解。马克斯·韦伯（Weber，1978，p.4）将社会行为定义为："只要行为个体赋予其行为主观意义，我们就可以说是'行为'——无论是公开的还是隐蔽的、无意的还是默许的。只要行为的主观意义涉及了他人的行为，并因此影响了其过程，行为就是'社会性的'。"

意向性在这一观点中起着关键作用，工具理性的假设也是如此，即行为人为了达到目的而选择一种手段。在某种程度上，行为人根据他或她认为哪一个行动过程有助于达到目的而行为，这一行为显然是可以了解的。解释行为人行为的，是对追求的目的的意向性，以及有利于有价值的目的的手段的理性选择。只有在行为人不遵循他或她关于有效行动的信念和知识的情况下，我们才需要一个因果解释：观察到的偏离理性工具的行动可能归因于"误解、战略错误、逻辑失误、个人性格或战略领域之外的考虑"等因素（Weber，1978，p.21）。

如果我们从美德的角度来解释意向性，那么有道德的统治者或公民的价值判断将受到美德及追求完美的启发和塑造，其接下来的行为过程将主要取决于工具上更为恰当的行为的选择，这些选择超出决策者有限理性的备选方案范围，使道德行为得以实现——在他们对价值观的判断和事实判断中都是道德的。至关重要的是，这些备选方案将根据美德实践的启示进行审查：临时选择的行动路线是否受到谨慎的影响？它是否以公正标准为依据？对形势的明智理解是否有所启发？社会科学的任务，尤其是在我们的案例中，公共行政领域的任务，在这个角度上，在于解释偏离理性的行动和行为的原因，或者是由于工具理性的错误，即被选择的手段由于误解，缺乏知识、谬误或其他而不足以完成任务；或是由于偏离了道德的意向性，即价值判断最终被证明是有问题的——错误最终会因随后行动产生的反常影响被发现，如洛伦泽蒂绘画的第二部分，其中描绘了坏政府的影响。不良影响可能是由于事实判断（工具理性）以及价值判断（意向性）的错误造成的，两者在美德的视角中相互交织在一起。美德既能影响价值观，又能影响事实判断，两者在某种意义上是通过美德的实践而"联系在一起"的。

诺贝尔奖获得者赫伯特·西蒙（Herbert Simon）对价值判断和事实判断进行了严格的区分，如今在社会科学和行政科学领域也可以看到这种区分。对西蒙来说，价值判断是"应该做的"，是应该做什么或使之存在，你不可能仅仅从一套纯粹的"是什么"中通过仔细推理得到一个"应该"（Simon，1947/1997，p. 68）。价值判断和事实判断属于两个截然不同的维度，只有当一个维度（价值判断）结束时，才能开始对另一个维度（事实判断，社会科学的范畴）的分析。这个陈述是否符合美德观点的立场？美德论述能否像西蒙所宣称的那样，在事实判断（工具理性）和价值判断之间进行细分？在这里作者要很有试探性地说，也许可以提出，美德的观点是相反的：它更努力地整合这两种判断，或者至少它具有一个将两种形式的判断结合在一起的重要推动力："应该"和"是什么"是密不可分的。这或许就是为什么"现代"社会科学（至少在西蒙的追随者普遍接受的概念中）和千百年历史的美德论述似乎无法相互交流的原因之一，也许是这两者之间分歧和鸿沟的根源（以及这就是西蒙的追随者和德怀特·瓦尔多的追随者之间分歧的根源，后者作品可能被解读为与千百年来的"公共美德"论述有着更紧密的联系）。这些都是重要的问题，而且是巨大的问题——其他书籍和其他作者要更全面地解决——但是重温美德哲学家以及像洛伦泽蒂这样的画家的著作，代表了解决这些问题的坚定立场。

美德论述还有另一个主要挑战：不仅是对"价值"领域和"事实"领域的区分，而且是质疑美德对行为的激励程度。对美德论述的现实主义批判对于人性的卑劣性以及随之而来对美德的不可行性提出警告，尤其是在涉及公共行为时，至少是对美德被置于中心位置忽视工具理性的风险提出了警告。马基雅维利的智慧之作是对美德论述这种质疑的全面体现：这是我们现在转向他的基础性作品。

第三节　尼古拉·马基雅维利与现实主义

马基雅维利是个尖锐的批评家，对建设和维护国家事业中伦理道德操守的可持续性和权宜性提出了批判。尼古拉·马基雅维利[9]1469年3月3日生于佛罗伦萨，1527年6月21日去世。1498年到1512年，他一直出任佛罗伦萨共和国的秘书，直到共和国垮台，美第奇家族重掌政权，佛罗伦萨重新成为一个君主国。此后，他彻底告别公职，尽管他死心塌地试图再返政坛。正是在被撤掉公职后，他构思了自己的不朽之作《第二原则——君主论》。该书以信函的方式写给佛罗伦萨的新执政者洛伦佐·德·美第奇（Lorenzo de'Medici），目的是给他的政权提供最有效地履行职责的建议。不言而喻，《君主论》也是他请求复职的敲门砖。

马基雅维利在重返职场的尝试中，要比其同时代的同乡弗朗西斯科·圭恰迪尼（Francesco Guicciardini）逊色得多。后者同他一样，是政府艺术的天才，先是在佛罗伦萨共和国效力，之后又成功地在美第奇家族重掌政权的佛罗伦萨君主国和罗马教廷谋到了职位。马基雅维利和圭恰迪尼代表了"技术人员"的先例，实际上是榜样。他们在国家艺术中的技能和足智多谋以及所拥有的技术知识被用于服务不同的政治领袖，其目的无非是完善或改善国家的运行方式[10]。马基雅维利有两部主要的传世之作：《君主论》和《论李维》。后者大多在《君主论》之前完成，是对罗马历史学家提图斯·利维乌斯（李维）（Titus Livius）著作中经验教训的反思，尤其是对如何治理共和国的思考。马基雅维利在构思《论李维》的时候，其功用不太可能是为万一佛罗伦萨成功恢复共和政体后的政治管理精英做好准备（马基雅维利与奥提奥利切莱利文化环境的联系有据可查，奥提奥利切莱利即 Orti Oricellari，是一个旨在佛罗伦萨重建共和国的精英圈)。《论李维》论述的是如何解决一个已经存在的国家的运转问题：它是关于一个民族必须具备的素质，以便使其国家和政治团体在一个不安全和危险的世界中繁荣昌盛。《君主论》（大部分是他在1513 年奋笔疾书，一蹴而就。彼时，他刚刚失去了佛罗伦萨共和国行政长官的职务 1498—1512 年)，是关于个体，君主，要在不同的政治制度下取得和维护权力必须具备的品质。它的目的是作为一本教科书，指导君主如何建立国家，以及君主作为造物主这个过程中的地位和作用。其背景是对意大利国家的预想，尽管在 16 世纪，意大利的版图充斥着众多相互冲突而弱小的君主国，而这些君主国实际上处于法国和西班牙王国的统治之下。归根结底，《君主论》灵感和动机是理想主义和爱国主义[11]，是受统一意大利梦想的感召（而这一梦想在马基雅维利死后三百五十年才得以实现），然而，其内容旨在保持价值中立：教导夺取权力和维护权力的艺术，并锻炼实现这些目标所需的品质和行为。在如何建立一个新国家的问题背景下，马基雅维利提出了"如何夺取权力"以及"如何保持权力？"的具体问题。

《君主论》分三十六章进行阐述，以下列方式展开论证。第一章到第十一章，概述君主国的类型：世袭或兼并的君主国、独立的君主国或附属于更大领域的君主国、依靠自己的军队或雇佣军而获得的君主国——或通过美德或好运征服的君主国。马基雅维利最感兴趣的是一个全新的君主国，严格来说是在一名君主统治下的统一的意大利。正如我们所暗示的，撰写《君主论》并将其献给洛伦佐·德·美第奇的主要动力和首要动机就是基于这样一个事实，美第奇家族在佛罗伦萨和罗马都大权在握，因此为意大利中部两个最重要的强国联合且从战火中"拯救"意大利并最终实现统一而提供了机会。马基雅维利这一愿景是基于这样一种考虑，古罗马帝国的辉煌，其疆域如此辽阔，从中东延伸到整个地中海盆地，并延伸到如今的英格兰等领土，首先就是源于对一个统一的意大利的掌控。

第十二章至第十四章讨论了雇佣军和自有军队各自的优点：这里的主要论点是自有的军队——一支正规的国家军队——是维护政权的先决条件。第十五章至第十九章论述了君主应具备的美德和行为：这里采用了一个明确的美德定义，与洛伦泽蒂（Lorenzetti）描绘的美德概念相去甚远：美德行为是指那些有助于统治国家的行为——是一种美德的工具性概念，与中世纪美德论述和道德行为与政治行为之间的任何和谐概念形成鲜明反差。马基雅维利认为，不道德的行为模式，如行为上的残忍和语言上的欺骗，可能对统治国家的目标有用，在这个意义上，可以被认为是"美德"。虽然在他之前的统治者并非不知道这一点，但马基雅维利是第一个用明晰和率真的语言为统治国家制定不道德行为功能的人。第二十章至第二十三章提供了一系列关于君主对其顾问、朝臣、谄媚者等适当行为的训诫——强调了君主避免谄媚者的重要性。第二十四章分析了意大利现存君主的责任以及他们失去对国家控制的原因。

第二十五章是最著名的章节。其中对美德和运气在人类事件过程中所造成的相对影响进行了思考：与偶然事件和世界命运相比，人类行为在塑造事物发展过程中的影响是什么？马基雅维利有个著名的论断："命运主宰了我们一半的行动，但另一半还掌握在我们手中。"他的意思是说，我们想要达成的（社会的）的结果一半是由运气决定的，另一半则是人为决定的（所谓谋事在人，成事在天——译者注）。然后他在命运的描绘方式上摇摆不定；有时，它是一种自然力，如河流的洪灾，洪灾暴发是无法控制的，但我们可以在不发生洪灾时进行控制，只要人们勤勤恳恳且有足够的智慧采取适当的防范措施。因此，只有懒于采取预防措施，才使得命运在人类事件的历程中有如此大的主宰权。然而，其他时候，马基雅维利似乎更接近于把命运想象成一种时代精神、时代思潮或社会行动者所导致的一系列境遇。在第二种观点中，一方面是境遇与气质、自然倾向与素质、技能与操作方式之间的契合更适合某人；另一方面，也同样决定了他或她的成败。某些时代或境遇对审时度势的人更合适；另一些时代或境遇则需要当机立断和大胆妄为。我们生在什么样的时代，与我们的天性倾向是相适应还是不相适应，这都是一个运气的问题，它影响着我们追求权力的命运。在这一章的结尾，他给出了这样的论述，通常行事果断勇猛的人会赢得权力。这就是那著名的（或臭名昭著的——因为这篇文章带有性别歧视的主旨，确实令我们瞠目不已）断言：

　　命运就好像是一个女人，如果你想让她对你百依百顺，就必须采用强硬手段对待她。显然，相比谨小慎微、优柔寡断的人，她更愿意被行事果敢的人征服。因为命运是个女人，她总是更愿意听从年轻人的摆布，因为他们不那么缩头缩尾，更具进取性，对待她也更大胆（《君主论》，第二十五章）。

最后一章，第二十六章，是对解放意大利的谆谆教诲（如同书的序言中对洛伦佐·德·美第奇的献词一样，这一章是几年后撰写并添加上去的）。

马基雅维利的著作中出现了一些关键的哲学问题和相当有力的论断。第一，是对人性的负面评价。在马基雅维利看来，必须认清人性本恶的这一"事实"，任何参与国家事务的人，要想做出更加准确的判断都必须考虑到这一点。关于人性本恶的判断同样适用于政治和行政领域：对于那些有意在政坛一展拳脚的人的动机和行为来说，还有那些运用某种手段在公共治理和管理方面假装"涉及""参与""委身"的公民，以及自律的和理智的公共服务的使用者，对于他们的动机和行为来说，这是悲观的教训。在马基雅维利看来，这种人性特征成为一种基准，一种只需简单接受的事实：这种方法表明了对政治现象的一种"社会科学"态度，这就是为什么有些人尊马基雅维利为政治学的鼻祖。

第二，"现实主义原则"就是必须按照事实本身的条件来考虑和处理事实，因为事实就摆在那里，而不是我们希望或想让它们怎样就会怎样，因此政治的概念是"国家的科学"，即对建立、发展和"运行维护"国家发挥作用的应用知识体。从这个概念不难得出，"恰当"的行为是那些对这些首要目标有用的行为，"不当"行为是那些对这些目标无用的行为——即使这些行为在道德上或伦理上是"好的"。这里的"荣誉"和变通，以及何为正直和何为私利，有着鲜明的区别和不同［"荣誉"（honour）在当时的时代背景下的意思是道德、诚实，拉丁文为 honestum；私利、变通或权宜之计（expediency）意思是有用的、实用的］：这与15—16世纪为统治者和君主所作的关于道德和伦理美德准则的著作和论述是一种背离。此外，"更令人不安的是，他似乎对寻求超越政治成功的理由不感兴趣……马基雅维利对道德要求和政治实践要求之间的紧张关系的坚决主张貌似非常合理，但却令人不安，因为很显然，他并没有解决那种紧张关系"（Ryan，2012，p. 358）。

作为一个补充说明，从这个描述中可以看出，奸诈的政客们断章取义地引用马基雅维利话语，为自己不负责任的卑劣道德行径找借口，但在马基雅维利的原著中根本找不到任何根据（他们很可能从未读过原著）。在马基雅维利的著作中，根本找不到"目的能够证明手段是正确的"这句话（这句话本身就是一个愚蠢的说法：从定义上讲，手段就是目的的方法和途径）；相反，读者只能思考道德逻辑和权宜逻辑之间尚未解决的紧张关系，权宜逻辑似乎主宰着尘世间的行动过程，从而导致权力的攫取和维系。

第三，马基雅维利认为，攫取权力和获得荣耀（马基雅维利本意是"进入历史"，History 用的是大写字母）是人类行为，或至少是热衷于进入政治舞台的那部分人行为的关键驱动力。在马基雅维利看来，"权力"和"荣耀"是驱动"政治家"作出价值判断的毋庸置疑的终极目标和标准——不是改善公共服务或实现道德的价值，甚至不是仅仅追求获取某些优势。作为首要目标的优势的获取——效用最大化——通常是建立在植根于经济学的理论中的，如公共选择理论［在这方面，虽然尼斯坎南（Niskanen，1971，1973）的官僚模型作为预算规模的最大化，仍然与权力最大化有一些相似之处，但邓利维（Dunleavy，1991）复杂的官僚型塑模型（bureau-shaping），在某种意义上，却与之背离：隐藏和潜伏在阴影中，利用信息不对称来获取利益，是这里对官僚行为的描述］。马基雅维利提醒我们，虽然有些人在担任公职时采取了这种行动方针，但在政治舞台上，也有一些人只是为了单纯地追求权力和荣耀的最大化，为了进入历史；这是我们需要应对的人类行为的一个方面，也包括任何对公共治理动态的理解。

第四，马基雅维利的第四个关键主题是暴力在政治（和公共行政）中占据的地位：事实上，政治上的成功要求坚定不移地违背每一条适合私人生活的道德准则，正如马基雅维利所指出的那样，这在基督教欧洲是新颖独创的（Ryan，2012，p. 358）。马基雅维利把暴力政治推到了极其显著的位置，虽然其程度并非不为人知，但此前从未有人像他那样说出口。暴力政治是一种默契的认知（古罗马人在拓展自己疆土的时候，并不在意——完全不在意——是否违反了其邻里的人权），但从未有过明确的表达，至少不像马基雅维利那样明确，正如其著名的（或臭名昭著的——从道德角度）论断："对人要么晓之以恩，要么慑之以害。伤之轻，则怨；伤之重，则服。"

第五，马基雅维利提醒了我们运气在人类事务中的作用：这也许是当代社会科学的大部分领域有可能低估的东西，可能至少以下列形式含蓄地支持了决定论的逻辑（甚至在其"概率变体"中）：在条件 Z 下，从 X 到 Y。在统计处理下，运气被视作"谣传"或"无法解释的变异"。但在社会行为发生的最复杂的现象中，正如一些最具洞察力的学者提醒我们的那样，运气确实发挥了作用（关于运气作用的说法——在其公共管理改革模式中，偶然事件是改革的催化剂或障碍——参见 Pollitt and Bouckaert，2011）；在公共管理实践的分析和推断中，为了解释"成功"或"失败"的原因，所使用的与特定环境中所发生的实际情况不同的可能性概念，见布卡的著作（Bouckaert，1994，1998）；布卡还恰如其分地说道，成功的案例可能是碰巧发生的，但同样的巧合可能不会在其他地方复制——反之亦然，一种实践可能有潜力，值得在其他地方复制，但事情偏偏就"碰巧"出了差错：这并不意味着要排除实践可能具有的潜力。

第六，马基雅维利对人性的永恒性作出了强有力的断言。马基雅维利在两部作品《君主论》和《论利维》中，收集了海量证据，通过将古代事件与当代 15—16 世纪的意大利进行比较来证明这一点。由此，马基雅维利还引出了从古罗马人"成功事件"中学习的意义，学习罗马帝国和共和国在他们庞大的国家建设活动中的成功经验（这点在《论利维》中有专门论述）。随着时间的推移，人性的永恒性是其以过去学习的可能性为基础，否则，在社会现象中它将变得毫无意义。我们将在下一章中回到这一点。

第七，尽管听起来有些琐碎，马基雅维利还提醒我们，开明的治理者和行政官们，至少必须接近权力并长时期权力在握，这样他们才能为改善公民的生活而进行崇高和备受推崇的公共治理和公共服务改革。

第四节　托马斯·莫尔与乌托邦

如何改善公共治理问题的一种截然不同的方法来自乌托邦思想的传统。关于该词的使用要归功于托马斯·莫尔的《乌托邦》。这部用拉丁文撰写的世界名著大部分是 1515 年写成的，其中一部分可能是 1510 年早些时候草拟的，当时他正在安特卫普度假，陪伴他的是彼得·贾尔斯（Peter Giles），他是伟大的人文主义者及莫尔的挚友鹿特丹的伊拉斯谟（Erasmus of Rotterdam）的助手。书籍的全名是《关于最完美的国家制度和乌托邦新岛的既有益又有趣的全书》（*De Optimo Reipublicae Statu deque Nova Insula Utopia*）。1551 年，首次出版英译本，译者是拉尔夫·罗宾逊（Ralph Robinson）。1684 年，出版了吉尔伯特·伯内特（Gilbert Burnet）的"更具文学技巧"的译本，也就是我们在这里参考的版本［另见乔治·洛根（George Logan）、罗伯特·亚当斯（Robert Adams）和克拉伦斯·米勒（Clarence Miller）编辑的版本，剑桥大学出版社 1995 年版］。它最初于 1516 年在比利时鲁汶出版，然后在法国巴黎（1517）和瑞士巴塞尔（1518）出版，但它在英国的出版却是在莫尔谢世之后。

"乌托邦（utopia）"一词源于希腊语 outopia，意思是"没有的地方"；此外，还有一种充满深意的解读：莫尔利用了乌托邦与优托邦（eutopia），或者说"理想的地方"固有的相似性（尤其是在英语发音中的相似性，本书的注释）的双关语歧义（Ryan, 2012, p. 312，着重部分由作者标明）。虽然该词系托马斯·莫尔杜撰，但在乌托邦思想的文学流派中，已经有了乌托邦的伟大先行者，甚至早在柏拉图的《理想国》中，就已经涉及公共利益是治理基础的讨论，该书是乌托邦的一个强大灵感源泉。莫尔的《乌托邦》显然是受了柏拉图的《理想国》的启迪，并且事实上也是对希腊这位哲学巨擘的精神献礼。《理想国》也讨论了把政府委托给哲学家（或至少是受过良好哲学训练的治理者）的重要性。作品中的主要人物，跟托马斯·莫尔和拉斐尔·希斯拉德（Raphael Hythloday）一样，对柏拉图的建议进行了详细的辩论（两个人物都表现了柏拉图所提出的哲学家作为治理者建议的可行性持相同的怀疑态度的意识）。然而，可以说，托马斯·莫尔不仅是第一个杜撰了"乌托邦"这个词的人，而且还把这个概念性工具发挥到了淋漓尽致的地步。更有后来者竞相效仿，包括托马索·康帕内拉［神父托马索，俗名吉安多梅尼科（Giandomenico），著有《太阳城》（La Città del Sole，1602）］。

在《乌托邦》中，拉斐尔·希斯拉德所担任的角色是个航海家，在其周游世界的过程中，最终停泊在了一个名为乌托邦的岛上，并对那里的风俗习惯和治理实践有了深入的了解；然后，他向托马斯·莫尔如实讲述了他在那里发现的一种与其他任何地方都截然不同的政治体制。

书中详细阐述了乌托邦的治理安排：权力分配和地方行政官的任命程序；其城镇的配置，尤其是首都亚马乌罗提（Amaurot）；乌托邦人（乌托邦居民）的劳工组织及其贸易安排；他们的生活方式（有些不仅仅是对他们，对现代人来说都很触目惊心：例如，公共的家庭生活，男人从不离开自己的家，女人婚后也会加入他们的行列；或者是强制性的旅行许可，如果一个公民想穿越该岛旅行，就必须得到公共当局的批准，作者紧接着补充道："如果任何人有心思去拜访他住在其他城镇的朋友，或者想去旅行或游览国家的其他地方，他可以轻松地得到批准……"）。书中还详细讨论了乌托邦人与邻国打交道和管理战争的方式（乌托邦的外交和国防政策），以及他们的宗教信仰，特别是他们如何（有些条件规定）应用宗教宽容的制度，在乌托邦深得民心。莫尔对宗教宽容的思想立场的重要性在后来的事件得到了强化：托马斯·莫尔最后被亨利八世国王斩首，成了天主教的殉道者，因为他不肯放弃对天主教的信仰，至死恪守教皇权威的首要原则。宗教宽容的乌托邦在莫尔的有生之年虽然没有立足之地，但它最终将赢得欧洲各国和民族的心、思想和宪法。

乌托邦在公共行政中有什么"用途"或"功能"呢？在乌托邦，公共治理促进了所有公民的全面发展，把乌托邦的方法牢牢地置于公共治理正当性的共同善理念的阵营中。在这一目的论思维中，乌托邦可以被看作以一种路径依赖次优的形式发挥着推动行为走向"完美"逃避衰退的功能。在这个意义上，乌托邦可以被解读为充满规范语气的"指导思想"或监管理念：乌托邦作为一种概念来源进入政策制定阶段，因此包括现代公共治理、国家和公共行政改革[13]。乌托邦可对改善公共治理的措施发挥规范作用。之所以可以做到这一点，是因为乌托邦的其他功能：通过与另外一个世界作比较的形式发挥对现行事态的批判功能，由此来为这个世界上现存的治理安排，对正在被考察的特定政治体制进行批判性审视（就莫尔的乌托邦而言，受到批判的治理安排就是英国16世纪早期的治理安排）。乌托邦所发挥的两个功能——规范性功能和批判性功能，两者相互补充、相互共存、相互促进。有一种方法可以解释这一联系，那就是将乌托邦视为公共治理的一种可供选择的整体视野，可用于批评现有的治理安排，然后，根据价值判断和评价，乌托邦可以用作一组（或多或少松散连接的）指导思想，用于有目的地改变现有的治理安排。

在我们看来，强调乌托邦可能被视为引发批判性推理，从而履行诱导性功能很重要。莫尔书中的乌托邦岛的运作，几乎在各个方面都受到了质疑，远非不加批判地照单全收。后代对乌托邦思想的解读（近期的，参见 Erickson，2015；Jacoby，2005）将蓝图乌托邦（完美治理的固定模型样式）和离经叛道的乌托邦（这是一些粗略的模型，这些模型通过刺激对现存安排的批判，激发超越偶然事件和逃避路径依赖陷阱的批判性思维）区分开来。这个概念工具被用来区分乌托邦的"好"与"坏"：在本书中，柏拉图的理想国被归类为蓝图乌托邦，一个最终按其实施的固定模式，并将其叠加到可供处置的现有治理安排上。离经叛道乌托邦的目标则是引发对话和未来方向，是一种前瞻性的态度，使思维"跳出条条框框"，并逃避路径依赖及现有的次优解决方案的重复；离经叛道乌托邦归根结底是一种引发批判推理的工具。柏拉图的理想国是否属于蓝图的范畴，以及这两种乌托邦之间在多大程度上可以有一个清晰的区别，属于专家们争论的问题。然而，在乌托邦所叙述的故事中，没有哪一部分可以是干净利索地归入离经叛道的范畴：乌托邦的居民未经允许不能旅行，每个人都强烈意识到身处他人的监视之下[14]。在乔治·奥威尔（Orwell）的《一九八四》后，相互监督对我们来说就是"老大哥"（译者注：《一九八四》中大洋国的领袖，他用所谓的理论控制着大洋国民众的思想，使大洋国的每一个人都彻彻底底地臣服于他），而对自由的限制"意味着就算是它所提供的和平和安全，对我们来说似乎代价也太高了"（Ryan，2012，pp. 318—319）。我们无法得知莫尔是否想到了这一点，但我们可以有把握地估计，任何乌托邦的方法本身都有着一种向蓝图思维漂移的固有风险，从这个意义上说，莫尔的发人深省的作品提醒我们，乌托邦本性就具有成为极权主义的普遍风险（莫尔乌托邦的一些特征确实显示了极权主义特征）。

事实上，在 20 世纪实施的反乌托邦已经导致了对最基本人权的各种屠杀和惨状。正是在这样的背景下，对乌托邦思想的尖锐批判才得以确立。对该批判的著名论述有汉娜·阿伦特（Hannah Arendt，1971）、以赛亚·柏林（Isaiah Berlin，1991）和卡尔·波普尔（Karl Popper，1963）等，他们都在乌托邦的先祖柏拉图的理想国中看到了极权主义的萌芽，使理想国成为所有批评乌托邦思想的终极目标，认为它是激发了世俗地狱的罪魁祸首，如纳粹死亡集中营、红色高棉杀戮场、苏联古拉格集中营等。

可以说主要是由于这一原因——乌托邦思想导致人间地狱的悲剧证据——乌托邦思想才被迫靠边站，并被"渐进式"思维所取代，这是一种以"实践证明有效"为基础的思维，在当今国际上占据了主导地位。但是，莫尔原来所设想的乌托邦呢？它是否会被指控为后来反乌托邦思维的源头？莫尔的著作引发了广泛的辩论，我对这个话题的探讨不过是出于一种同情心，所强调的是原始莫尔乌托邦的方方面面，从这个角度来看，似乎在他的书中已经表明了对先发制人的反乌托邦的抗体和补救措施。其他人和更多的专家作家可能会反对这种对乌托邦思想的同情观点，因为它源自莫尔的乌托邦；毫无疑问，莫尔的乌托邦充满了讽刺意味，而贯穿全书的喜剧元素清楚地指向其离经叛道的本质，对当时，也就是 16 世纪早期英国法律和实践提出了批判。这似乎是一个普遍的推动力（本书的第一部分完全致力于对英国当时的经济和政治安排进行严厉的批评，在两个虚构人物开始讨论乌托邦岛上的安排之前，书中就对英国的这些安排进行了审查、考察和严厉批评）。为了证明莫尔的乌托邦中加入了反乌托邦结果的抗体，就应该进一步注意莫尔乌托邦的另一个特征：现实主义。例如，莫尔详细地阐述了乌托邦人如何保护自己不受非乌托邦邻国的影响：乌托邦人已经着手于伦理和道德问题，并找到了一些安排，试图在这些矛盾之间取得平衡，但又保留了不同的解决方案。重要的是，乌托邦是一本著名的名为"学习型组织"的书（Senge，1990）：据说乌托邦从过去的遭遇中，特别是与古埃及人和古罗马人的遭遇中吸取了教训，并通过这些交流更新了乌托邦的制度。

总之，乌托邦如果是现实主义的、动态的、可接受批评的，就是有用的和有益的，至少可能是有用的和有益的。如果它们处理实际问题，并概述解决方案，这些方案至少在很大程度上是在可能的范围内，或者在相对现实的条件下可能成为可能的（例如：关于某些技术发展），那它们就是有用的。如果乌托邦是动态的，那么它们也很可能得到积极的利用：它们允许随着时间的推移而改变对问题的反应，而不是规定对现存问题的固定解决方案。最后，如果乌托邦愿意接受批评，那就是有用的发明：莫尔的书以评论对乌托邦岛运行的好恶作为结尾。总而言之，它们是为开放社会设想新的前进道路的学习来源（如波普尔），而不是为所谓的"最佳"机构叠加的设计蓝图。这本书的两个主要人物，在许多不断涌现的重要问题上，所进行的对话都在矛盾的两极中摇摆不定，带有淡淡的笔触、讽刺和幽默意味（其中有一段超级充满讽刺意味，读者从中了解到，在乌托邦，只有儿童才会玩那种被称为黄金的奇怪的、发光的金属；成年人根本不玩这种幼稚的游戏，因为他们专注于生活中更重要的事情，比如工作、家庭、学习，而不是为了追求获得这种奇怪的黄灿灿的金属而进行的滑稽活动——这种做法也顺便让乌托邦岛积累了大量的黄金，能够在敌人进攻乌托邦之前贿赂他们的军队，因此让他们在长达几千年的时间里，几乎完全免于战争！）。除了英国人固有的性格特征外，讽刺和幽默无疑是对付反乌托邦的有效解药，而反乌托邦通常倾向于非常严肃地对待自己。

然而，这里还可能提出了乌托邦转变为反乌托邦的另一种解药：乌托邦在众多的情况下，在不止一个的情况下，会更好，这为处理如何在世俗环境中改善公共治理和行政的重大问题提供了不同的视角。多个乌托邦比只有一个乌托邦要好。这是在《行政理论与实践》（2015年，第37（2）期；见Surak，2015）研讨会提出的论点，会中"聚托邦（Polytopian）哲学方法"被选定是赞成多个乌托邦的标签（另见Staniveski，2015）：多元叙事，开放式叙事，从不同角度引发批判性思维。

当代公共行政话语中是否运用了乌托邦思想？这个问题很难回答，因为它需要对公共话语进行广泛的文本分析，以及给出令人信服的定义问题，即什么才属于"乌托邦思维"的范畴。然而，本书中提出的一个试探性的、可能具有煽动性的论述，除了一些显著的特例外[15]，乌托邦思想只是很局限地用作批评和改革公共行政的系统性概念工具，同时，乌托邦和反乌托邦在当代公共行政辩论中都层出不穷。有些是由实践者制定的，正如一位参与乌托邦对公共行政用途辩论的实践者所言，一个反复出现的乌托邦是"智慧的"、社会包容的、高度创新的和管理良好的中小型城市（Lucas，2015）。有趣的是，如果我们看看（自我宣称）"前瞻性"城市的网络，这是由贝塔斯曼基金会（一个总部在德国活跃于支持公共管理领域的应用研究的基金会）20 世纪 90 年代末推出，在 21 世纪首次亮相的城市网路，被称为"未来之城"[16]，值得注意的是，几乎所有的城市在规模上都是中型城市。当今，主要的说辞都围绕着"智慧城市"这一诱人的标签展开。我们需要考虑一下，这些是不是乌托邦（反乌托邦？）在以伪装的形式到处炫耀。

如果这可能是实践者所制造的一个乌托邦例子，那么可以设想另外两种类型[17]：学术上制造的乌托邦（和反乌托邦），以及制度上制造的乌托邦（反乌托邦）。遗憾的是，在这两种情况下，反乌托邦的例子可能比乌托邦更丰富。先从学术上制造的乌托邦/反乌托邦说起，"无政府治理"显然是一个为了传达强有力的信息而杜撰的口号，但在某种程度上，政府被构想成对善治无用，这样就可能迅速转化为反乌托邦。公民"诚实＋智慧＋参与"，公民"是善治的创造者"的某些图景也似乎更多地显示了蓝图乌托邦的特征，也很容易变形为反乌托邦。值得注意的是，这些图景与莫尔乌托邦岛为规范政府与公民之间的关系而采用的精心设计的治理安排相差甚远。

学术上制造的乌托邦的其他例子在采用乌托邦思想作为概念工具时更为精雕细琢，更为明确。加罗法洛和戈乌尔拉斯（Garofalo and Geuras, 2015）确定了一大批乌托邦，包括"实践者和学者之间的契约"，其中"包含了公共管理学者和实践者对他们在合作以制定和解决管理和组织问题……之间缺乏互相联系的希望和关注"（Garofalo and Geuras, 2015, p. 86, Posner, 2009）。这种乌托邦的主旨是打破传统，使人们能够批判当前的实践者和学者之间相互接触的方式，以确定前进的道路。

现在来谈谈制度上制造的乌托邦，人们可能会怀疑一些雄心勃勃的原则和目标图表是有用的还是无用的乌托邦，以及它们是否会跨越乌托邦和反乌托邦之间的边界。"联合国千年发展目标"中要在 2015 年实现的第一系列目标在很多方面看起来像一幅蓝图，并没有为学习和适应性提供太大空间，也没有应对固有的矛盾或权衡，对认真考虑当地的情况，把它作为改进和发展的出发点也很不实用。

然而，幸运的是，也有一些例外，指出乌托邦思想作为批判性分析和前瞻性思考的概念工具的建设性用途。其中至少包括一些自于明诺布鲁克会议（关于首届明诺布鲁克，见 Marini，1971；关于2008年举行的第三届明诺布鲁克会议，见 O'Leary et al.，2010，等等）对公共行政未来前瞻性的贡献，以及一些雄心勃勃的研究项目，如"欧洲公共行政观"：洪堡基金会赞助的由吉尔特·布卡（Geert Bouckaert）和沃尔纳·雅恩（Werner Jann）主导的欧洲公共行政组织项目。

第五节 乌托邦、理想类型、范式、模型和"良好实践"：公共行政概念工具清单？

鉴于公共行政辩论的重要性，有必要将乌托邦与"理想类型"概念区分开来，这一概念与马克斯·韦伯（Max Weber）的研究联系密切。有趣的是，韦伯提出，理想类型在某种意义上是乌托邦：

> 它（理想类型）不是对现实的描述，其目的是为这种描述提供明确的表达方式……理想类型是由一个或多个观点的片面强调及大量分散的、不连续的、或多或少存在的、偶尔缺失的具体个体现象的综合形成的，这些现象是根据片面强调的观点排列，形成一个统一的概念性的建构（Gedankenbild，又译作"想象建构""思维图像"）。就其概念上的纯粹性而言，这种概念性的建构（Gedankenbild）在现实中根本没有经验可寻，它是乌托邦（Weber，1949，p. 90，着重部分由作者标明）。

应该注意的是，这里的"理想"不代表"规范性/规定性"（也就是说，达到完美），它仅仅意味着它是精神的，就其概念上的纯粹性而言，这种概念性的建构在现实中根本没有经验可寻。正是在这个特定的意义上，韦伯称之为乌托邦。

理想类型是具有文化意义的，受价值观影响的社会现象表现，但与本章前一节所描述的乌托邦不同。理想类型不是与这个世界"不同的"整个世界；相反，它们仍与社会现象有着密不可分的联系，通过这些现象，它们代表了一个统一的概念性的建构。理想类型不是对现实的描述，其目的是给这种描述提供明确的表达方式：它的作用在于使用理想类型作为准绳——研究者可以通过比较具体的经验观测与最初构建的准绳之间的差异来对其进行解释性理解。韦伯将理想类型的"法律统治下的官僚主义"理论化（也就是说，合法权威来源于法律的至高无上，而非个人魅力或习俗惯例）非常著名。

理想类型的形成过程是想象和用经验总结的概念化建构的对比过程："这是一个构建关系的问题，我们的想象认为这是合理的动机，因此也是'客观可能的'，从法理学的角度看是充分的。"（Weber, 1949, p. 92，着重部分由作者标明）。它与文化显著特征（这对于理解因果关系是必要的，对社会科学家或更大的社会文化群体来说是重要的）的泛型模式（行为和结构）有关，被赋予了独特的含义（这些特征表示为使理想类型独一无二的遗传学特征：理想类型在理想领域是一种独特的"生物"）。从这个意义上说，理想类型可以说是一种理论构建的方法。理想类型基于逻辑和价值（价值论）层面的逻辑一致性，这意味着社会科学家必须向读者阐明他们所秉承的价值观。[18]

斯托特（Stout, 2010）对此进行了恰当的总结，为了设计理想类型的方法，第一，必须确定一种有特定兴趣的社会现象。第二，必须选择具有文化意义的组织特征，并将其指定为参考框架。第三，必须确定识别因果关系所必需的通用元素；该集合应具有文化意义，尽可能全面，并且必须以逻辑方式解释这些元素的关联方式。第四，必须对每个元素的互斥意义进行解释，使理想类型的遗传特征清清楚楚。这些含义在彼此之间的关系中也必须具有逻辑性和一致性，并且与经验相比是合理的（Stout, 2013）。

理想类型和乌托邦都可以用来构建经验主义、获得见解，尽管理想类型更适合理论建构，而乌托邦还意味着激发激情和社会行动，从而改变现有的状态使之不同；乌托邦是一种利用目的论思维的激进方式。这两种类型都相当不受环境影响，但理想类型可以接受在"甲"环境中或"乙"环境中可能发生的心理实验。而乌托邦则设置自己的环境，并替换真正的环境。乌托邦完全颠覆了路径依赖的逻辑；体现了历史制度主义的反面。

乌托邦和理想类型都应该与模型和范例区分开来。模型可以被定义为对现实的选择性还原，以突出关键的关系，从而理解和突出关键的因果关系，并指导行动。模型无处不在，在公共行政研究中，并且在模型具有规范性和规定性的维度时，可以指导公共行政和管理的变革和改革。"新公共管理"（Hood，1991）、"新公共服务"（Denhardt and Denhardt，2001/2015）、"新公共治理"（Osborne，2006，2010）、"数字时代治理"（Dunleavy et al.，2006）、新韦伯主义国家（Pollitt and Bouckaert，2011）等，都可列为模型（或多或少具有内在一致性，或属于相当松散的相关思想和学说的集合），其区别在于要么强调描述性和解释性（描述性分析模型），要么强调规范性和规定性（规定性模型）。模型化，当它的重点是规范性时，是为了行动：它是一种把现实各方面都等同考虑以聚焦于行动的形式，它刻意忘记现实比模型描述得更复杂（这里的主要问题是，现实中被遗忘的部分迟早会反击）。当模型也采用规范化的维度时，它们可以在功能上与理想类型和乌托邦相比较，因为它们可以在追求去往（改革轨迹）更理想的目的地（这里出现了明显的问题——对谁来说更理想——这又将我们带回到上一章讨论的治理体系的正当性问题）时，作为衡量当前形势的准绳而进行批判性分析。

范式可以被定义为一个核心思想和前提（假设或假定）的连贯模式，在给定的时间内支配学科中的科学研究（Kuhn，1962；Riccucci，2010）。对于组织公共部门，范式还可能把重点放在规范性和规定性上。德雷克斯勒（Drechsler）从历史的角度，提请人们注意公共行政中三个主要范式的重要性：西方公共行政范式（本身高度复合，最起码应将英美公共行政与欧洲大陆的"韦伯式公共行政"区分开来）、儒家公共行政范式和伊斯兰公共行政范式［读者可以在本书末尾的沃尔夫冈·德雷克斯勒（Wolfgang Drechsler）的后记中找到更多关于这一点的内容］。

乌托邦、理想类型、范式和模型对公共行政领域具有重要意义。然而，近期以来，人们一直用怀疑的眼光来看乌托邦、理想类型、范式和模型等字眼，部分原因是出于对乌托邦所启发的社会设计失败的明智反应，还有就是（在较小范围内）所提出的公共行政改革模型，如新公共管理模型及后来一系列与之相仿的模型显然没有满足人们的期望。另一部分原因，就是对下面情况在一定程度上的反映：在20世纪90年代，经济合作与发展组织（经合组织）等国际组织积极推广"公共管理改革的全球化模型"，近期似乎更倾向于采用相反的方法——寻求"有效的实践"，用实践者的话语来说就是"最佳实践"。现在看来，实践方法——基于外推法的方法——非常流行，尤其是在实践者的论述中；其核心宗旨可以概括为：我们无须寻找新的模型（范式、理想类型、乌托邦），我们必须寻找有效的实践，并将它们外推到其他地方应用。然而，并非事事尽如人意，最佳实践的逻辑可能既具有诱惑力又具有高度误导性：首先，真正的"最佳"实践是（非常）罕见的，其次是将实践外推和转移（更明了一点：将机制纳入实践中，使其能够在现有情况下取得某些成果）到目标领域的过程，以便在其他领域复制成果是一个重要而复杂的过程，也可能导致意想不到的后果（Bardach，1994，1998，第2章；Barzelay，2007；Bretschneider et al.，2005；Ferlie and Ongaro，2015，第8章）。正是由于这些原因，许多学者声称，最好是设想寻找"好的"或"聪明"的实践，而不是所谓的"最佳"实践。也就是说，在考虑环境及环境影响的情况下，寻找可以在其他地方复制的行之有效的实践（Behn，1991；Bardach，1998；Barzelay，2007；Ferlie and Ongaro，2015）。

　　实践方法对实践者很有吸引力，尤其是其明显的喜闻乐见性和"实用主义"。然而，即使考虑到对"最佳"实践逻辑的幼稚解释的警告，实践方法也可能很快就会达到它的极限。出现这种情况有一个更深层次的原因：实践驱动的关注点不太可能具备摆脱路径依赖陷阱的智力资源。实践议程本质上很可能会被吸引到附近领域的考察中，而忽视了关于公共行政和公共部门组织可以和应该组织的方式。公共治理和公共行政的历史是由替代性、互补性方法的综合运用而形成的，因此，当今模型、范式、理想类型和乌托邦等部分使用方法不被重视，但它们对这一领域仍然具有重要意义，而且就通过提供新的解决方案预测和解决新的问题方面，可以让我们可以看得更远，而且相比实践方法的可能性而言，甚至更远。

确实我们可以看到这些方法的整个范围,都适用于亚里士多德最早概述的四因说体系中的依次强调的功能(见第二章)。那些认为是亚里士多德方法的人强调,正是四因说的联合应用,使人们能够充分理解所研究的现象。然而,不同的研究议程和认识论方法可能对其中一个原因给予不同的强调。我们认为,实践和外推法的逻辑主要基于对动力因(和质料因)的强调。相反,乌托邦,以及一定程度上的理想类型、范式和模型体现了目的论推理,并以目的因作为探究的起点。最后,所有这些方法都与形式因有关(如果你赞同亚里士多德的方法);然而,我们可以提出一个初步的主张,即"目的论"方法——乌托邦,以及在某种程度上的范式和理想类型——努力更直接地定义他们设想和解决对象的"本质",也就是说,他们对形式因更感兴趣,而基于实践的方法则更侧重于表面特性,其内在取向是忽略"本质"与"形式"(形式因)最终作为具有有限的"针对性"和"有用性"的问题。

本章通篇总结了几个世纪前三位重要作家的代表作的发展历程,他们所提供的三种观点对公共行政都具有持久的意义。马基雅维利在五个多世纪前提出的"呼唤现实主义",包括对人性最悲观的方面,以及我们可能期望的公职人员和公民的行为规范,仍然是社会科学家的指路明灯,以及政治和公共生活科学和批判性研究的精神食粮。莫尔的杰作创造了乌托邦思想,由此引发的超越现存环境和偶然事件的呼吁,仍然促使学者和决策者继续进行以目的地为起点观点的重新发现,通过运用一种"反向映射"的逻辑来绘制路线,引领公共治理的改善,从而避免陷入路径依赖的陷阱。洛伦泽蒂在锡耶纳市政厅的壁画,永久性地树立了公众美德和好政府效应的形象,敦促任何参与公共服务的人重新发现美德在公共生活中的重要性。他们一起提供了一系列概念工具,从中挖掘公共行政研究和实践的改进。

注释

[1] 非常感谢埃尔克·洛夫勒(Elke Löffler)和托尼·伯瓦尔德(Tony Bovaird)提醒我注意这一点。

[2] 德雷克斯勒在巴黎举行的年度国际行政院校联合会上的主旨演讲以洛伦泽蒂的杰作为中心,在展示中仅适用了幻灯片,并无添加文字

说明：事实上，元信息正是公共管理和行政领域的学生群体必须重新发现非语言知识和非语言交流作为其调查方法的一部分。演讲的文本可在《行政发展》（*Development in Administration*）电子期刊上找到（Drechsler，2015 年 a）。

［3］我们主要遵循德雷克斯勒对《好政府（二）》（*Il Buon Governo*）（Drechsler，2001a，2015a）和德·格拉夫（De Graaf）的解读，来解释神学美德对"善治"的作用。

［4］非常感谢沃尔夫冈·德雷克斯勒把这幅画的这一方面指给我。

［5］尽管规模可能在这里起到作用，因为雅典城邦就规模而言是一个非常小的社区。值得注意的是，即使在公元前 6 世纪梭伦（Solon）和公元前 5 世纪初克里斯提尼（Cleisthenes）引进重要的宪法改革之后，为千百年来一直备受推崇"民主雅典"的顶峰铺平了道路，也只有一部分人口享有"公民"的地位，大多数都还是"奴隶"。锡耶纳当时的人口也很少，至少与管理数百万人生活的现代行政辖区相比还是少的。

［6］应该指出，大多数赛马骑师不是本地人（我很感谢沃尔夫冈·德雷克斯勒为我指出这一点）。

［7］在古代，许多作家都在阐述美德政治［最著名的是西塞罗（Cicero）的《论共和国》，对美德如何维持政治社会的繁荣进行了彻底的考察］。

［8］然而，也应该注意到，公共价值研究是一个有高度争议的领域，很多杰出的学者都对穆尔提出了批评，早期关于其规范性和实证推理的定义；对公共管理的松散定义；无法了解国家的监管活动或国家官员与其他机构之间的权力关系；在制定政策方面给予创业管理者优先权；降低党政等级；尊重私营部门管理模式而导致无法处理问责制和民主政治，更重要的是，在政府的威斯敏斯特模式中，其效用是多么的有限，政治家和公务员之间也存在更加鲜明的区别（Rhodes and Wanna，2007）。随后，罗兹和万纳因歪曲莫尔早期关于公共价值的著作、误解政策制定的复杂性以及借鉴"过时的政治和行政分离理论教科书"而受到挑战。（Alford，2008，Liddle，2017）。

［9］关于马基雅维利的传记资料，我们主要参考古戈力尔米诺（Guglielmino）和格罗塞尔（Grosser）（1987 年）的版本。

[10] 针对奎恰迪尼和马基雅维利都有不道德的批判，但这些批判可能在一定程度上是错误的。我们对马基雅维利的思想进行了更详细的讨论，在这里，我们要指出，奎恰迪尼是共和国和民主的政府形式的狂热支持者。然而，由于他历尽了生活的沧桑和跌宕起伏的命运，他也逐渐形成了一种对人类腐败本质的清醒意识——在犹太基督教方面：人类的堕落——不道德行为和错误判断的可能性；然后，他敏锐地意识到，有必要制定适当的宪法安排，至少在一定程度上抵消这种事态。出于这个原因，他选择了将自己的技术专长也用于服务于非共和党形式的政府，认为改善国家的运作是值得追求的，即使国家的结构没有反映出他所赞成的宪法政体。

[11] 尽管这可能是对马基雅维利的一种委婉的解读：另一种解读是，他的主旨是简单地——无情地——发现有利于君主的"权力法则"：君主如何能攫取并牢牢掌握权力。追求权力的最终动机是实现崇高的理想，还是伴随着权力、伴随着进入历史（"历史"大写）而来的纯粹而简单的享受，比在马基雅维利的著作中更具猜测性。

[12] 感谢吉尔特·布卡（Geert Bouckaert）提点我在公共行政中这样设想乌托邦。

[13] 这里需要额外澄清一下。乌托邦思想不是道德法则，也不是道德基础；这是两个截然不同的维度。《道德形而上学的基本原则》（1785）和《实践理性批判》（1788）所表达的康德思想不是乌托邦。康德的绝对命令的逻辑在于，敦促理性人类行为就好像绝对命令是普遍的行为法则一样，并坚持这些法则，即使在这个世界上不能完全实现这些法则（即道德行为的完善）。这种追求完美的逻辑，尽管意识到个体行为的不可及性，与乌托邦为批判社会和现存治理安排而采用的离经叛道的逻辑完全不同［所以，我们不赞同加罗法洛和戈乌尔拉斯（Garofalo and Geuras），2015，pp. 81—86：尽管把道德思想与乌托邦思想结合起来，或许是崇高的目标，但把康德的"目的王国"道德基础放在乌托邦和乌托邦思想的标签下是错位的］。这种误解可能源于对绝对命令和乌托邦的共同特点的考虑，两个在这个世界上都不能完全实现，但其相似点也就仅此而已。康德理想具有将实际行动导向完美的调节功能，它们提供了调节人类实际行动可能走向完美的条件，并提供了衡量实际行动距离的指标：即使

理想不享有真实实体的地位，它们也不是嵌合体，它们是人类实际行动发生的条件；它们是构成人类作为理性主体行为的"应该"。理性需要一个完善的标准来判断和指导具体的行为。监管理想是超越性的，也就是说，它们超越了经验，因为经验本身不能指导"应该"是什么。乌托邦是一个想象过程的结果，但它们不是理想。它们是通过经验（就莫尔来说，经验就是16世纪的英国）获得的知识，并在此基础上构思和设计的。此外，绝对命令指导的是个人行为；乌托邦关注的是整个社会政治体系的治理。

［14］这一特点似乎预示了杰里米·边沁（Jeremy Bentham）著名的"圆形监狱"。

［15］见雅各比（Jacoby，2005；《行政理论与实践》特刊2015年第2期）；以及鲁汶研讨会，2016年10月20—21日，"欧洲公共行政观"（EPPA）项目的内容。

［16］该网络后来被解散，贝塔斯曼基金会的倡议不应与同音异义的欧盟方案混淆。

［17］感谢吉尔特·布卡提点我对乌托邦／反乌托邦进行这样的分类。

［18］意大利学者马西尼（1979）的作品巧妙地提出了这个教训，他建立了一个azienda（组织）理论，这一理论虽然形式上没有受到韦伯所概述的理想类型的启发，但似乎包含了其许多决定性特征；同样地，关于将公共部门描述为相互关联的组织体系的概念，参见博尔戈诺维（Borgonovi，1984）。

第七章 对一致性的探寻

第一节 引言

　　本书在第二章和第三章中回顾了（西方）哲学思想，并提出了一系列应用于公共行政的研究与实践。在第四章中，着重论述了本体论问题。第五章主要对公共行政的政治哲学进行了探讨。第六章我们开启了一场智慧之旅，通过安布罗吉奥·洛伦泽蒂（Ambrogio Lorenzetti）、尼科洛·马基雅维利（Niccolò Machiavelli）、托马斯·莫尔（Thomas More）三位作者，以及他们那些引发了持久知识魅力，并提供了取之不尽的灵感源泉的伟大作品，重新审视了公共行政中的一些关键主题。

　　在第一章中大家已经注意到，本书所采取的哲学方法观点与公共行政领域其他综述所感兴趣的方法相反：本书的切入点并非从公共行政领域的组织着手，而后指出不同的哲学流派如何用于讨论该领域的非此即彼的亚领域，而是从哲学思想的历史和哲学中"重要"作者和学派入手，然后重新审视其可能会如何用于揭示公共行政辩论和不同流派的探究。在这最后一章中，我们将回到一个更传统的方法，将从公共行政领域的整体分析开始，然后讨论如何使用广泛的哲学视角来进一步理解公共行政。

　　拉施尔德斯（Raadschelders，2005，2008，2011）在许多著作中提出，在公共行政中可以确定四种知识传统——它们被定义为宽泛的方法，在这些方法中可对大多数理论进行分类。根据该分类，公共行政可以分为实践智慧、实践经验、科学知识和解释主义尝试四类。当然也可提出其他分类和概念；我们之所以采取这种分类法，是因为它有能力捕捉公共行政的一些重要特性，而且这种分类已经成为常规。我们在这里要讨论的问题是，贯穿全书的哲学观点如何对这四种传统作出贡献。

在这一结论性章节中，我们依次从贯穿全书的多个哲学观点来回顾这些传统。接下来我们利用简短的章节对新技术和"新媒体"对公共行政所带来挑战给出提示，并指出为何从广泛的哲学角度看待这些挑战会是一种优势。在本章的最后，我们对这一智慧之旅——以及其他书籍如何塑造哲学与公共行政之间的多种关系的不同历程作出总结——同时回顾本书的主要论点：哲学思想可能对公共行政提供的持久贡献。

本书还提出了另外两个相互关联的论点：首先，它提出了进行关于公共治理和行政"大叙事"的可能性和迫切性——也就是说，我们理解和了解公共治理和行政的基本特征的连续性和变化性的可能性。公共行政学者不应该满足于用比较明确的方法对具体问题和需要研究的问题所使用的"聚焦技巧"；相反，无论是学者还是实践者都应着眼于大局。

其次，它提倡在该领域所做研究工作的发现之间寻求一致性。生物学家爱德华·威尔逊（Edward Wilson）等科学家，呼吁学者们努力统一在不同学科和领域中产生的知识（Wilson，1998），努力使发现、见解、知识形式和对现实的理解一致[1]；在公共行政领域，这一呼吁并非曲高和寡（见 Talbot，2010）。我们注意到，这是我们在这本书中遇到的，至少是自柏拉图和亚里士多德以来大多数哲学尝试的核心。本书致力于实现——尽管是尝试性地，且以一种并不完整的方式——在公共行政领域内以及哲学与公共行政领域之间增强某种形式的一致性。它远远跨越了当代公共行政学者（当然包括本公共行政学者）的舒适区，以便尝试探索，并指出一个被认为是对公共行政领域至关重要的行进方向。

拉施尔德斯概述的四种知识传统如下所示，它概括了，至少是西方世界的，公共行政学术[2]的特征：

· 公共行政作为实践智慧：这是对于公共行政最为古老的方法，它依赖于"通过道德推理和适用于最广泛的现象范围的逻辑论证，以及以跨学科方式对时间和背景的反思、解释和比较"对政府的理解（Raadschelders，2008，p.941）；我们认为哲学的作用是构成这一知识传统的必要而不可或缺的部分。

· 公共行政作为实践经验：这是一种对帮助日常行政和亲身体验学习的工具和技巧感兴趣的方法。其历史可以追溯到中世纪晚期（欧洲民族国家的形成），而且在当代学者中也不乏代表，如法约尔（Fayol, 1987）、古利克和厄威克（Gulick and Urwick, 1937）、泰勒（Taylor, 1996）等，以及所有在案例研究基础上发展和检验理论的学者（Raadschelders, 2005, p.606）。哲学思想在这种方法中普遍存在，而且鉴于公共行政在这一流派中并没有被严格限制在一个明确的、独立的科学边界内，而是恰恰相反：实践推理可以渗透到众多本体论、伦理和认识论问题中，因此哲学观点可能有助于揭示这些问题。

・公共行政作为科学知识：其特点就是追求科学知识。这种方法倾向于采用"狭隘的"科学定义，以自然科学为模式，努力使行政学的理想成为一门自然科学，也就是说，具备一套可识别的、明确划分的理论、概念和方法。西蒙（Simon）是其终极倡导者。这种方法与实证主义和新实证主义密切相关（见第三章和第四章）。超越实证主义/新实证主义思潮的哲学可以揭示这些哲学流派的优势与局限性，并对这种方法有时相当狭隘的界限作出强有力的提醒。

・相对主义与后现代主义的公共行政观："它主张强调真理因人而异，人的价值观相互矛盾，且没有所谓'正确的'答案。"（Hardy, 1999）20世纪90年代，这种方法出现在公共行政领域，法默（Farmer, 1995）与福克斯和米勒（Fox and Miller, 1995）是肯定的后现代主义（*affirmative postmodernism*）的代表作者，该主义希望通过关注诠释、价值观、判断、感觉和情感来加强科学方法（Raadschelders, 2005, p.606, 原文用斜体强调）。我们已经在第四章中对这一思潮进行了大量的剖析。这里是对其哲学根源和批判的再次回顾。

由拉施尔德斯及其同行（尤其是在2005年的《行政理论与实践》研讨会上）所提出的这一论点指出，这些传统中每个派别的学者倾向于强调，并且极端地只看到公共行政的某些方面或片面，以至于对其他方面非常不利：

> （当）学者开展某项研究时，实证主义者会注意到"科学的"无序（如：缺乏理论和方法的统一）；以实践为导向的学者会哀叹缺乏可用的知识（如：缺乏对适用性的关注）；那些研究实践智慧方法的人会认为，反思性理解太少（例如，对历史和哲学的关注）；后现代

主义者则会指出，对真理主张的诠释和相对性缺乏关注。大家都在致力于分别改进这些理论和方法、适用性、反思性理解和诠释。但这种努力的代价是忽视了他们的活动如何帮助学术追求实现另一个目标，那就是加强对政府的全面了解（Raadschleders，2005，p. 623）。

我们可以理解为何发生这种情况：20世纪以来，世界各地"政府"的发展，要求人们对政府职能的专门知识有所了解。学科间及跨学科的专业化为专家提供了服务——随着专家们所积累的专业知识的增长，范围越来越广、基础范式和方法论前提多样化的理论如雨后春笋般涌现。综上所述，任何一个公共行政现象的观察者个体都越来越难被训练得能够掌握所有的四种观点。教育与专业背景，以及在期刊或书籍上出版的需求，往往使人们几乎无法写出结合了这四种观点的学术作品并付诸出版。因此，整合或至少联系知识以更好地了解现实世界中的政府受到了严重阻碍。

然而，考虑公共行政中跨专业研究传统的挑战，不是为了要放弃这种雄心壮志。我们赞同拉施尔德斯（Raadschelders，2005）的核心论点及把对话和交流作为补救行动的主张。其出发点是基于这样的诊断：公共行政采用了不同的方法和认识论前提，这使得学者们在孤岛思维中运作，其结果就是研究发现并没有相互促进彼此改变。事实上，拉施尔德斯的总体目标（Raadschelders，2005，p. 602）是为在此基础上提供"元框架和元语言，可以更好地将有关政府的碎片化知识联系起来"，我们大体赞同他的观点，即唤起实践智慧，以此作为履行桥接功能的基础：

> 从更广泛和更现代意义上讲，实践智慧所考虑的是理解和/或甚至解释政府的四种方法的优点。这种扩展的实践智慧不仅接受而且积极探索这四种方法的优点……这一说法决不能被理解为是对科学知识的稳步前进、通过实践经验产生的经验学习、狭义上的实践智慧的历史形态，或肯定的后现代主义者所表达的合理怀疑。更广泛意义上的实践智慧是常识，因为它强调理想典型化方法提倡者之间的对话需求……它是一种堪比亚里士多德中间立场的智慧，包容每

一种方法的优点,并寻求互补而非排他性(Raadschelders,2005,p.621)。

然而,这里的核心问题和论据是另外一回事,并且是对拉施尔德斯所提问题和论据的补充:这是因为,在这些知识传统的内外,哲学对诠释每种思潮研究工作的结果都有所启示,激发了在这些传统中用不同观点研究公共行政,并最终有助于追求所提倡的桥接功能。

我们从广义的哲学角度,以逆向顺序讨论这四种知识传统,从对宏大叙事和知识与理解的一致性的可能性提出最大挑战的传统开始,即从相对主义者/解释主义者思潮开始,然后讨论作为科学知识的公共行政(在当今公共行政主流的某些方面),最后探讨两种观点,这两种观点将公共行政作为"艺术与职业"的维度放在了中心位置(这似乎保持了哲学思想的最高渗透性):公共行政作为实践知识,公共行政作为实践智慧。

第二节 重新审视公共行政的知识传统

在第四章中,我们深入探讨了公共行政的相对主义和后现代主义观点。我们强调了在这一传统中可以发现的多种方法,以及它所作出的多方面贡献,这得益于米勒和福克斯(Miller and Fox,2007)、法默(Farmer,1995,2005,2010)、阿贝尔和塞门泰利(Abel and Sementelli,2004)等作者的作品(另见 Bogason,2001)。

在相对主义传统中,所采用的是一种强大的解释主义方法,综合理念被认为不可能实现而被摒弃,并就基于碎片化知识是广阔大局这样一个概念,对什么是构成"善治"的主体间一致性被认为是可能实现的最大目标:"理解被认为是潜在的无限范围的'诠释',即通过直觉、选择性判断、感觉、想象、创造力和游戏,以及以非学科的方式揭示和/或解构价值观、文化、传统和生活方式的多样性,对'现实'的某些方面进行诠释。"(Raadschelders,2008,p.941)

这些作品都是重要的贡献,精雕细琢,不断提醒人们所接受的智慧和所谓的"科学"主张的局限性,呼吁人们永远不要放弃批判立场。然而，对这一传统的研究回避了一个基本问题：碎片化知识是公共行政中唯一可以获得的知识吗？是不是留给我们的只是毫无根据与不确定性？哲学思想中有一股重要的思潮——名目不尽相同，但通常被称为后现代主义（也许更适合称为后工业主义，参见利奥塔的作品，例如 Lyotard，1984），该思潮引发了关于当代男人（女人）对元叙述不信任的争论［这股思潮的作者，包括利奥塔（Lyotard，1984）、德里达（Derrida）、鲍德里亚（Baudrillard，1975，1983）、福柯（Foucault，1980，1982）等］。在人类历史上发展起来的关于上帝、世界和人性的大叙事被"后现代"男人（女人）所怀疑，并最终不相信。事实上，碎片化被誉为新颖和独创性思维的滋生地，几乎是创造力的原生汤。当应用到公共治理和行政领域时，后现代人的这种状况成为以新颖和意想不到的方式探索改造公共行政可能性机会的孵化器：

> 我希望，通过重新强调个体在组织中的关键作用、话语分析的包容性、多元化和差异性的重要性，公民参与公共机构更加民主化进程的重要性，后现代思想可以重建成一股力量，将传统的制度实践转变为务实的，基于文化的其他选择（Jun，2006，pp. 54—55；另见 Jun，1994）。

当然，问题是，这些有价值的目标是否只能通过初步推翻整个西方哲学大厦来实现，因为，该批评指出，这必然导致工具理性强调技巧/技术知识的繁荣而非人类繁荣。但是真的如此吗？这一论证思路在许多方面与海德格尔对西方哲学思想的批判相似；然而，这位德国哲学家并没有以后现代思想为终结［尽管后来的后现代思想家追溯到后现代主义与海德格尔思想的联系。相反，他主张回到前苏格拉底，以便让存在超越在柏拉图"理念视野"（vision of ideas）所隐含的主体的权力意志（意志力的意志力）］：存在本身的揭示，而不是后现代主义主体间的一致，与海德格尔批判工具理性的结果完全不同，可谓天壤之别。更普遍地说，西方哲学思想的结果是工具理性至上的主张？还是这只是西方哲学的结果之一呢？还是说只要西方哲学的贡献得到恰当的衡量和挖掘，就还有很多可以滋养人类繁荣的结果呢？

公共行政领域的杰出学者［参见，例如，斯蒂尔曼（Stillman，1991/1999），也借鉴了德怀特·瓦尔多（Dwight Waldo）的基础研究］认为有可能理解公共行政理论和实践中的变化和连续性：这表明，公共行政人员的学术界和公共行政人员的实践界也有着对大叙事的追求。也许在公共行政中可以找到的"最大的"叙事就是实践智慧方法。在深入研究这一传统之前，我们首先转向社会科学的"标准"：公共行政作为科学知识的方法。

公共行政作为科学知识，是一种以16世纪和17世纪出现的自然科学为模式，倾向于采用"狭隘"科学定义的方法。这种方法所追求的理想可能会成为一门自然科学的"行政学"，其特征是可识别和明确划分的一套理论、概念、方法和意识，尽管——

> 法律或类似法律的一般化并非在社会生活的各个领域都能找到，科学至少代表了通过一种共同方法对知识的追求（Gill & Meier，2000）。行政管理科学家专注于发展一个正式研究的对象或焦点，他们专注于发展一种连贯一致的认识论和方法论方法……科学知识是指为了知识本身而发展的知识。这意味着，决定学术知识是否与实践有关是科学家及其学术专业领域之外的问题（Simon，1966，p. 35）（Raadschelders，2005，pp. 610—611）。

在这种方法中，实证主义通过新实证主义和赫伯特·西蒙的开创性著作（见第三章和第四章）产生了强烈的影响。

只要简单浏览该领域的主要期刊，就可以发现这种方法在某些方面是公共行政领域的"主流"：其影响力似乎在过去二十年已经扩大，可能还因为大学以经济学等学科为基础的招生标准，已经广泛地渗透到了公共行政的学术中。当然，在公共行政领域内有一个核心的激进拥护者群体，他们的立场，至少在暗中，是相当冲突的：

> 有些人认为，这种知识方法优于任何其他方法。有些公共行政学者，人数不多但颇具影响力，认为公共行政学的研究努力还远远不够，还未发展成一种科学的方法（例如，Dubnick，1999）……实

证主义者将按照不同的方法和/或以超越科学（例如，应用或理解）的目标工作的学者视为伪科学家。换言之，实证主义者持有一种狭隘的、自然科学的公共行政理想……那些认同科学方法的人牢牢坚持知识层次的概念，认为理论物理学代表知识的顶峰，而"观点"代表知识的底层。实证主义者认为社会科学就接近于底层（Raadschelders，2005，p. 612）。

这种方法有多种优点。采用这种方法的学者已经形成了宝贵的见解，并使人们能够提出有助于推动公共行政领域发展的理论或模式（人们可以想到"公共服务激励"理论的发展），无论以何种方式，人们可以衡量科学的"进步"。[3]实证主义迫使该领域的学者提高概念化和研究设计的严格性，并寻找其主张的证据，这些主张要求在描述感兴趣的现象时采用最可靠的程序。总的来说，它是推动该领域更高水平探究的强大力量。

引入公共行政领域的实证主义和新实证主义的局限性，可能大概与这一哲学流派的局限性相同，引起了广泛辩论（见第三章）。第一，在实证主义坚持认为，自然科学的方法最终也是社会科学的典范。因此，这种方法的一个基本问题是，自然科学的方法究竟可以在社会科学领域轻松行进多远：他们所作的研究可能确实界定了自然科学衍生方法的有效性限度（见第四章狄尔泰所描绘的自然科学与精神科学之间界限中的关键反驳论点）。

第二，物理学（根据这种方法，知识和"科学"的顶峰）的进步似乎打破了19世纪的实证主义在很大程度上所依赖的关于"事实"客观性的许多假设（德雷克斯勒以公共行政为视角对这些评论的回顾进行了报告，Drechsler，2011）。尽管出于不同的原因，宇宙尺度宏观层面的相对论和微观层面的粒子物理学都赋予了研究主体（所研究现象的观察者）对科学知识产生过程和结果的影响。[4]主体决定了观察的内容及方式。作为科学知识流派的公共行政批评家很可能会声称，如果这一观点在物理学上成立，那么在社会科学和像公共行政这样的应用领域，情况就更是如此，它不涉及恒星和粒子，但是涉及由公共机构和过程组成的人造世界。

第三，在早期的实证主义思想者中，归纳法（特别是由约翰·斯图尔特·密尔 John Stuart Mill 发展起来的）被认为是认知所采取的形式。这一主张可以在反对亚里士多德三段论及其固有的演绎结构的激烈论战中看到。正如第三章中所大量论述的那样，波普尔对知识归纳法提出了严厉的批评。波普尔认为，知识与之相反采取的是对理论的检验的形式，而理论可能来自任何地方（尤其是形而上学的假设）。这可能导致实证主义的第三个局限性，至少在其早期的表述中如此，那就是对归纳法作为知识形式的唯一依赖。如第三章所述，这场争论还远未结束，可以说，当代新实证主义研究工作在这一关键问题上采用了方法论上的多元主义，并伴随着越来越复杂的技术，从数据中产生理论并根据经验证据进行理论检验。

第四，传统主义给实证主义带来了第四大挑战："建立在事实基础上的理论"这尊具有实证主义风味的雕像，被这一运动中作者们的方法论批判抽掉了底座。马赫（Mach）认为，理论在检测原因方面不具备，也不需要具备内在有效性：它们只是能够预测某些现象的功能关系；它们是适当的常规（详情见第三章关于传统主义和波普尔的章节）。庞加莱（Poincaré）强调了更多相互矛盾的理论在解释不同现象，甚至在解释同一现象的不同方面或性质时是如何共存的。然而，这可能不再是这一传统研究的主要局限性：可以说，这些评论现在已经成为自然科学和社会科学的主流，这些和传统主义所提出的科学哲学的其他概念一起，已经被在公共科学领域开展专门研究工作的学者所广泛接受。这些发展和其他的发展是当今社会科学工作者日常工作的一部分，已经普遍进入了社会科学家和专门从事公共行政研究的学者的工具箱，并丰富了"公共行政作为科学知识"方法的知识体系和认识论多元主义。

这一学派的第五个挑战来自那些强调研究工作中所用的"时间"这一概念最终是错误的哲学观点（见海德格尔和柏格森的哲学，第四章），是由著名社会学家（例如 Abbott，1992a，1992b）所提出的批评。从该哲学角度来看，最初的假设，表面上是不证自明的，通常表述为"在 $t = 0$ 处"，可能是有缺陷的。

在总结这一研究和探究的传统时，应该注意到，公共行政的其他方法不同于新实证主义，或多或少明确地通过采用科学的扩展定义来规避定义"科学化"相对严格的边界。这是一个更接近德国词汇"Wissenschaft"（科学，知识）所含概念的定义，所指的是更广泛的"知识分支"，包括现代意义上的"科学"以及其他各种知识传统（Raadschelders, 2008, p. 925）。科学就像"Wissenschaft"（科学，知识）一样，是一种方法，它包含在社会现象研究中系统地考虑价值观和意义（Gadamer, 1960/1975; Weber, 1922, 1949）。

关于公共行政作为实践知识的方法，其根源可以追溯到最先关于行政实践和行政安排的著作，在古希腊包括柏拉图和亚里士多德的著作（见第二章）。[5] 在欧洲，大约在12世纪或13世纪，随着中央集权进程的开始，在后来成为欧洲民族国家的地方展开，这种行政安排成为某些关注的主体（关于英国的情况，见 Brannon, 2006）。在接近我们这个时代的时候，这种方法以一种更系统的方式发展起来，最初是在德国的公国，后来是统一的德国和法国，在建立这两个国家的过程中积累的实践知识，后来被誉为美国行政当局的典范（比较著名的是伍德罗·威尔逊的开山之作，Woodrow Wilson, 1887），在日本（行政安排是"明治维新"的一部分，旨在引进西方技术和实践以实现"现代化的"日本社会、经济和国家）以及其他地方，大量的行政能力建设却成为了一个问题。这些发展在法国被称为行政科学（sciences administratives）[6]，在德国被称为重商经济（Cameralism）。德国重商经济传统的主要作者包括 J. H. G. 冯·尤斯蒂（J. H. G. von Justi）。然而，一个重要的历史编纂学流派指出德国公共行政科学和理论的早期发展可以追溯到18世纪的克里斯蒂安·沃尔夫（Christian Wolff）的思想（Drechsler, 2001b; 另见 Jann, 2003），以及19世纪黑格尔传统的政治科学（Staatswissenschaften）概念的发展，出现在以洛伦茨·冯·施泰因（Lorenz von Stein）为代表的思潮中——这是一股汲取黑格尔思想为公共行政提供哲学思想的思潮。[7]

20世纪，这种方法的延续可以在培训机构、大学、研究机构和"国家学院"向从业人员提供的培训计划中找到，一般来说，国家学院都是拥有强大的本地联系的机构组织，其业务的核心领域是开发实用工具和传播专门为公职人员需求而设计的应用知识。20世纪下半叶，知名的国家行政学院，如著名的法国国家行政学院，成为产生实用知识和向公职人员传播实用知识的机构场所，如今公共政策学校常常承担这项任务。从20世纪末以来，公共管理学校（如美国肯尼迪政府学院或意大利伯克尼管理学院）承担了这一任务。

在公共行政的这种方法中，重点是为从业者提供适当的行政和管理工具。将应用知识融入实用工具中是这种流派的一个鲜明焦点——有点像工程师如何将他们的多个知识体结合到一个小发明中，如一个可以发挥实际作用的机器。作为一种方法，案例研究被认为是产生和传递这种"实用"知识，联系理论知识和根据情况决策的关键工具。该流派的另一个核心是推进"公共管理的最佳实践"议程。发现"有效的实践"，了解社会技术机制，使其产生理想的结果，推断出可在其他地方复制的机制，是公共行政作为实践知识的一个核心推力（这一传统中一些最复杂的批评著作强调是时候放弃用"最佳"这一误导性术语来限定这些实践，并强调如何推断使实践在特定的环境条件下产生特定效果机制的问题，以便可以在其他地方进行复制；见 Bardach，1994，1998，2004；Barzelay，2007；Barzelay and Campbell，2003；Ferlie and Ongaro，2015，第 8 章；Ongaro，2006）。

这一思潮的作者可包括美国的泰勒（Taylor，1911），古利克和厄威克以及法国的法约尔。当代作者包括，例如布赖森（Bryson）的著作，布赖森毕生致力于公共和非营利组织概念化和发展战略规划的研究议程，认为战略规划是一种实践推理的形式（Bryson，2011），以及美国的凯特尔（Kettl，2002）和欧洲的博尔戈诺维等（Borgonovi et al. 2008）、德鲁莫克斯和戈瑟尔斯（Drumaux and Goethals，2007）、乔伊斯（Joyce，2000，2012）等。近来，这些传统的作者们更常把这个领域称为公共"管理"而非公共"行政"。尽管这一传统本质上是多学科的，以一种非结构化的方式汲取了不同的学科，但管理学科往往具有突出的作用，并且是理论、案例和意象的主要来源，因此必须具备一种资格。在这一传统中，实践者可以对学术工作产生影响，并在一定程度上影响学术研究议程。

哲学思想在这种方法中无处不在，鉴于这一思潮中的作者在划定严格的领域界限方面，以及在将公共行政作为一门独立的科学建立方面保持沉默，如同之前的方法一样，具有其自身明确定义的问题、概念和方法。而实践推理则恰恰相反，对许多本体论，伦理和认识论的问题都有着渗透性，哲学观点可能有助于揭示这些问题。在具有高度哲学内涵的实践推理中，关键问题的例子包括：个人能动性的性质和范围，这种个人能动性是那些声称"针对问题采取行动"并最终解决问题的施动者或行动者所具有的（例如，改善特定的公共服务或特定公共治理安排，使公民参与集体决策过程：行动者拥有何种自由？他们被赋予了什么样的"能动性"？）；关于人类本性不变性的假设，及其对从过去经验中吸取教训的本体论可能性的影响（这是马基雅维利思想的核心原则，见第六章）；[8]指导实际行为的规范性，即"应该"维度的道德主张基础（如康德的第二次批判，见第三章）等。

实践知识方法强调了从案例中学习的重要性：从认识论的角度来看，哲学观点可能为这种方法的学术工作提供了概念性工具，以解决长期存在的问题，如我们可以从历史、过去的"情况"和当代紧迫问题的"情景"中学到什么。马基雅维利的作品，不仅是《君主论》，也包括《论李维》，都是纠结于对过去学习实践中的深层次问题的永恒见证。17 世纪和18 世纪的耶稣会士们想出了一种老练的方法，叫作"决疑法"，在生活多变的环境下，处理个人和集体自由选择的道德约束和有价值偏向的问题。类比推理最初是在中世纪欧洲提出的，在用于把将一个领域获得的知识应用到另一个领域和一系列环境中的问题上，可作为持久的参考点。

哲学思想，作为实践知识在公共行政方法处于中心位置，它在公共行政的第四个知识传统中更为典型，我们现在就讨论这一点。公共行政作为实践智慧，可以通过它所处理的三个基本问题得到有效的定义：

（1）我们要去向何方？（2）是否值得去？（3）我们如何才能到达那里？（Flyvbjerg, 2001）。要回答这些问题，统治者必须了解他决定采取行动的社会背景；了解统治者与被统治者之间的实际关系和理想关系的性质；掌握有关政府的一些知识（Raadschelders, 2008, p. 929）。

在某种程度上，这个传统中有一门政府的"科学"，从广义上讲，这是科学知识（Wissenschaft）的一种知识分支。这是一种接近韦伯社会科学概念的理解，认为社会科学必然是主观的（研究者从社会现象的无限世界中对"相关现象"的基于价值的选择）并产生有价值偏向的知识，既具有描述分析性又具有规范性。应该注意的是，这种科学知识的概念并不意味着这类知识比严格意义上的科学更缺乏理论密集度，也不意味着这类知识的产生过程在严谨性和研究人员的专业方面要求较低。

这也是最古老的方法：

> 这种方法由来已久，可以追溯到亚里士多德，他认为实践智慧（*phronesis*）是任何领导人，无论是家庭还是国家的领导人都必须具备的特征（Aristotle，1976，p. 209）。Phronesis 通常被翻译为实践智慧、实用常识和/或审时度势。后一种翻译方式很有意思，因为审时度势是从拉丁语中衍生出来的，意思是"远见卓识"（Raadschelders，2005，p. 606）。

它明确地依赖于哲学、政治理论、历史和比较内容，并包含道德推理、判断和解读（Raadschelders，2008，p. 932）。值得注意的是，在洛伦泽蒂第一幅壁画中（第六章），普鲁登斯（Prudence，谨慎）被奉为上宾，成为好政府的核心美德。

各个时期都有关于这种方法的著作和代表作（人们可以想到伊拉斯谟的《一个基督教王子的教育》）。[9] 现代代表包括弗雷德里克森（Frederickson，1980）、弗雷德里克森和史密斯（Frederickson and Smith，2002），胡德（Hood，1998）、波利特（Pollitt，2003，2016）、斯蒂尔曼（Stillman，1991/1999）、沃尔多（Waldo，1984）和韦伯（Weber，1946）。在《国家的艺术》中，克里斯托弗·胡德（Christopher Hood，1998）将文化人类学作为主要的理论来源，然后将整个论证与一个更广泛的哲学问题编织在了一起。

这一传统体现了一种支持公共行政概念与自然科学模式中的科学概念相去甚远的方法。恰恰相反，这种方法认为公共行政是一个领域，其问题不能无懈可击地表述，其概念不可无可争议地标准化，解决方法论的共识基本上是缺失的，因此公共行政不是作为一门独立于哲学而建立的科学，而是在许多方面，仍然是哲学的一个分支。如果公共行政最终比其他社会科学领域更接近哲学，那么这些领域已经作为几乎独立的科学"安家落户"，那么哲学的作用是这种方法的组成部分：哲学是这一领域的知识参考体。其中一个领域是关于美德的哲学争论。政治哲学和伦理之间的分歧有着悠久的传统，它反映了统治者和公民解决开始所提出的三个问题所必需的美德：我们要去何方？是否值得去？如果值得，我们如何到达那里？古代、中世纪、文艺复兴都是留给后世关于执政美德和智慧经典文本的时代。第六章提供了鲜活的例证，从洛伦泽蒂在他最著名的壁画《好政府》中所描绘的美德在执政中的作用，到马基雅维利所描绘的君王所需技能的精明建议。灵魂和思想的哲学、政治哲学、文化哲学和文化人类学的同类学科是其他知识体系（作为理解）中的一部分，哲学作为实践智慧，对公共行政的形成起着重要的作用。

根据不同的情况，每种方法都可能在公共行政学术和实践中获得或多或少相关的地位。世界各地的差异非常显著：《欧洲手册》（近期的如，Ongaro and van Thiel，2017b）似乎表明，公共行政在欧洲仍然具有整体的一致性，其学者与其美国同行相比，对抗性要小得多，可能是因为他们更明确地接受该领域的跨学科。在东亚，儒家范式在历史上占据主导地位，在伊斯兰世界，公共行政作为实践知识和实践智慧的传统可能在历史上一直经久不衰（Drechsler，2015b），尽管最近时期的对外接触，特别是与美国学术的接触，使公共行政作为科学知识的观点凸显出来，并且在较小程度上，可能导致通过相对主义/解释主义传统解读公共行政传统的辩论。

还有一个问题，拉施尔德斯给出了清晰的答案：这些方法对谁有用？其中一种回答方式如下：

> 实践智慧具有教学价值，因为它提供了广泛的跨学科知识基础，以此来评估政府在社会中的当代作用和地位。因此，它对大学生、研究生、当选和任命的公务员以及公民都非常有用。不仅如此，它对纯粹的科学家也很有用，他们不应该回避思考理论的潜在社会后果。考虑到需要适用的技能，实践经验对从低到高层次的决策者都具有吸引力。有些人是专家，有些人是通才，但所有人都是管理者，他们必须将手段与目的相匹配，成本与收益相匹配。这种方法在课堂上同样有用，因为它通过案例和示例使政府的现实世界更接近学生。当然，科学知识对追求科学的研究人员很重要：它在课堂上也

提供了一种重要的方法，但在本科水平上可能不那么重要，而在研究生（尤其是博士）水平上则更为重要。实际工作者可能会发现一些科学知识的用途，但要将之应用于现实世界，取决于实际工作者，而不是科学家（Simon，1966，p.34）。最后，如果只是因为专业学者和实际工作者必须愿意质疑价值观并挑战信念和正统观念的力量，相对主义观点就很重要（Raadschelders，2008，p.941）。

第三节　技术发展带来的挑战

哲学思想也可以揭示新技术的巨大潜在影响。我们简要地指出两个发展动态：遗传学和信息通信技术（ICT）。

遗传学的发展似乎开启了个性化治疗的可能性，以至于一些公共行政学者已经提出了超人类主义的观点，提及了"是否新生物技术使人类能够克服其生物遗传的决定论，积极参与其表达的问题"（Catlaw and Treisman，2014，p.441）。后人道主义尤为极端，提出了死亡的死亡（the death of death）的可能性。这一可行性是否具有任何意义，那是医学和医学知识的问题（在我与医务人员的交谈中注意到，对个体进行的推迟死亡的个性化治疗需要对这个人的身体进行系统化和持续的干预，这种治疗相比某种形式长生不老的享受，更像是最残酷的折磨）。但这不仅仅是医学领域的一个问题。死亡的死亡是否符合热力学第二原则（"最形而上的物理定律"，见 Bergson，2005），即每一个封闭的系统随着时间的推移都会增加无序程度（尽管生命也可能被视为试图在局部对抗这种普遍趋势，见 Bergson，1907）？在更严格的形而上学层面上，人们可能会质疑死亡的死亡这一观点是否与任何关于变化的哲学相一致？从存在主义的角度来看，人们可能会问：这种试图通过技术手段克服死亡的尝试，难道不会让死亡更具有存在的构成性吗（以海德格尔的方法）？存在主义将痛苦解释为虚无的体验，也将导致对这种体验的解释为，通过死亡揭示存在对于变化的不可还原的、构成性的开放性。

哲学论据可能会被用来证明死亡的死亡这一主张的不可能性和荒诞性。然而，我们不能排除推迟死亡的飞跃，这为我们带来了远远超出我们正在经历的那种"人口老龄化"现象的局面（公共管理者过于低估其自身，见 Pollitt，2016）。在这种情况下，公共行政领域如何重新设想自身及其未来的发展？如何重新设想公共行政的研究和实践？科学和哲学的想象应该受到重视，以应对这些挑战。

再比如，我们可能注意到了突飞猛进的信息通信技术、基于互联网的发展（"物联网"）和新媒体发展所带来的变化。社会媒体在其社会维度和生物学维度中，可能会对生活产生怎样的改变（新媒体的修复功能，见 Kember and Zylinska，2012）？互联网是否带来了一场通信革命，就如从口头传播向书面传播的转变或许是因为印刷的发明？如果是这样，人类心智对现实的研究会有什么新的可能性呢？我们所生活的超现实在重塑公共空间的方式方面有什么影响？哲学知识的意义是什么？哲学研究为在互联网所提供的浩瀚如海的信息中"导航"所带来的形式是什么？具体来说，它对公共行政的研究和实践有什么影响？基于互联网的技术和人工智能的非中介化潜力将彻底改变什么公共功能？而它对公共行政的实践意味着什么？广阔的哲学视野如何能让我们从"视角"和"背景"去理解电子政务和电子政府？

已经有无数当代人文科学和社会科学研究（从传播学研究领域到社会医学领域）着手解决这些问题，但在公共行政学术文献中处于核心位置却鲜有浮出水面或只是被间接地提及，但在未来的几年里，它们可能会非常重要。为了应对这些重大问题，广阔的哲学视野可能是公共行政学者和实践者解决这一艰巨任务所需的概念化装备的一部分。

第四节　结束语

本书论证了哲学思维系统化应用于公共行政领域的意义，并主张从启发和启迪两个方面来阐述哲学对公共行政的贡献。为此，本书还提出了这种可能性，并甚至提倡和敦促参与关于公共治理和行政的"大叙事"——也就是说，关于我们有可能理解和了解公共治理和行政的基本特征的连续性和变化。

在这一总结性篇章中，我们根据其更广泛的哲学基础重新审视了公共行政的知识传统，展示了每一种传统是如何依赖和借鉴一系列哲学观点的。我们因此比较了相对主义者/后现代主义传统与摇摇欲坠的黑格尔体系和康德的人类作为理性主体的基础,并讨论了与其背道而驰以及太过轻易放弃西方哲学遗产的局限性。接着,我们探讨了在实证主义和新实证主义哲学思潮、传统主义和波普科学知识观的背景下,"公共行政作为科学知识"的传统。就公共行政作为智慧的角度,我们注意到哲学思想是其精髓,并且与这个传统如影随形几千年。从公共行政作为实践知识的传统方面,我们注意到实践推理对许多本体论、伦理和认识论问题的渗透,而哲学视角可能有助于揭示这些问题。

在整本书中,特别是在第四章到第六章中,我们深入探讨了在研究公共行政时贯穿四种知识传统的关键主题。特别是在第四章中,我们回顾了以下哲学思潮在公共行政领域的一些可能应用和影响:结构主义;新马克思主义与葛兰西思想;存在主义与存在主义公共行政人员和公民的形象塑造;现象学;以及对历史主义的持久继承。最后,我们还深入探讨了古典形而上学、亚里士多德最初阐述的四因说和康德哲学的先验理性主体基础的深远意义。

在第四章的最后一部分,我们就公共行政的研究方法提示了哲学思辨对于时间概念的一些可能的影响:如果生命的"真实"时间不同于公共行政社会科学研究中采用的空间时间概念,那么公共行政学术界所提供现有社会科学知识与公共行政实践对可用知识需求之间的契合程度就可能受到质疑。黑格尔通过正题与反题的辩证合题而发展的概念也具有重要意义,可以与时间的"摇摆"概念相比较。这两种观点依赖于不同的本体论:从最根本的意义上讲,由于过去被纳入了现在,并且是它的组成部分,时间的流逝是否禁止回到同一种状态(黑格尔哲学观点,同时也是柏格森的观点,尽管基础各不相同)?或者说,是否由于过去的残余,所以过去的事件仍有影响力,而过去存留至今的又是什么?

后者是社会科学中广泛持有的观点,过去之所以具有影响力,是因为它产生的东西一直保留了下来并且在因果效应产生的时刻"现身":机构体系依然存在,继续存在,而正是它们的存在才是导致这一现象的原因——但过去在这后一种观点中仅仅是"不复存在"。这一说法远非无懈可击,而且的确可以被看作是柏格森或黑格尔等哲学家在时间观念上的根本缺陷。

在第四章中讨论的其他对公共行政颇具影响的哲学观点中,包括形而上学的偶然性和本体论的可能性（与本体论必然性相反），因为它们对于"潜在""可能性"和"机会"等概念在整个社会科学中，特别是在公共行政中被如何对待的方式具有重要意义。[10]我们还回顾了公共行政研究关于共相性质争议的当代意义，注意到公共行政学者对公共行政领域性质的概念立场，如何在多个层面取决于其共相性质的哲学立场：这是一场从中世纪一直延续到当代的争论，具有重要意义和极端现实性。

在第五章中，我们讨论了治理体系的正当性问题，论证了"共同善"和"社会契约"两个总体观点作为公共治理的基础，以及罗尔斯主义和人格主义方法的承诺和限制作为，至少部分超越这两个主导观点的方法。

在第六章中，通过艺术的力量（安布罗吉奥·洛伦泽蒂的代表作《好政府》）及其创造的"另一个世界"的能力，重新提出了美德话语在公共治理中的持久意义，同时也为我们提供了灵感。另一个世界把我们带回到了乌托邦和乌托邦思想的最初概念（托马斯·莫尔）。之后，我们回顾了公共行政人员通过扩大工具库以涵盖乌托邦和理想类型而获得的概念性武器。接着，通过马基雅维利对人性的清醒审视，让我们可以脚踏实地，这也突出了人性永恒不变的主题。马基雅维利也提醒我们，放弃对人性永恒性的"假设"具有震撼人心的影响——马基雅维利在他的研究中也证实了这一假设。对于那些持相反假设（人性的可变性）的人来说，他的研究是一个持续的挑战，他们需要对其进行论证，并处理其影响。

在这段旅程的最后，我们可以更好地回顾所作的选择和沿途所经历的分叉。如第一章所述，本书的主旨是为公共行政引入哲学思想（对于公共行政而言的哲学）和哲学的主要分支，主要强调的是本体论的问题。那么，还可以采取什么其他的方法来桥接哲学和公共行政呢？至少可以列出以下三种不同的方式来定义哲学和公共行政领域之间的关系，以解决这一问题：

·对于公共行政而言的哲学：其基本主旨是运用哲学思辨来启迪公共行政研究和实践的方方面面，并就在专业文献中经常争论的公共行政主题找到新的观点。这种方法可能在公共行政研究的初期和形成时期是很自然的，那时学者和实践者们的背景可能只是通才，可能精通古典文学和哲学，而在公共行政方面却终究是非专业人员，因为那时对于专业知识的要求不像当今时代那么强烈。在这种方法中，出发点是对哲学思想的广泛概述，然后这一巨大的智慧和知识体，成为选择性地应用于公共行政中具有当代意义的主题和问题的来源。但是，基本的必要条件在于对公共行政领域的认识及探索：然后哲学思想被用于批判性地重新审视和反思当代公共行政的主题和问题。本书的构思和结构就采用了这样的方式。

• 公共行政的哲学：这种方法是基于专业哲学家用他们的哲学思考阐述公共行政的特定领域。切入点是古典作家的思想：从柏拉图《共和国》和亚里士多德的《政治学》等开山之作，到"现代"国家已经初步形成时期的作家的作品，特别是他们把行政在国家内部的作用更具体地理论化了（如黑格尔的《权利哲学》，尤其是关于公共行政的第287—297页）。这种方法存在一个问题，那就是当代专业哲学家很少参与公共行政辩论，同时也因为几乎不太可能在两个领域都成为专家，所以在基本哲学阐述和当代公共行政文献中可发现的问题和主题的辩论之间就存在着一个明显的断档。

• 从公共行政领域到哲学思想的逆向映射：这种方法从绘制公共行政领域开始，然后进行一些逆向映射，再到确定正在审查的公共行政学术的哲学前提可能是什么。最好的做法是与每个公共行政学者进行接触，要求其追溯其研究的基础是什么——尽管实际上这几乎是不可能的。里库奇（Riccucci, 2010）是解决哲学与公共行政之间关系的一个杰出榜样：他回顾了公共行政思潮，审查了主要学者的研究，然后对潜在的知识哲学进行了追踪。

哲学思想体系的庞大规模对任何试图将哲学与公共行政联系起来的工作都提出了另一个挑战。因此，根据作者的背景和倾向（在某种程度上，还取决于出版商在提供更多阐述这些论题版面空间的善意），任何作品都有可能主要侧重于政治哲学和伦理学，或知识哲学，或本体论。然后，我们可以一方面试探性地将哲学与公共行政关系的基本方法与研究的主要重点结合起来，另外，列出解决这个问题的一些著作。结果见表7—1。

要阅读表7—1，鉴于可能缺乏研究，一种方法就是以哲学思想的广博视野为出发点，然后将其系统地应用于当代公共行政领域的研究。我们希望本书能在这方面激发更多的研究。

表 7—1　一些哲学与公共行政之间关系研究中的基本方法图

		公共行政与哲学的关系	
研究重点	对于公共行政而言的哲学	从公共行政到哲学的逆向映射	公共行政的哲学
本体论	昂加罗，《哲学与公共行政》（本书）	未知领域（但请参阅斯托特，《竞争本体论：公共行政入门》）	柏拉图，《理想国》，亚里士多德，《政治学》黑格尔，《权利哲学》
知识哲学	未知的领域	里库奇，《公共行政：知识哲学》	西蒙，《行政行为》
		拉施尔德斯 I《公共行政：政府的跨学科研究》	沃尔多《行政国家》
政治哲学	未知的领域	弗雷德里克森，《论新公共行政学》	亚里士多德，《政治学》黑格尔，《权利哲学》
		胡德，《国家的艺术》	

总而言之，本书完成了一项艰巨的任务，介绍了基本哲学问题和公共行政领域之间复杂和多方面的相互联系，并指出了其对哲学基础的持久探索。我们希望能够概述一些哲学思潮探究对当代公共行政相关主题的应用思路，通过跨越不同时代的哲学家和哲学，追溯过往——而不是局限于最近的思潮——对于更深层次地理解公共行政中哲学问题的重要性，在这一过程中通过哲学思想得到了强调。指出了对当代公共治理和行政及其哲学论证基础进行细粒度研究和批判性讨论的途径。我们希望公共行政学术界和实践者将采用这些路径（小径），同时希望哲学，历经几千年的哲学思辨所产生的哲学知识和理解体系被越来越多地作为公共行政领域发展核心意义而加以参考。

注释

[1] 威尔逊引入了"知识大融通"（consilience）一词来表示跨学科产生的知识之间的联系，以达到解释的共同基础。威尔逊之所以采用该

词是"因为它的罕见度保存了其精确性"(1998 年,第 6 页)。威尔逊对知识统一的可能性持强烈的看法,主要是以自然科学可能(据称)实现知识统一的方式为模式。我们对此愿景所持态度是双重的,一方面比之更加雄心勃勃,另一方面没有那么大的奢望。我们之所以更加雄心勃勃,因为它依赖哲学作为统一的视角;我们之所以没有那么多奢望,是因为我们的目标不是为了统一,是为了知识交流和增进理解。出于这些原因,我们更喜欢继续使用"一致性"(consistency)这个词。

[2] 这四种知识传统被提出者视为理想类型。

[3] 波普尔提出了六个"无系统的"标准,由此可以主张一个理论"T2"代表了"T1"的一种进步形式:(1) T2 作出的主张比 T1 更为精确,而且这些主张比 T1 需要更严格的测验;(2) T2 比 T1 考虑并解释更多的事实;(3) T2 比 T1 更详细地描述或解释事实;(4) T2 克服了 T1 没有克服的测验;(5) T2 提出了在 T2 首次阐述前未考虑的新实验对照,并通过了这些测验;(6) T2 统一了或至少联系了在 T2 制定之前没有联系或统一的问题(见 Reale and Antiseri,1988,Vol. 3,p. 748)。

[4] 海森堡的不确定性原理是"量子力学中的一个原理,认为增加一个可观测量的测量精度会增加另一个共轭量可能已知的不确定性"(摘自《美国传统英语词典》,第四版,2009 年,霍顿·米夫林出版公司)。简而言之,在量子力学中,测量粒子性质的主体引入的微扰决定了这样一种情况,即已知粒子的位置(作为一个性质的例子)越精确,粒子的速度矢量(运动方向和速度,作为共轭量的一个例子)的可知性就越不精确。薛定谔方程(应用于整个宇宙的粒子存在概率分布的积分)只给了我们一个"确定性",那就是粒子在宇宙的某个地方(!)(实际上,积分等于 1)。

[5] 在其他地方也有相似的发展,尤其是在中国,在公元前 6 世纪和公元前 5 世纪孔子的著作中,而且自公元前 4 世纪前后行政发展以来,在印度,政府也成为哲学思考的主体(见考底利耶的著作)。

[6] 国际行政科学学会(IIAS),法语名称为 Institut International des Sciences Administratives 是 20 世纪 30 年代,由许多国家建立的一个国际政府组织,总部设在布鲁塞尔,至今仍非常活跃。其名字源于当时在法国传统中巩固的"行政科学"学科。

［7］本人感谢沃尔夫冈·德雷克斯勒指出了这些发音。

［8］卡特劳和特里斯曼（Catlaw and Treisman，2014）质疑"人"是否仍然是行政的主体，并对为什么未来不会出现这种情况提出了三个挑战。这些挑战虽然让本书的作者非常困惑，但这些挑战生动地说明了思考基础性的哲学主张在公共行政领域的意义。

［9］然而，人们可能会注意到，伊拉斯谟的一个担忧是王子绝对统治的正当性，王子的统治是通过智慧合法化的，而现代民主价值观的信仰者可能会发现，他们对这种最终追求智慧来证明绝对统治的正当性立场感到不安。

［10］汤普森提出的警告是，本体论的重点转移可能是一种有效的理论生成方法，但当它们偏离本体论的方向时，就会产生混淆（Thompson，2011）。

跋　哲学与当今的公共行政

沃尔夫冈·德雷克斯勒

在整整一个世纪前，维尔纳·桑巴特（Werner Sombart），一位声名远在其同事、好友兼对手马克斯·韦伯之上的学者，出版了一本名为《为什么美国没有社会主义》的著作。爱德华多·昂加罗（Edoardo Ongaro）的新书提出了这样一个问题："为什么公共行政（PA）没有哲学？"然而，与桑巴特相反，他不仅回答了这个问题，而且还使这个问题成为过去。

目前这本书盘点了哲学在当今公共行政的情况，我们必须承认，这个局面是惨淡的。当然有很多理论，大多是在技术层面的——基本上综合技术层面的，正如在无数的研究生班、讲习班等场所发布的那些——有一个公共行政伦理的家庭作坊，也有从政治哲学中借来的概括性的东西，后两者通常也不过就是星期天的演讲。星期天的演讲固然重要，但问题是这是否就足够了。综合技术的理论，通常都是完全反哲学的，并以19世纪70年代的实证主义为模式，有其明显有害的一面，诱使它的信徒误以为自己掌握了（至少部分）世界公式，并且让人觉得至少可以在自己狭隘的范围内，对现实有所把握。（很多人谈论"证据"，实际上是指"实证证据"，是这种立场的一个标志，就像数据的"开放性"概念，以某种方式通过方法来保证真理一样。）

这里有一些话，可以说是支持毋庸置疑的假设的：列奥·斯特劳斯（Leo Strauss）的观点在这里就与之相关，他认为社会是一群人，他们选择把某些选项称为"真理"。问题是，如果这些"真理没有严格执行——

它们很难在已经处于中期的时候在自由背景下执行——它们会受到异议，由于各种原因，它们可能会突然遭到质疑，甚至被拒绝，正如2015年到2016年那些鲜活的事件一样"。毋庸置疑的假设本身就很脆弱，而且很容易崩溃。这就是为什么在我们的公共行政领域，哲学维度和哲学辩论是如此重要，我们虽然明白这一点，但正如我们在这本书中看到的，我们还是几乎在各个层面都忽视了其重要性。

难道不是吗？无论是在会议上还是期刊中，我们确实有一些对于哲学和公共行政的特殊兴趣的场所，大部分还是英美的会议和期刊（这只是哲学的其中一个方面，但目前仍占主导地位）。但是，在一个由人、期刊和会议组成的非常清晰的层次结构的领域，它们成为相当边缘化的东西。大多数公共行政课程中并不包含哲学课程，而标准的公共行政评估和认证更是让这种状态一成不变。（如果把公共行政放在其他学科的背景下研究，比如政治学、最近的治理学，甚至是行政政治学和公共政策，情况有时可能会好一点。）我记得有个美国重要公共行政协会在拉斯维加斯（在所有地方中偏偏是这里）举行的一次大会，只有一次会议议程是针对公共行政大陆（欧洲）哲学的，而且被安排在一个狭小区域，还是周末的早晨，前来参加会议的观众还不如发言的人多——至少在会议开始时的情况是这样。当然这属于奇闻逸事，但它确实在很大程度上描述了哲学和公共行政的现状，以及它与主流公共行政的相关性。

可以说，在从前的日子里，情况并不是这样。但公共行政已经被牵引到了相反的方向，转为综合技术的方法，这在一个层面发挥了作用，但是鉴于该领域的范围和重要性，这远远不够。当今，公共行政学者往往不再具备人文背景，而这在大约半个世纪前还是一种常态；因为大多数社会科学家，越来越少的公共行政学者能够轻松地阅读拉丁文和古希腊文——但最重要的是，人们并没有把这点当成一回事——反而人们很重视是否擅长简单的应用数学（这是由于20世纪80年代经济学帝国主义的推力接管了公共行政，而且现在依然如此）。就如同对经济学家一样，自我选择和社会化发挥了作用；如果一个人对哲学感兴趣，他通常不会成为一名公共行政学者——如果有人真的这样做，这种将公共行政基础和哲学假设作为动力的思考，通常会在制度上受到同行、项目经费标准和出版要求的劝阻和打击，而这一切都将其推向不同的方向，最终，我要说，是一种损害公共行政学科和公共领域学科的方向。

　　这不仅是由于该学科的偶然情形。公共行政有一种内在的特性可以解释这种取代哲学的倾向。作为一门实践和理论上的学科，公共行政是衍生的。无论公共行政对于人类在21世纪及其之前共同生活的重要性如何，公共行政，作为公共政策的实施，对于后者以及政府和宪法框架，都是从属的并且最终是次要的。有人可能会说，它有自己的维度和逻辑，有些人甚至会说——事实上，很多人会说——有一些公共行政的真实情况以及一些关于不依赖背景问题的正确答案，但这属于个别情况。基本上，正如亚里士多德（《政治学》，1962年，1309年a）所观察到的那样，公共行政遵循其所在的政府的逻辑和原则：它跟随而不引领。

　　尽管公共行政偶尔也会成为人们关注的焦点，例如当新公共管理（NPM）的论述取得势头时，但公共行政最终并不是社会科学的一个主要学科。事实上，从理论上讲，它处于图腾柱"可憎的（anorakish）"底部，正如波利特在他最近的《高级公共管理与行政导论》（2016）中所指出的那样。其他社会科学的确是引领的，我们都知道心理学、经济学、政治学、社会学、人类学等领域的著作、思想家或书籍对其他学科的影响，包括或特别是对公共行政的影响——但是，扪心自问，你最近一次见到一个公共行政学者所写的关于公共行政的书，在概念层面上，对其他领域产生重大影响是什么时候？我想说，我们将不得不回到一个公共行政技术含量较低、更贴近哲学思想的时代。

　　然而，这一悲叹只是作为一个平台，说明爱德华多·昂加罗现在的书《哲学与公共行政》，是在这一事业的良辰吉时闪亮登场的，它不仅令人印象深刻，也令人信服。作者曾在更经验主义的、主流公共行政中发表过很多作品，这些为学术界更欣然接受这一新作作为"我们中的一个"的产物铺平了道路；他再次当选欧洲公共行政组织主席这一事实，无疑为该书增加了重要的砝码。欧洲公共行政组织不仅是当今欧洲领先的学术性公共行政协会，而且可以说，也是全球较早的此类组织之一。昂加罗刚刚与桑德拉·凡·蒂尔（Sandra van Thiel）合作编辑了一本非常全面的《欧洲公共行政与管理手册》，他对欧洲公共行政目前正在发生的事情以及谁在做什么有着最佳的视角。或许这在学术语境下无足轻重，但无疑在谁讲了什么，对谁讲了什么内容上，非常重要，往往至关重要，有时甚至比纯文本本身更加重要。

　　这本书只是一个入门和开端，正如作者所不断强调的那样——而且这样做很明智，不是出于假惺惺的谦虚，而是因为这是适当的框架。哲学与公共行政是一个广阔的领域，不仅因为其内容本身，而且还因为哲学的诸多传统，确实导致了严重的内讧——许多欧洲大陆哲学家声称分析哲学家根本不是哲学家，反之亦然，甚至有过之而无不及。昂加罗几乎可以毫不费力地弥合这一鸿沟，他让所有哲学传统的支持者都拥有发言权和影响力。昂加罗原来接受的是欧洲大陆的传统教育，而他现在所在的学术环境，所研究的是另一个占主导地位传统的内容（他所接受教育的意大利高等教育机构也是亲英美思想的）。他多才多艺博学多识，这对一个 21 世纪的公共行政学者来说非同寻常，他精通多种语言，包括许多古代语言，从而使这种方法成为可能。

　　通过采用见微知著（pars pro toto）的方法，昂加罗可以游刃有余地专注于长线、大手笔和未来——但是，也并未因此而疏漏细节，因为他同时还展现了几位特定思想家的特写镜头。由于他对这一点非常明确，所以并不缺乏整体的综合性，但其缺失的是故事的一部分，这样的结果应该会让许多人拍手称赞。其结果就是，哪里有脱漏就变得一目了然，而且比比皆是——包括这本书没有涵盖的内容和当代哲学和公共行政领域所缺乏的学识。虽然在这方面数量并不占优势，但也不乏一些相当好的研究，比如诺玛·里库奇（Norma Riccucci）和乔斯·拉施尔德斯（Jos Raadschelders）的研究，昂加罗对此进行了广泛的探讨——但他在范围上超越了它们，无论是在哲学还是在公共行政的类型和作用方面。这就是为什么这本书既是学生们的入门教材，也是学者们的研究项目。

　　这一点对公共行政学科非常重要，今天的公共行政学科往往没有基础，需要为自己和社会的缘故而维护自己，但是在没有入门教科书的情况下怎么才能做到这一点呢？好在我们现在有了。有多少学生在没有认真考虑亚里士多德和黑格尔对公共服务的看法的情况下，就以公共行政硕士研究生毕业了？〔又有多少人甚至没有读过马克斯·韦伯的《经济与社会》（1922 年）关于韦伯主义真正构成的短文就取得了硕士学位？〕

　　乍一看，这似乎是一个非常欧洲化的视角，特别是与看上去如此综合的技术，纯粹的定量，以错误证据为证据的美国（和加拿大，澳大利亚和新西兰）公共行政相比。当然，在 17 世纪 90 年代之前，也就是说，在任何公共行政思想最早发端于马萨诸塞湾殖民地之前，在其开创性地独立于英国，从而独立于欧洲之前，任何关于哲学与公共行政的东西都是欧洲的。但事实上，一如既往，情况并非如此——虽然一些更具教条主义色彩的美国期刊（包括最优秀的期刊）不允许学术性地讨论哲学和公共行政，但实际上，在美国一些小众化的期刊、会议、工作组和事务委员会中，人们发现了更多（如果仍然很少的）关于这个主题的信息，而不是在古老的（更不用说新的！）欧洲。到目前为止，几乎所有试图以一种结构化的方式讨论欧洲哲学和公共行政的尝试都失败了，而且事实上糟糕透顶。原因或许值得考虑，但至少在目前，事实依然如此。

在上一段中，我说道："当然，17 世纪 90 年代之前，比如，任何关于哲学和公共行政的东西，都不可避免地是欧洲的。"这种言辞既愚蠢又盲目，当然——除非有人认为有一种全球性的方式来运作公共行政，认为公共行政与背景无关，而且认为现在全球性的公共行政真的没有其他选择，就如工程或管道装置一样。这种观点，在许多其他社会科学学科中都被认为是极大的冒犯，甚至是荒谬的，但仍然在公共行政中占据主导地位，而且国际组织对非西方国家的许多咨询和建议都是基于这一观点。但是，如果公共行政是公共政策的实施，那么就必须有不同的方式使所有这些都是合法的——正如在上述文章中段落里亚里士多德所指出的。全球性的公共行政 = 好的公共行政 = 西方公共行政 = 现代公共行政，可以说，既自闭又荒诞，但事实上是另一种思维方式，比如承认有一种非西方的公共行政，才刚刚慢慢地（重新）浮出水面并进入公共行政的主流话语。

目前这本书面向的仅仅是西方化的全球——除了一些零星的文献（提到其他地方的公共行政）外，但这是有意而为之。如果是有意识地这样做，那这就是完全正当的；真正在思想上和伦理上都非常糟糕的是，而且真的达不到 21 世纪标准的，是那些关于全球性的公共行政（或政治科学、政治哲学等）的著作，它们实际上根本不是全球性的，而是西方化的——像过去一样，把过去"白人的责任"（White Man's Burden）带进了新千年。但是，世界上没有哪个地方，包括有着非西方化公共行政的国家，没有被全球—西方化的公共行政所"污染"，而这种全球—西方化的公共行政内部的冲突也很大（例如新公共管理的反国家破坏主义与肯定国家、以公民为中心的方法，如新韦伯主义国家）。因此，支持全球—西方化的公共行政的东西和本书一样，对非西方化公共行政的学生来说也是很有趣的。

在这一点上，我们眼前的这本书可以作为进一步的内容或独立成卷，进行补充和扩展。仔细考虑非西方化公共行政作为全球—西方化主流的备选方案具有双重效果，既可以加深后者的资格又使之得到启发，使之对全球—西方化公共行政采取更为彻底和更为相关的方法成为可能，潜在地让学者和实践者重新定位自己，以便提出更适当的建议和改革。然而，遗憾的是，关于非西方化公共行政目前行之有效的、成功的形式，几乎乏善可陈。在我看来，在一些非西方国家，许多令人遗憾的公共行政改革都与此有关——国家不能根据自己的传统发展自己的优势，而是被告知要采用西方的模式，否则别想（也就是说，否则他们将无法获得至关重要的资金）。但在本书所论述的哲学和公共行政层面上，实际上有一个丰富的、多方面的、确实令人兴奋的非西方化公共行政基础，有的与西方哲学对话，有的相当独立，两者都高度相关。

我们可以提及两个非西方化公共行政传统，它们或许是至今现存的最重要的两个传统，也就是说，对全球—西方化方法的普遍性构成真正挑战的传统。首当其冲的就是伊斯兰世界的传统。这是与西方接壤，因此具有挑战性的主要非西方化的公共行政传统，而且经常被认为，且再次被认为，是基于一种具有威胁性的意识形态。它呼吁，宗教和公共行政的非关联性是一种选择（也是一种错误的选择），而不是某种"给定"的东西，西方可能不得不对之作出反应，而不是轻率地坚持它不应该是这样。然而，伊斯兰国家的许多思想都是与希腊哲学家紧密联系而发展起来的，而制度上的伊斯兰公共行政通常是"温和的"。就公共行政本身而言，责任的不可授权性是突出的，例如在尼扎姆·乌穆尔克（Nizam-ul-Mulk）时期，或在高度复杂和具有哲学基础的奥斯曼帝国时期的公共行政，其坚决主张牺牲少数人的利益以换取多数人的福祉是值得的；其遗产是"创造性的低级歧视"来维护社会和平；其强调的是充分的善治（少收税，少征税，不征税更好），这种善治可以说是源自伊斯兰的迅速扩张；其行政部门在很多方面都是"超级韦伯主义"，这些或许都可以作为例证。

但无疑，儒家公共行政才是主要的哲学挑战，是与西方范式有"不同"的智慧，这不仅是因为它历史更加悠久，而且还因为它从古至今一直在发挥良好的作用。一些人称为"儒家"公共行政而不是"中国古典"公共行政这一事实，已经表明了其中的问题，因为不仅在中国大陆有儒家公共行政，而且在中国香港地区、中国台湾地区以及韩国、越南、新加坡都有儒家公共行政；从历史上看，在明治维新之前的日本江户，它也有相当的哲学基础。国家是家庭的延伸，而不是与家庭并列的概念；官僚主义的至高无上毋庸置疑，即使在美术和文化领域；从制度上处理裙带关系和其他形式的腐败等人类缺陷，而不是要求人类作出改变；强烈关注政府绩效，如果不能履行职责甚至可以用武力推翻一个原本合法的政府，这些方面都强调了与西方化公共行政的差异性和并行性。虽然公共行政的理学哲学（理学是中国封建社会从 9 世纪初到其灭亡所奉行的国家意识形态）是独立于西方思想的，新儒家哲学并非如此，但它与公共行政也相去甚远——这一哲学方向的出现不足为奇，它正是对 20 世纪早年一个国家及其管理垮台的反应。

我可以毫不犹豫地说，这些传统，总的来说，现在即使在其发源国也没有被广泛纳入教育，至少在公共行政领域是如此——比如说，土耳其、中国等国家的顶级公共行政学校，就算有，也只是在课程中逐渐地添加自己的传统，如果课程中真的包括任何与公共行政相关的哲学的话，一般来说，也是全球—西方化的哲学。即使在非西方国家，非西方化公共行政方法仍是一场攻坚战，但上文所述的哲学滋养和潜力对各方来说都是仍然存在的，而且看起来至少——使用混合隐喻——是一辆朝着正确方向行驶的列车。

谈起公共行政的实施绩效，吉尔特·布卡（Geert Bouckaert）偶然地从两方面来划分好的公共行政：公平与绩效。我觉得这个简单的二分法非常具有启发性，对于什么是真正好的公共行政的概念化最有帮助。例如，在非西方化公共行政语境下，如果我们认识到这两个类别的高分不会自动同时出现（它们经常自动同时出现，但关键的是要认识到"经常"与"总是"非常不同），那么这已经是一个巨大的进步。对当前公共行政话语浅薄性的最好说明或许是这样一种事实，我们对于那些故意的、糟糟的公共行政——这里所指的是有意识地破坏普遍的或是局部规范的公共行政，和/或没有提供规范的公共行政，例如，为了让一个政权继续掌权，完全是出于自身自私原因，而且是为了掌权而掌权——没有理论、没有课本、没有课堂、没有讨论！当然，这些都是典型的、掺杂着自我辩护的行动方案：玩世不恭、剥削成性的暴政很少自己承认属于这种类型。正如我们所看到的，公共行政在很大程度上也是衍生性的——它执行公共政策——问题是，面对一个具有剥削性质的政府，应该由公共行政来决定这个政权应该是否继续掌权还是被颠覆。经典韦伯式的公共行政相对于政府的独立性，通常被视为一种劣势，但一旦一个政权被认为所带来的是"不好的"时候也会变成一种优势——正如新公共管理，作为"保守的现代主义"，往往不被威权政权欣赏。但是我们怎么能指望不诉诸哲学来解决公共行政的这些基本问题呢？

在这种情形下，公共行政的衍生性在理论上也有积极的一面。在作为一门学术学科的哲学中，正如在一般人文学科以及一些应用较少的社会科学中一样，存在着一种"软弱无力"的现象，过度的概念化和伦理理论的学术成果困境，让它具有意义的话语比本身需要的要复杂得多。在公共行政，情况并非如此——它的错误在另一方。例如，就其存在的程度而言，非西方化公共行政几乎优雅地绕过了"东方主义"话语自利式的方式（不是最初提出的问题，而是第三方拥护者为了自身利益而用其作为排他性传播）。这意味着，在几个方面，公共行政话语比或可能比当代哲学本身更好——不那么内向，更有成效。

同样地，公共行政作为一门学术学科与实践之间的必然联系，它的这一特征肯定比其他许多社会科学更为明显，而它并不是非哲学的，而是恰恰相反；正如亚里士多德和康德，以及柏拉图和黑格尔一再强调的那样，它可能是优秀哲学的先决条件，如果它在实践中不成立，那么相应的理论也必须被摒弃。最近，一些方法使公共行政固有的、必要的实用性受到质疑，这些方法规定了更多的建模、更多的"理论驱动"、开放而且（显然是）基于大数据的、经济模拟的方法，人们也希望在公共行政中看到这些方法，相关性更低而更严谨（正如1921年，阿尔伯特·爱因斯坦在普鲁士科学院演讲中所说，这二者确实是彼此的敌人），但在公共行政的核心有一个理论与实践的平衡和密切联系，只要理论可以并且确实能够联系实践。

除此之外，作为最后的思考，生活方式的改变，人类的改变及他们如何通过信息通信技术（ICT）革命认同和设想自己，也是我们这个时代公共行政的主要议题。这也是一种"时尚"和炒作——而且恰如其分；"相信炒作"——受到资助的科学和高等教育对此总是极其敏感。由于其技术倾向，信息通信技术使公共行政的不同方法更加边缘化——但事实上，基于信息通信技术的公共行政在现阶段需要哲学，如果有什么区别，那就是需要更多的哲学，而不是更少。信息通信技术带来的关键变化和转变，最好的解决方法是在电子治理本身（通常是电子公共行政）之外，而电子治理本身不能——通常甚至不想——凭借自己的力量将自己从哲学的泥潭中拉出来。事实上，电子治理通常比公共行政更远离哲学，它设想了一种千禧年的，咄咄逼人的言辞和一系列高度情绪化的价值假设，这些假设在内部非常不一致，只有当认知失调成为一个原则时，它们才是可以承受的——隐私、开放、宽容、安全、自决、控制、统一、参与、代理等等，种种冲突，如果没有哲学，我们很难想见如何平衡它们，或者至少如何把它们分门别类。

总而言之，对公共行政在更广泛、更深入的层面上的思考，比对毋庸置疑的假设思考，在当今比过去一段时间更为必要，也更为紧迫。我们生活在一个被管理的世界；人类居住的现实在很大程度上是一个被管理的世界。在我们认为是我们共同生活基础的东西突然分离的时代，无论是在技术上还是在哲学上，认识到它的基础都是至关重要的，技术方法根本不足以应付现实的城邦时代的到来，更不用说管理或使之秩序化。

因此，爱德华多·昂加罗关于哲学和公共行政的书在关键时刻面世，它谦虚而自信地填补了一本缺失的书的空白，风格隽永，才情兼备。它解决了当今公共行政最关键的问题，也就是将哲学话语带入全局的问题——而且置于全局的中心。希望书中提出的研究议程，最后一章矩阵中所示脱漏空白的填补，公共行政学者可以尽快地完成。但更为重要的是，这本书将能够鼓励哲学与公共行政课程的开设，或至少在课程中涵盖哲学与公共行政。我深信，我们的学科，但更重要的是，我们受到管理的世界将在公平和绩效方面变得更好。

参考文献

Abadie, A., Diamond, A. and Heinmeuller, J. (2015) Comparative Politics and the Synthetic Control Methods. *American Journal of Political Science*, 59 (2), pp. 405 – 510.

Abbagnano, N. (1946/1963) *Storia della Filosofia*. Turin, Italy: UTET.

Abbott, A. (1992a) From Causes to Events: Notes on Narrative Positivism. *Sociological Methods and Research*, 20 (4), pp. 428 – 455.

Abbott, A. (1992b) What Do Cases Do? Some Notes on Activity in Sociological Analysis. In C. C. Ragin and H. S. Becker (eds.) *What is a Case? Exploring the Foundations of Social Enquiry*. Cambridge: Cambridge University Press, pp. 53 – 82.

Abel, C. F. and Sementelli, A. J. (2004) *Evolutionary Critical Theory and Its Role in Public Affairs*. Armonk, NY: M. E. Sharpe.

Achen, C. H. and Bartels, L. M. (2016) *Democracy for Realists: Why Elections do not Produce Responsive Government*. Princeton, NJ: Princeton University Press.

Alford, J., Douglas, S., Geuijen, K. and 't Hart, P. (2017) Ventures in Public Value Management: Introduction to the Symposium. *Public Management Review*, 19 (5), pp. 589 – 604.

Alford, R. (2008) The Limits to Traditional Public Administration or Rescuing Public Value from Misrepresentation. *Australian Journal of Public Administration*, 38 (2), pp. 130 – 148.

Allison, G. T. (1971) *Essence of Decision: Explaining the Cuban Missile Cri-*

sis, 1st edition. London: Little, Brown.

Antognazza, M. R. (2007) *Leibniz on the Trinity and Incarnation: Reason and Revelation in the Seventeenth Century*. New Haven, CT: Yale University Press.

Antognazza, M. R. (2009) *Leibniz: An Intellectual Biography*. Cambridge: Cambridge University Press.

Antognazza, M. R. (2016) *Leibniz: A Very Short Introduction*. Oxford: Oxford University Press.

Aquinas, T. T. (1258/1264) *Summa Theologiae*.

Aquinas, T. T. (ca 1265 – 74/1975) *Summa Contra Gentiles*. Translated as *On the Truth of the Catholic Faith* by A. C. Pegis et al., South Bend, IN: Notre Dame University Press.

Arellano-Gault, D. (2010) Economic-NPM and the Need to Bring Justice and Equity Back to the Debate on Public Organizations. *Administration and Society*, 42 (5), pp. 591 –612.

Arendt, H. (1971) *Martin Heidegger at Eighty*. New York Review of Books, 21 October, p. 54.

Argan, G. C. (1969) *Storia dell'Arte Italiana*. Florence: Sansoni Editore.

Aristotle (1962) *Politics*. Translated by T. A. Sinclair; revised by T. J. Saunder. London: Penguin.

Aristotle (1984) *The Complete Works*. Edited by J. Barnes. Oxford Translation. Princeton, NJ: Princeton University Press.

Aristotle (2002) *Nicomachean Ethics*. Translated, introduced and com-mented by S. Broadie and C. Rowe. Oxford: Oxford University Press.

Asquer, A. (2012) Managing the Process of Decentralization: Transforming Old Public Entities into New Agencies in the Agricultural Sector. *International Public Management Journal*, 15 (2), pp. 207 –229.

Asquer, A. and Mele, V. (2017) Policy-making and Public Management. In E. Ongaro and S. van Thiel (eds.) *The Palgrave Handbook of Public Administration and Management in Europe*. Basingstoke, UK: Palgrave Macmillan.

Augustine (397 – 400/1991) *Confessions*. Translated by H. Chadwick. Oxford:

Oxford University Press.

Augustine (426/1972) *The City of God*. Translated by H. Bettenson. Harmondsworth, UK: Penguin.

Baker, K. (2015) Metagovernance, Risk and Nuclear Power in Britain. In E. Ongaro (ed.) *Multi Level Governance: The Missing Linkages*. Bingley, UK: Emerald, pp. 247 – 269.

Bardach, E. (1994) Comment: The Problem of 'Best Practice' Research. *Journal of Policy Analysis and Management*, 13 (2), pp. 260 – 268.

Bardach, E. (1998) *Getting Agencies to Work Together: The Practice and Theory of Managerial Craftsmanship*. Washington, DC: Brookings Institution Press.

Bardach, E. (2004) Presidential Address-The Extrapolation Problem: How Can We Learn from the Experience of Others. *Journal of Policy Analysis Research and Management*, 23 (2), pp. 205 – 220.

Barzelay, M. (2001) *The New Public Management. Improving Research and Policy Dialogue*. Berkeley, CA: University of California Press.

Barzelay, M. (2007) Learning from Second-Hand Experience: Methodology for Extrapolation-Oriented Research. *Governance*, 20 (3), pp. 521 – 543.

Barzelay, M. and Campbell, C. (2003) *Preparing for the Future: Strategic Management in Government*. Washington, DC: The Brookings Institutions.

Barzelay, M. and Gallego, R. (2006) From 'New Institutionalism' to 'Institutional Processualism': Advancing knowledge about public management policy change. *Governance*, 19 (4), pp. 531 – 557.

Barzelay, M. and Gallego, R. (2010) The Comparative Historical Analysis of Public Management Policy Cycles in France, Italy, and Spain: Symposium Introduction. *Governance*, 23 (2), pp. 209 – 223.

Baudrillard, J. (1975) *The Mirror of Production*. St Louis, MO: Telos.

Baudrillard, J. (1983) *Simulations*. Open Source collection.

Bauer, M. (2017) Public Administration and Political Science. In E. Ongaro and S. van Thiel (eds.) *The Palgrave Handbook of Public Administration and Management in Europe*. London: Palgrave.

Baumgartner, F. R. and Jones, B. D. (1993) *Agendas and Instability in American Politics*. Chicago, IL: University of Chicago Press.

Behn, R. (1991) *Leadership Counts*. Cambridge, MA: Harvard University Press.

Benington, J. and Moore, M. (2011) *Public Value: Theory and Practice*. Basingstoke, UK: Palgrave Macmillan.

Berger, P. L. and Luckmann, T. (1966) *The Social Construction of Reality. A Treatise in the Sociology of Knowledge*. Garden City, NY: Doubleday.

Bergson, H. (1932) *Les Deux Sources de la Moral et de la Religion* [*The Two Sources of Morality and Religion*, 1977]. University of Notre Dame Press.

Bergson, H. (1989) *Essai sur les Données Immediates de la Conscience* [*Time and Free Will*]. Translated by F. L. Pogson, 1913. George Allen & Co: London.

Bergson, H. (2005) *Creative Evolution*. [*L'évolution créatrice*, original French edition, 1907]. New York, NY: Cosimo.

Berkeley, G. (1948 – 1957) *Opera Omnia*. Edited by A. A. Luce and T. E. Jessop. Edinburgh: Thomas Nelson.

Berlin, I. (1991) *The Crooked Timber of Humanity: Chapters in the History of Ideas*. Edited by H. Hardy. New York, NY: Knopf.

Bezes, P. (2009) *Réinventer l'Etat: Les Réformes de l'Administration Française (1962 – 2008)*. Paris: Presses Universitaires de France.

Bird, C. (2006) *An Introduction to Political Philosophy*. Cambridge: Cambridge University Press.

Bogason, P. (2001) Postmodernism and American Public Administration in the 1990s. *Administration & Society*, 33, pp. 165 – 193.

Borgonovi, E. (1973) *L'Economia Aziendale negli Istituti Pubblici Territoriali*. Milan: Giuffrè.

Borgonovi, E. (ed.) (1984) *Introduzione all'Economia delle Amministrazioni Pubbliche*. Milan: Giuffrè.

Borgonovi, E., Fattore, G., and Longo, F. (2008) *Management delle Istituzioni Pubbliche*. Milan: EGEA.

Boston, J., Martin, J., Pallot, J. and Walsh, P. (1996) *Public Management: The New Zealand Model.* Auckland: Oxford University Press.

Bouckaert, G. (2007) Cultural characteristics from public management reforms worldwide. In K. Schedler and I. Pröller (eds.) *Cultural Aspects of Public Management Reform.* Amsterdam: Elsevier, pp. 29 – 64.

Bouckaert, G. (2013) Numbers in Context: Applying Frege's Principles to Public Administration. In C. Pollitt (ed.) *Context in Public Policy and Management: The Missing Link?* Cheltenham, UK and Northampton, MA, USA: Edward Elgar Publishing, pp. 74 – 87.

Bouckaert, G. and Hallighan, J. (2008) *Managing Performance: International Comparisons.* London: Routledge.

Bovaird, T. and Löffler, E. (2017) From Participation to Co-Production: Widening and Deepening the Contributions of Citizens to Public Services and Outcomes. In E. Ongaro and S. van Thiel (eds.) *The Palgrave Handbook of Public Administration and Management in Europe.* London: Palgrave.

Bovens, M., Goodin, R. E. and Schillemans, T. (eds.) (2014) *The Oxford Handbook of Public Accountability.* Oxford: Oxford University Press.

Box, R. C. (2005a) *Critical Social Theory.* Armonk, NY: M. E. Sharpe.

Box, R. C. (2005b) Symposium: Fox and Miller's Postmodern Public Administration Ten Years Later. *Administration Theory & Praxis*, 27 (3), 467 – 468.

Box, R. C. (ed.) (2007) *Democracy and Public Administration.* Armonk, NY: M. E. Sharpe.

Bozeman, B. (2007) *Public Values and Public Interest.* Washington, DC: Georgetown University Press.

Brannon, P. T. (2006) The English Legacy of Public Administration. In T. D. Lynch and P. L. Cruise (eds.) [1998] *Handbook of Organization Theory and Management: The Philosophical Approach.* Boca Raton, FL: CRC Press, pp. 143 – 171.

Bretschneider, S., Marc-Aurele Jr., F. J. and Wu, J. (2005) Best Practices Research: A Methodological Guide for the Perplexed. *Journal of Public Administration Research and Theory*, 15, pp. 307 – 323.

Bryson, J. (2011) *Strategic Planning for Public and Not Profit Organizations*, 4th edition. San Francisco, CA: Jossey-Bass.

Campanella, T. (1602/1979) *La Città del Sole*. Milan: Feltrinelli.

Carnap, R. (1937) *The Logical Syntax of Language* [original in German, 1934]. Abingdon, UK: Kegan Paul.

Carpenter, D. (2001) *The Forging of Bureaucratic Autonomy*. Princeton, NJ: Princeton University Press.

Cassese, S. (1993) Hypotheses about the Italian Administrative System. *West European Politics*, 16 (3), pp. 316–328.

Catlaw, T. J. and Treisman, C. (2014) Is 'Man' Still the Subject of Administration? Antihumanism, Transhumanism, and the Challenge of Entangled Governance. *Administrative Theory & Praxis*, 36 (4), pp. 441–465.

Cejudo, G. M. (2003) Public Management Policy Change in Mexico (1982–2000). *International Public Management Journal*, 6 (3), pp. 309–325.

Christensen, T. and Laegreid, P. (2017) An Organization Approach to Public Administration. In E. Ongaro and S. van Thiel (eds.) *The Palgrave Handbook of Public Administration and Management in Europe*. London: Palgrave.

Christensen, T., Laegreid, P., Roness, P. G. and Kjell, A. R. (2007) *Organization Theory and the Public Sector: Instrument, Culture and Myth*. Abingdon, UK and Northampton, MA, USA: Routledge.

Clarke, J. (2013) Contexts: Forms of Agency and Action. In C. Pollitt (ed.) *Context in Public Policy and Management: The Missing Link?* Cheltenham, UK and Northampton, MA, USA: Edward Elgar Publishing, pp. 22–34.

Crosby, B., 't Hart, P. and Torfing, J. (2017) Public Value Creation through Collaborative Innovation. *Public Management Review*, 19 (5), pp. 655–669.

Darwin, C. (1859) *On the Origin of Species*. Oxford: Oxford University Press (Oxford Classics). Original edition *On the Origin of the Species by Means of Natural Selection, or the Preservation of Favoured Races in the Struggle for*

Life. London: John Murray.

de Graaf, G. (2014) Good Governance: Performance Values and Procedural Values in Conflict. *The American Review of Public Administration*, 45 (6), pp. 635 – 652.

de Graaf, G. (forthcoming) The Art of Good Governance: How Images from the Past Provide Inspiration for the Modern Practice. *International Review of Administrative Sciences*.

Denhardt, J. V. and Denhardt, R. B. (2015) *The New Public Service: Serving Not Steering* (1st edition 2001). New York, NY: Routledge.

Denhardt, R. B., Denhardt, J. V. and Aristigueta, M. P. (2013) *Managing Human Behaviour in Public and Non Profit Organizations*. Thousand Oaks, CA: Sage.

Descartes, R. (1637/2006) *Discours de la Methode* [*A Discourse on the Method*]. Translated by I. Maclean. Oxford: Oxford University Press.

Descartes, R. (1998) *Descartes: Oxford Readings in Philosophy*. Edited by J. Cottingham. Oxford: Oxford University Press.

Di Mascio, F., Galli, D., Natalini, A., Ongaro, E. and Stolfi, F. (forthcoming) Learning-Shaping Crises: A Longitudinal Comparison of Public Personnel Reforms in Italy, 1992 – 2014. *Journal of Comparative Policy Analysis*, doi: 10. 1080/13876988. 2016. 1154279.

Di Mascio, F., Natalini, A. and Stolfi, F. (2013) Analyzing Reform Sequences to Understand Italy's Response to the Global Crisis. *Public Administration*, 91 (1), pp. 17 – 31.

Dilthey, W. (1976) *Selected Writings*. Cambridge: Cambridge University Press.

Dogan, M. (1996) Political Science and the Other Social Sciences. In R. E. Goodin and H. Klingemann (eds.) *A New Handbook of Political Science*. Oxford: Oxford University Press, pp. 97 – 130.

Dragos, D. and Langbroek, P. (2017) Law and Public Administration: a Love-Hate Relationship? In E. Ongaro and S. van Thiel (eds.) *The Palgrave Handbook of Public Administration and Management in Europe*. London: Palgrave.

Drechsler, W. (2001a) Good and Bad Government. Ambrogio Lorenzetti's Frescoes in the Sienna Town Hall as Mission Statement for Public Administration Today. Local Government and Public Service Reform Initiative, Discussion Papers, No. 20, pp. 1 – 29.

Drechsler, W. (2001b) On the Viability of the Concept of *Staatswissenschaften*. *European Journal of Law and Economics*, 12, pp. 105 – 111.

Drechsler, W. (2011) Understanding the Problems of Mathematical Economics: A continental Perspective. *Real-World Economics Review*, 56, pp. 45 – 57.

Drechsler, W. (2015a) *Il Buon Governo Senese*: Classic Aspects of (Alternative) Public Service Delivery. *Development in Administration*, 1 (1), pp. 5 – 20.

Drechsler, W. (2015b) Islamic PA-Does It Exist, What Is It and Why and How Should We Study It? *Public Money & Management*, 35 (1), pp. 63 – 64.

Drechsler, W. and Kattel, R. (2008) Conclusion: Towards the Neo-Weberian State? Perhaps, But certainly *Adieu* NPM! . *The NISPAcee Journal of Public Administration and Policy*, 1 (2), pp. 95 – 99.

Drumaux, A. and Goethals, C. (2007) Strategic Management: A Tool for Public Management? An Overview of the Belgian Federal Experience. *The International Journal of Public Sector Management*, 20 (7), pp. 638 – 654.

du Gay, P. (2000) *In Praise of Bureaucracy: Weber-Organization-Ethics*. London: Sage.

Dunleavy, P. (1991) *Democracy, Bureaucracy and Public Choice. Economic Explanations in Political Science*. New York, NY: Harvester Wheatsheaf.

Dunleavy, P. and Hood. C. (1994) From Old Public Administration to New Public Management. *Public Money and Management*, 14 (3), pp. 9 – 16.

Dunleavy, P., Margetts, H., Bastow, S. and Tinkler, J. (2006) *Digital Era Governance: IT Corporations, the State and E-Government*. New York, NY: Oxford University Press.

Dunlop, C. and Radaelli, C. (2017) Policy Learning and Organisational Capacity. In E. Ongaro and S. van Thiel (eds.) *The Palgrave Handbook of Public Administration and Management in Europe*. London: Palgrave.

Duns Scotus, J. *Opera Omnia*. Edited by C. Balic, M. Bodewig, S. Bušelić, P. Čapkun-Delić, I. Jurić. Vatican City, 1950 – .

Eaton, R. (1923) What is the Problem of Knowledge? *Journal of Philosophy*, 20 (7), pp. 178 – 187.

Epp, C. R., Maynard-Moody, S. and Haider-Markel, D. (2014) *Pulled Over: How Police Stops Define Race and Citizenship*. Chicago, IL: The University of Chicago Press.

Erickson, C. (2015) The *Republic* as Er Myth: Plato's Iconoclastic Utopianism. *Administrative Theory & Praxis*, 37, pp. 95 – 110.

Esquith, S. L. (2006) John Rawls and Public Administration. In T. D. Lynch and P. L. Cruise (eds.) *Handbook of Organization Theory and Management: The Philosophical Approach*. Boca Raton, FL: CRC Press, pp. 529 – 552.

Farmer, D. J. (1995) *The Language of Public Administration*. Tuscaloosa, AL: University of Alabama Press.

Farmer, D. J. (2005) *To Kill the King: Post-Traditional Governance and Bureaucracy*. Armonk, NY: M. E. Sharpe.

Farmer, D. J. (2010) *Public Administration in Perspective: Theory and Practice Through Multiple Lenses*. Armonk, NY: M. E. Sharpe.

Feldheim, M. A. (2006) Mary Parker Follett: Lost and Found-Again, and Again, and Again. In T. D. Lynch and P. L. Cruise (eds.) *Handbook of Organization Theory and Management: The Philosophical Approach*. Boca Raton, FL: CRC Press, pp. 417 – 433.

Ferlie, E. and Ongaro, E. (2015) *Strategic Management in Public Services Organisations: Concepts, Schools and Contemporary Issues*. London and New York, NY: Routledge.

Ferlie, E. and McGivern, G. (2014) Bringing Anglo-governmentality into Public Management Scholarship: the Case of Evidence-based Medicine in UK Health Care. *Journal of Public Administration Research and Theory*, 24

(1), pp. 59 – 83.

Ferlie, E., Ashburner, L. FitzGerald, L. and Pettigrew, A. (1996) *The New Public Management in Action*. Oxford: Oxford University Press.

Ferlie, E., Lynn Jr., L. E. and Pollitt, C. (eds.) (2005) *The Oxford Handbook of Public Management*. Oxford: Oxford University Press.

Flyvbjerg, B. (2001) *Making Social Science Matter. Why Social Inquiry Fails and How It Can Succeed Again*. Cambridge: Cambridge University Press.

Foucault, M. (1980) *Power/Knowledge*. Edited and translated by C. Gordon. New York, NY: Pantheon.

Foucault, M. (1982) *The Archaeology of Knowledge*. New York, NY: Pantheon.

Frederickson, H. G. (1976) The Lineage of Public Administration. *Administration and Society*, 8 (2), pp. 149 – 174.

Frederickson, H. G. (1980) *The New Public Administration*. Tuscaloosa, AL: University of Alabama Press.

Frederickson, H. G. (1997) *The Spirit of Public Administration*. San Francisco, CA: Jossey-Bass.

Frederickson, H. G. and Hart, D. K. (1985) The Public Service and the Patriotism of Benevolence. *Public Administration Review*, 45, pp. 549 – 556.

Frederickson, H. G. and Smith, K. B. (2002) *The Public Administration Theory Primer*. Boulder, CO: Westview Press.

Gadamer, H. – G. (1960/1975) *Truth and Method*. New York, NY: Seabury.

Gadamer, H. – G. (1997) Remarks in 'Galeriegespraech'. In H. – G. Gadamer and E. Schumacher (eds.) *Zukunftist Herkunft*. Jenaer Universitaetsreden, Jena, Germany, pp. 9 – 34.

Gaetani, F. (2003) Public Management Policy Change in Brazil (1995 – 1998). *International Public Management Journal*, 6 (3), pp. 327 – 341.

Gallego, R. (2003) Public Management Policy Making in Spain 1982 – 1996: Policy Entrepreneurship and (in) opportunity windows. *International Public Management Journal*, 6 (3), pp. 283 – 307.

Garofalo, C. and Geuras, D. (2015) From one Utopia to Another: Kant, Spicer and Moral Agency. *Administrative Theory & Praxis*, 37 (2), pp. 81 – 94.

Giddens, A. (1984) *The Constitution of Society: Outline of the Theory of Structuration*. Berkeley, CA: University of California Press.

Gramsci, A. (1947) *Lettere dal Carcere*. Turin, Italy: Einaudi.

Grimmelikhuijsen, S., Jilke, S., Olsen, A. L. and Tummers, L. (forthcoming) Behavioral Public Administration: Combining Insights from Public Administration and Psychology. *Public Administration Review*.

Guicciardini, F. (1527, ed. 2008) *Ricordi Politici e Civili*. Lanciano, Italy: Carabba Editore.

Guglielmino, S. and Grosser, H. (1987) *Il Sistema letterario*-Vol. 2. Milan: Principato, pp. 1094 – 1100.

Habermas, J. (1987) *The Philosophical Discourse of Modernity*. Translated by F. Lawrence. Cambridge, MA: MIT Press.

Habermas, J. (1996) *Between Facts and Norms: Contributions to a Discourse Theory of Law and Democracy*. Cambridge: MIT Press.

Haldane, J. (2000) *Philosophy and Public Affairs*. Cambridge: Cambridge University Press.

Hart, D. K. (1974) Social Equity, Justice, and the Equitable Administrator. *Public Administration Review*, 34 (3), p. 11.

Hartley, J, Alford, J., Knies, E. and Scott, D. (2017) Towards an empirical research agenda for public value theory. *Public Management Review*, 19 (5), 670 – 685.

Hedstrom, P. and Swedberg, R. (eds.) (1998) *Social Mechanisms: An Analytical Approach to Social Theory*. Cambridge: Cambridge University Press.

Hegel, G. W. F. (1807/1977) *Phenomenology of Spirit*. Translated by A. V. Miller. Oxford: Oxford University Press.

Hegel, G. W. F. (1816/1975) *Logic*. Translated by W. Wallace. Oxford: Oxford University Press.

Hegel, G. W. F. (1821/1991) *Philosophie des Rechts-Elements of the Philoso-*

phy of Right. Edited by Allan W. Wood; translated by H. B. Nisbet. Cambridge: Cambridge University Press.

Hegel, G. W. F. (1968) *Lectures on the History of Philosophy*. Edited and translated by E. S. Haldane and F. H. Simpson. London: Routledge.

Heidegger, M. (1927) *Being and Time*. Translated by J. Macquarrie and E. Robinson. New York, NY: Harper and Row.

Heidegger, M. (1981/2000) *Elucidations of Hölderlin's Poetry*. Translated by Keith Hoeller. New York, NY: Humanity Books.

Herring, E. P. (1936) *Public Administration in the Public Interest*. New York, NY: McGraw-Hill.

Hobbes, T. (1961/1996) *Leviathan*. Edited by J. C. A. Gaskin. Oxford World Classics.

Hood, C. (1991) A Public Management for All Seasons? *Public Administration*, 69 (1), pp. 3–19.

Hood, C. (1998) *The Art of the State: Culture, Rhetoric and Public Management*. Oxford: Oxford University Press.

Hood, C. and Jackson, M. (1997) *Administrative Argument*. London: Dartmouth Publishing.

Horkheimer, M. and Adorno, T. W. (1979) *Dialectic and Enlightenment*. Translated by J. Cumming. London: NLB.

Hume, D. (1777/1975) *An Enquiry Concerning Human Understanding*. New York, NY: Clarendon.

Husserl, E. (1913) *Ideas Pertaining to a Pure Phenomenology and to a Phenomenological Philosophy*. First book translated by F. Kersten (The Hague: Nijhoff, 1982); second book translated by R. Rojcewicz and A. Schuwer (Dordrecht: Kluwer, 1989); third book translated by T. E Klein and W. E. Phol (Dordrecht: Kluwer, 1990). Huxham, C. and Vangen, S. 2005. *Managing to Collaborate: The Theory and Practice of Collaborative Advantage*. New York, NY: Routledge.

Jacoby, R. (2005) *Picture Imperfect: Utopian Thought for an Anti-Utopian Age*. New York, NY: Columbia University Press.

James, W. (1907/1981) *Pragmatism: A New Name for Some Old Ways of Thinking*. Indianapolis, IN: Hackett Publishing.

Jann, W. (2003) State, Administration and Governance in Germany: Competing Traditions and Dominant Narratives. *Public Administration*, 81, pp. 95 – 118.

Jordan, S. R. (2006) The Study of Administration and the Persistence of the Legitimacy Question: An Essay on a Concept. *Administrative Theory & Praxis*, 28 (4), pp. 631 – 641.

Jørgensen, T. B. and Bozeman, B. (2007) Public Values: An Inventory. *Administration and Society*, 39 (3), pp. 354 – 381.

Jørgensen, T. B. and Rutgers, M. R. (2015) Public Values: Core or Confusion? Introduction to the Centrality and Puzzlement of Public Values Research. *The American Review of Public Administration*, 45 (1), pp. 3 – 12.

Joyce, P. (2000) *Strategy in the Public Sector. A Guide to Effective Change Management*. Chichester, UK: Wiley & Sons.

Joyce, P. (2012) *Strategic Leadership in the Public Services*. Oxon: Routledge.

Jun, J. S. (1994) On Administrative Praxis. *Administrative Theory and Praxis*, 16 (2), pp. 201 – 207.

Jun, J. S. (2006) *The Social Construction of Public Administration. Interpretive and Critical Perspectives*. Albany, NY: State University of New York Press.

Kant, I. (1781, revised edition 1787) *Critique of Pure Reason*. Edited and translated by P. Guyer and A. W. Wood, 1998. Cambridge: Cambridge University Press.

Kant, I. (1783/1997) *Prolegomena to Any Future Metaphysics That Will Be Able to Present Itself as a Science*. Translated and edited by G. Hatfield. Cambridge: Cambridge University Press.

Kant, I. (1785/2005) *The Moral Law: Groundwork of the Metaphysics of Morals*. Translated by H. J. Paton (first translation 1947). London: Routledge.

Kant, I. (1785/2016) *The Fundamental Principles of the Metaphysics of Morals*. Translated by T. K. Abbott. London: Penguin Classics.

Kant, I. (1788) *Critique of Practical Reason*. Translated by L. White Beck. Indianapolis, IN: Bobbs-Merrill, 1956.

Kant, I. (1795/2013) *On Perpetual Peace*. Oxford: Blackwell.

Kember, S. and Zylinska, J. (2012) *Life After New Media: Mediation as a Vital Process*. Cambridge, MA: MIT Press.

Kenny, A. (2010) *A New History of Western Philosophy: In Four Parts*. Oxford: Clarendon Press/Oxford University Press.

Kenny, A. (2012) *A New History of Western Philosophy*. Oxford: Oxford University Press.

Kettl, D. (2002) *The Transformation of Governance. Public Administration for Twenty-First Century America*. Baltimore, MD: Johns Hopkins University Press.

Kickert, W. (2011a) Introduction: Administrative Reform in Greece, Italy, Portugal and Spain. *Public Administration*, 89 (3), pp. 721–722.

Kickert, W. (2011b) Distinctiveness of Administrative Reform in Greece, Italy, Portugal and Spain. Common Characteristics of Context, Administration and Reform. *Public Administration*, 89 (3), pp. 801–818.

King, G., Keohane, R. O. and Verba, S. (1994) *Designing Social Inquiry. Scientific Inference in Qualitative Research*. Princeton, NJ: Princeton University Press.

Kingdon, J. (1994) *Agendas, Alternatives and Public Policies* (1st edition 1984). Boston, MA: Little, Brown.

Kirk, G. S., Raven, J. E. and Schonfield, M. (eds.) (1983) *The Presocratic Philosophers*, 2nd edition. Cambridge: Cambridge University Press.

Kroeber, A. L. (1952) *The Nature of Culture*. Chicago, IL: University of Chicago Press.

Kuhn, T. S. (1962, 3rd edition 1996) *The Structure of scientific Revolutions*. Chicago, IL: University of Chicago Press.

Kurki, K. (2008) *Causation in International relations: Reclaiming Causal A-*

nalysis. Cambridge: Cambridge University Press.

Lawton, A., van der Wal, Z. and Huberts, L. (eds.) (2016) *Ethics in Public Policy and Management: A Global Research Companion*. London: Routledge.

Leibniz, G. W. (1988) *G. W. Leibniz: Discourse on Metaphysics and Related Writings*. Edited and translated by R. Martin and Others. Manchester, UK: Manchester University Press.

Lévi-Strauss, C. (1949) *Les Structures élémentaires de la parenté* [*The Elementary Structures of Kinship*] (in French, edited by R. Needham, translated by J. H. Bell, J. R. von Sturmer and R. Needham, 1969). Boston, MA: Beacon Press.

Liddle, J. (2017) Public Value Management and New Public Governance: Key Traits, Issues and Developments. In E. Ongaro and S. van Thiel (eds.) *The Palgrave Handbook of Public Administration and Management in Europe*. London: Palgrave.

Locke, J. (1689/1996) *Essay Concerning Human Understanding*. Abridged and edited by K. P. Winkler. Indianapolis, IN: Hackett Publishing Company.

Locke, J. (1975) *John Locke: All Works*. Oxford: Oxford University Press.

Lucas, S. (2015) Public Administration's Utopia: Analysis Using Critical Theories. *Administrative Theory & Praxis*, 35 (4), pp. 598 – 608.

Lynch, T. D. and Cruise, P. L. (2006a) (eds.) *Handbook of Organization Theory and Management: The Philosophical Approach* (1st edition, 1998). Boca Raton, FL: CRC Press.

Lynch, T. D. and Lynch, C. E. (2006) Aristotle, MacIntyre, and Virtue Ethics. In T. D. Lynch and P. L. Cruise (eds.) *Handbook of Organization Theory and Management: The Philosophical Approach*. Boca Raton, FL: CRC Press, pp. 55 – 73.

Lyotard, J. F. (1984) *The Postmodern Condition: A Report on Knowledge*. Translated by G. Bennington and B. Massumi. Minneapolis, MN: University of Minnesota Press.

Macaulay, M. (2017) Ethics and Integrity. In E. Ongaro and S. van Thiel (eds.) *The Palgrave Handbook of Public Administration and Management in Europe*. London: Palgrave.

Machiavelli, N. (1513/1532) *Il Principe*. [*The Prince*, 2008]. Jackson Hole, WY: Akasha.

Machiavelli, N. (1517) *Discorsi sopra la prima Deca di Tito Livio*. [*Discourses on Livy*, 2008]. Oxford: Oxford University Press-Oxford World's Classics.

March, J. G. and Olsen, J. P. (1995) *Democratic Governance*. New York, NY: Free Press.

March, J. G. and Olsen, J. P. (1996) Institutional Perspectives on Political Institutions. *Governance*, 9, pp. 247–264.

Marini, F. (ed.) (1971) *Toward a New Public Administration: The Minnowbrook Perspective*. Scranton, PA: Chandler.

Marx, K. (1848) *Manifesto of the Communist Party*. In *The Marx Library*. New York, NY: Random House; Harmondsworth, UK: Penguin.

Marx, K. (1867) *The Capital* (An abridged edition). Edited by David McLellan, 1995. Oxford World Classics. Oxford: Oxford University Press.

Marx, K. (1875) *Critique of the Gotha Program*. Letter printed by Progress Publishers, Moscow, 1970.

Masini, C. (1979) *Lavoro e risparmio*, 2nd edition. Turin, Italy: UTET.

Maslow, A. H. (1943) A Theory of Human Motivation. *Psychological Review*, 50 (4), pp. 370–395.

Mele, V. (2010) Government Innovation Policy in Italy (1993–2002). Understanding the Invention and Persistence of a Public Management Reform. *Governance*, 23 (2), pp. 251–276.

Mele, V. and Ongaro, E. (2014) Public Sector Reform in a Context of Political Instability: Italy 1992–2007. *International Public Management Journal*, 17 (1), pp. 111–142.

Merton, R. K. (1936) The Unanticipated Consequences of Purposive Social Action. *American Sociological Review*, 1 (6), pp. 894–904.

Mill, J. S. (1843/2011) *A System of Logic: Ratiocinative and Inductive.* London: Routledge.

Miller, H. T. and Fox, C. J. (2007) *Postmodern Public Administration*, 2nd revised edition. [Charles J. Fox name appears first in first edition 1996]. Armonk, NY: M. E. Sharpe.

Mintzberg, H., Ahlstrand, B. and Lampel, J. (2009) *Strategy Safari*, 2nd edition. Harlow, UK: FT Prentice Hall.

Moore, M. (1995) *Creating Public Value. Strategic Management in Government.* Cambridge, MA: Harvard University Press.

Morçöl, G. (2005) Phenomenology of Complexity Theory and Cognitive Science: Implications for developing an Embodied Knowledge of Public Administration and Policy. *Administrative Theory & Praxis*, 27 (1), pp. 1 – 23.

More, T. (1515, first English edition 1551, revised 1684) *De Optimo Reipublicae Statu deque Nova Insula Utopia* [On the Optimal State of a Republic and the New Island of Utopia]. Translated 1551 by Ralph Robinson; revised in 1684 by Gilbert Burnet.

Niskanen, W. A. (1971) *Bureaucracy and Representative Government.* Chicago, IL: Aldine-Atherton.

Niskanen, W. A. (1973) *Bureaucracy: Servant or Master.* London: Institute of Economic Affairs.

Niskanen, W. A. (1994) *Bureaucracy and Public Economics.* Aldershot, UK and Brookfield, VT, USA: Edward Elgar Publishing.

O'Leary, R., van Slyke, D. M. and Kim, S. (2010) *The Future of Public Administration Around the World: The Minnowbrook Perspective.* Washington, DC: Georgetown University Press.

Ockham, W. (1985) *Opera Philosophica et Theologica.* Edited by P. Boehner, O. F. M.; revised and completed by G. Gál, O. F. M. and S. F. Brown. St Bonaventure, NY: The Franciscan Institute (volumes edited between 1967 and 1988).

Olsen, A. L., Tummers, L., Grimmelikhuijsen, S. and Jilke, S. (2017) Behavioral Public Administration: Connecting Psychology with European

Public Administration Research. In E. Ongaro and S. van Thiel（eds.）*The Palgrave Handbook of Public Administration and Management in Europe.* London：Palgrave.

Ongaro, E.（2006）The Dynamics of Devolution Processes in Legalistic Countries：Organisational Change in the Italian Public Sector. *Public Administration*, 84（3）, pp. 737 – 770.

Ongaro, E.（2009）*Public Management Reform and Modernization：Trajectories of Administrative Change in Italy, France, Greece, Portugal, Spain.* Cheltenham, UK and Northampton, MA, USA：Edward Elgar Publishing.

Ongaro, E.（2011）The Role of Politics and Institutions in the Italian Administrative Reform Trajectory. *Public Administration*, 89（3）, pp. 738 – 755.［ART 22］.

Ongaro, E.（2013）The Administrative Reform Trajectory of the European Commission in Comparative Perspective：Historical New Institutionalism in Compound Systems. *Public Policy and Administration*, 28（4）, pp. 346 – 363.

Ongaro, E.（2016）Book Review of Integrative Process：Follettian Thinking from Ontology to Administration, Margaret Stout and Jeannine M. Love. Anoka, MN：Process Century Press, 2015. *Governance：An International Journal of Institutions, Administration and Policy*, pp. 274 – 289.

Ongaro, E.（2017）Public Policy and Administration：Tradition, History and Reform. In T. R. Klassen, D. Cepiku and T. J. Lah（eds.）*The Routledge Handbook of Global Public Policy and Administration.* London：Routledge.

Ongaro, E. and S. van Thiel（2017a）Languages and Public Administration in Europe. In E. Ongaro and S. van Thiel（eds.）（2017）*The Palgrave Handbook of Public Administration and Management in Europe.* London：Palgrave.

Ongaro, E. and S. van Thiel（eds.）（2017b）*The Palgrave Handbook of Public Administration and Management in Europe.* London：Palgrave.

Osborne, S.（2006）The New Public Governance? *Public Management Review*（special issue）, 8（3）, pp. 377 – 387.

Osborne, S. (ed.) (2010) *The New Public Governance*. Abingdon, UK: Routledge.

Painter, M. and Peters, B. G. (2010) *Tradition and Administration*. London New York, NY: Palgrave.

Parmenides of Elea (n. d.) *Fragments*. Translated 1984. Toronto, ON: University of Toronto Press.

Parrado, S. (2008) Failed Policies but Institutional Innovation Through 'Layering' and 'Diffusion' in Spanish Central Administration. *The International Journal of Public Sector Management*, 21 (2), pp. 230 – 252.

Pawson, R. (2002) Evidence-Based Policy: The Promise of 'Realist Synthesis'. *Evaluation*, 8 (3), pp. 340 – 358.

Pawson, R. (2006) *Evidence-Based Policy: A Realist Perspective*. London: Sage.

Pawson, R. and Tilley, N. (1997) *Realistic Evaluations*. London: Sage.

Perri, 6. (2014) Explaining Decision-Making In Government: The Neo-Durkheimian Institutional Framework. *Public Administration*, 92 (1), pp. 87 – 103.

Perri, 6. and Bellamy, C. A. (2012) *Principles of Methodology: Research Design in Social Science*. London: Sage.

Perri, 6. and Mars, G. (eds.) (2008) *Institutional Dynamics of Culture: the New Durkheimians*, 2 vols. Farnham, UK: Ashgate.

Perry, J. L. and Christensen, R. K. (2015) *Handbookof Public Administration*. San Francisco, CA: Jossey-Bass.

Perry, J. L. and Kraemer, K. L. (1986) Research Methodology in the *Public Administration Review*, 1975 – 1984. *Public Administration Review*, 46 (3), pp. 215 – 226.

Peters, B. G. (1996) *The Future of Governing: Our Emerging Models*. Lawrence, KS: University of Kansas Press.

Peters, B. G. (1999) *Institutional Theory in Political Science: The New Institutionalism*. London and New York, NY: Continuum.

Peters, B. G. (2005) *Institutional Theory in Political Science: The New Institutionalism, 2nd edition. London and New York, NY: Continuum.

Pettigrew, A. M. (1990) Longitudinal Field Research on Change: Theory and Practice. *Organization Science*, 1 (3), pp. 267 – 292.

Pettigrew, A. M. (1997) What Is A Processual Analysis?' *Scandinavian Journal of Management*, 13 (4), pp. 337 – 348.

Pettigrew, A. M., Ferlie, E. and Mckee, L. (1992) *Shaping Strategic Change-Making Change in Large Organizations: The Case of the National Health Service*. London: Sage.

Pierre, J. and Peters, B. G. (2000) *Governance, Politics and the State*. Basingstoke, UK: Macmillan.

Pierson, P. (2004) *Politics in Time. History, Institutions and Social Analysis*. Princeton, NJ: Princeton University Press.

Plato (1997) *Plato Complete Works*. Edited by J. M. Cooper and D. S. Hutchinson. Indianapolis, IN: Hackett.

Plato (375 BC) *The Republic*. Translated by D. Lee, 1974; reproduced 2007. London: Penguin Books.

Pollitt, C. (2003) *The Essential Public Manager*. New York, NY: McGraw-Hill.

Pollitt, C. (2008) *Time, Policy, Management. Governing with the Past*. Oxford: Oxford University Press.

Pollitt, C. (2012) *New Perspectives on Public Services: Place and Technology*. Oxford: Oxford University Press.

Pollitt, C. (ed.) (2013) *Context in Public Policy and Management: The Missing Link?* Cheltenham, UK and Northampton, MA, USA: Edward Elgar Publishing.

Pollitt, C. (2016) *Advanced Introduction to Public Management and Administration*. Cheltenham, UK and Northampton, MA, USA: Edward Elgar Publishing.

Pollitt, C. and Bouckaert, G. (2000) *Public Management Reform. A Comparative Analysis: New Public Management, Governance and the Neo Weberian State*, 1st edition. Oxford: Oxford University Press.

Pollitt, C. and Bouckaert, G. (2004) *Public Management Reform. A Comparative Analysis: New Public Management, Governance and the Neo Weberian State*, 2nd edition. Oxford: Oxford University Press.

Pollitt, C. and Bouckaert, G. (2009) *Continuity and Change in Public Policy and Management.* Cheltenham, UK and Northampton, MA, USA: Edward Elgar Publishing.

Pollitt, C. and Bouckaert, G. (2011) *Public Management Reform. A Comparative Analysis: New Public Management, Governance and the Neo Weberian State*, 3rd edition. Oxford: Oxford University Press.

Pollitt, C. and Dan, C (2011) *The Impact of the New Public Management in Europe: A Meta-Analysis.* COCOPS Project Work Package 1 – Deliverable 1.

Popper, K. R. (1934/1977) *The Logic of Scientific Discovery.* London: Routledge.

Popper, K. R. (1963) *The Open Society and Its Enemies*, 4th edition. Princeton, NJ: Princeton University Press.

Posner, P. L. (2009) The Pracademic: An Agenda for Re-Engaging Practitioners and Academics. *Public Budgeting & Finance*, 29 (1), pp. 12 – 26.

Putnam, R. D. with Leonardi, R. and Nanetti, R. Y. (1993) *Making Democracy Work.* Princeton, NJ: Princeton University Press.

Raadschelders, J. (2000) *Handbook of Administrative History.* New Brunswick, NJ: Transaction Publishers.

Raadschelders, J. (2005) Government and Public Administration: The Challenge of Connecting Knowledge. *Administrative Theory & Praxis*, 27 (3), pp. 602 – 627.

Raadschelders, J. (2008) Understanding Government: Four Intellectual Traditions in the Study of Public Administration. *Public Administration*, 86 (4), pp. 925 – 949.

Raadschelders, J. (2011) *Public Administration: The Interdisciplinary Study of Government.* Oxford: Oxford University Press.

Raadschelders, J. and Vigoda-Gadot, E. (2015) *Global Dimensions of Public Administration and Governance: A Comparative Voyage.* San Francisco, CA:

Jossey Bass/Wiley.

Ragin, C. C. (1987) *The Comparative Method*. Berkeley, CA: University of California Press.

Rainey, H. G. (2001) A Reflection on Herbert Simon. A Satisficing Search for Significance. *Administration & Society*, 33, pp. 491 – 507.

Rainey, H. G. (2003) *Understanding and Managing Public Organizations*, 3rd edition. London: Wiley & Sons.

Rawls, J. (1971, revised edition 1999) *A Theory of Justice*. Cambridge, MA: Harvard University Press.

Rawls, J. (1993) *Political Liberalism*. New York, NY: Columbia University Press.

Reale, G. and Antiseri, D. (1988) *Il Pensiero Occidentale dalle Origini ad Oggi* (three volumes). Brescia, Italy: Editrice La Scuola.

Rhodes, R. A. W. (1997) *Understanding Governance: Policy Networks, Governance, Reflexivity, and Accountability*. Buckingham, UK: Open University Press.

Rhodes, R. A. W and Wanna, J. (2007) The Limits to Public Value or Rescuing Responsible Government from the Platonic Guardians. *Australian Journal of Public Administration*, 66 (4), pp. 406 – 421.

Rhodes, R. A. W and Wanna, J. (2008) Bringing The Politics Back In: Public Value in Westminster Parliamentary Government. *Public Administration*, 87 (2), pp. 161 – 183.

Riccucci, N. (2010) *Traditions of Inquiry and Philosophies of Knowledge*. Washington, DC: Georgetown University Press.

Richter, A. (1970) The Existentialist Executive. *Public Administration Review*, 30 (4), pp. 415 – 422.

Roberts, A. (2010) *The Logic of Discipline: Global Capitalism and the Architecture of Governments*. Oxford: Oxford University Press.

Rosser, C. (2017) Weber's Bequest for European Public Administration. In E. Ongaro and S. van Thiel (eds.) *The Palgrave Handbook of Public Administration and Management in Europe*. London: Palgrave.

Rugge, F. (2006) Social and Cultural Dimensions in Institutions Building: The Weight of History. *Il Politico*, 1, pp. 141–147.

Rugge, F. (2012) Administrative Legacies in Western Europe. In J. Pierre and B. G. Peters (eds.) *The Sage Handbook of Public Administration*, 2nd edition. Thousand Oaks, CA: Sage, pp. 228–240.

Rutgers, M. R. (2008a) Symposium: Normative Dimensions of Public Administration. *Administrative Theory & Praxis*, 30 (1), pp. 42–49.

Rutgers, M. R. (2008b) Sorting Out Public Values? On the Contingency of Value Classifications in Public Administration. *Administrative Theory & Praxis*, 30 (1), pp. 92–113.

Ryan, A. (2012) *On Politics. A history of Political Thought from Herodotus to the Present*. London: Penguin Books.

Sabatier, P. and Jenkins-Smith, H. (eds.) (1993) *Policy Change and Learning: An Advocacy Coalition Approach*. Boulder, CO: Westview Press.

Sansone, D. (2009) *Ancient Greek Civilization*, 2nd edition. Chichester, UK: Wiley-Blackwell.

Sartre, J. P. (1938) *La Nausée*. [*Nausea*, 1965]. Translated by R. Baldick. Harmondsworth, UK: Penguin.

Sartre, J. P. (1943) *L'Être et le néant*. [*Being and Nothingness*, 1969]. Translated by Hazel Barnes. London: Routledge.

Schedler, K. and Pröller, I (eds.) (2007) *Cultural Aspects of Public Management Reform*. Oxford, Amsterdam: Elsevier.

Selznick, P. (1956) *TVA and the Grass Roots: A Study in the Sociology of Formal Organizations*. New York, NY: Torchbooks.

Senge, P. M. (1990/2006) *The Fifth Discipline: The Art and Practice of the Learning Organization*. London: Random House.

Shields, P. M. (1995) Three Philosophies behind Public Administration's Research Tradition. Paper presented at the Trinity Symposium on Public Management Research, San Antonio, TX, 23 July 1995.

Simon, H. A. (1946) The Proverbs of Administration. *Public Administration Review*, 6 (1), pp. 52–67.

Simon, H. A. (1947) *Administrative Behaviour* (4th edition 1997). New York, NY: Macmillan.

Simon, H. A. (1969/1981) *The Sciences of the Artificial.* Cambridge, MA: MIT Press.

Singer, P. (1993) *Practical Ethics.* Cambridge: Cambridge University Press.

Skowronek, S. (1982) *Building a New American State. The Expansion of National Administrative Capacities* 1877–1920. Cambridge: Cambridge University Press.

Snider, K. F. (2000) Expertise or Experimenting? Pragmatism and American Public Administration, 1920–1950. *Administration & Society*, 32, pp. 329–354.

Sombart, W. (1976) *Why Is There No Socialism in the United States?* Translated by P. M. Hockings and C. T. Husbands. Basingstoke: Palgrave.

Spanou, C. and Sotiropoulos, D. (2011) The Odyssey of Administrative Reforms in Greece: A Tale of Two Reform Paths. *Public Administration*, 89 (3), pp. 723–737.

Spinoza, B. (1677) *Ethics.* Translated by R. H. M. Elwes, 1887. Penguin Classics 1996.

Spinoza, B. (1951) *The Chief Works of Benedict de Spinoza.* Translated by R. H. M. Elwes, 1951. New York, NY: Dover.

Stanisevski, D. (2015) Khōra: An Inquiry into Polytopian Philosophy and Cosmopolitan Governance. *Administrative Theory & Praxis*, 37, pp. 34–48.

Stewart, J. (ed.) (1996) *The Hegel Myths and Legends.* London: Routledge. Stillman, R. J. (1991/1999) *Preface to Public Administration: A Search for Themes and Directions.* New York, NY: St Martin's Press.

Stivers, C. (2006) Integrating Mary Parker Follett and Public Administration. *Public Administration Review*, 66 (3), pp. 473–476.

Stout, M. (2010) Reclaiming the (Lost) Art of ideal-typing in Public Administration. *Administrative Theory & Praxis*, 32 (4), pp. 491–519.

Stout, M. (2012) Competing Ontologies: A Primer for Public Administration. *Public Administration Review*, 72 (3), pp. 388–398.

Stout, M. (2013) *Logics of Legitimacy: Three Traditions of Public Administration Praxis*. Boca Raton, FL: CRC Press.

Stout, M. and Love, J. M. (2015) *Integrative Process: Follettian Thinking from Ontology to Administration*. Anoka, MN: Process Century Press.

Surak, S. (2015) Introduction to the Symposium: Utopian Ideals in Public Administration. *Administrative Theory & Praxis*, 37, pp. 77–80.

Talbot, C. (2005) *The Paradoxical Primate*. Exeter, UK: Academic Imprint.

Talbot, C. (2010) *Theories of Performance-Organizational and Service Improvement in the Public Domain*. Oxford: Oxford University Press.

Talbot, C. (2011) Paradoxes and Prospects of 'Public Value'. *Public Money & Management*, 31 (1), pp. 27–34.

Taylor, C. (1989) *Sources of the Self*. Cambridge, MA: Harvard University Press.

Taylor, C. (1995) *Philosophical Arguments*. Cambridge, MA: Harvard University Press.

Taylor, F. W. (1911) *The Principles of Scientific Management*. New York, NY: Norton.

Terman, J. (2011) Comparative Administration: Ontology and Epistemology in Cross-Cultural Research. *Administrative Theory & Praxis*, 33 (2), pp. 235–257.

Thompson, M. (2011) Ontological Shift or Ontological Drift? Reality Claims, Epistemological Frameworks and Theory Generation in Organization Studies. *Academy of Management Review*, 36 (4), pp. 754–773.

Tijsterman, S. P. and Overeem, P. (2008) Escaping the Iron Cage: Hegel and Weber on Bureaucracy and Freedom. *Administrative Theory & Praxis*, 30 (1), pp. 71–91.

Tõnurist, P. and Bækgaard, M. (2017) Economics and PA: Public Choice Theory, Transaction Costs Theory, Theory of Expectations, and the Enduring Influence of Economics Modelling on PA-Comparing the Debate in the US and Europe. In E. Ongaro and S. van Thiel (eds.) *The Palgrave Handbook of Public Administration and Management in Europe.* London: Palgrave.

Torfing, J., Peters, B. G., Pierre, J. and Sorensen, E. (2012) *Interactive Governance: Advancing the Paradigm.* Oxford: Oxford University Press.

Tummers, L., Olsen, A. L., Jilke, S. and Grimmelikhuijsen, S. (2016) Introduction to the Virtual Issue on Behavioral Public Administration. *Journal of Public Administration Research and Theory*, [Virtual Issue] 3, pp. 1 – 3.

Tylor, E. B. (1920) *Primitive Culture.* London: John Murray.

van de Ven, A. H. (1992) Suggestions for Studying Strategy Processes: A Research Note. *Strategic Management Journal*, 13 (2), pp. 169 – 188.

van de Ven, A. H. and Poole, M. S. (1990) Explaining Development and Change in Organizations. *Academy of Management Review*, 20, pp. 510 – 540.

van der Wal, Z. and de Graaf, G. (eds.) (2010) Governing Good and Governing Well. Symposium *American Review of Public Administration*, 40 (6), pp. 623 – 760.

van der Wal, Z., de Graaf, G. and Lawton, A. (eds.) (2011) Special Issue: Competing Values in Public Management. *Public Management Review*, 13 (3), pp. 331 – 477.

van de Walle, S. (2017) Explaining Citizen Satisfaction and Dissatisfaction with Public Services. In E. Ongaro and S. van Thiel (eds.) *The Palgrave Handbook of Public Administration and Management in Europe.* London: Palgrave.

van de Walle, S. and Bouckaert, G. (2003) Public Service Performance and Trust in Government: The Problem of Causality. *International Journal of Public Administration*, 26 (8 – 9), pp. 891 – 913.

van Dooren, W., Bouckaert, G. and Hallighan, J. (2015) *Performance Management in the Public Sector.* London: Routledge.

van Ryzin, G. G. (2013) An Experimental Test of the Expectancy-Disconfirmation Theory of Citizen Satisfaction. *Journal of Policy Analysis and Management*, 32, pp. 597 – 614.

van Thiel, S. (2013) *Research Methods in Public Administration and Public Management: An Introduction.* London: Routledge.

van Wart, M. (1998) *Changing Public Sector Values*. New York, NY: Garland.

Vico, G. (1725) *The First New Science* (Italian: *La Scienza Nuova*), 1st edition. Edited and translated by L. Pompa. Cambridge Texts in the History of Political Thought.

Virtanen, T. (2017) Administrative Action and Administrative Behaviour: Some Philosophical Underpinnings. In E. Ongaro and S. van Thiel (eds.) *The Palgrave Handbook of Public Administration and Management in Europe*. London: Palgrave.

von Wright, G. H. (1971) *Explanation and Understanding*. London: Cornell University Press.

Voorberg, W. and Bekkers, V. (2017) Is Social Innovation a Game Changer of Relationships Between Citizens and Governments? In E. Ongaro and S. van Thiel (eds.) *The Palgrave Handbook of Public Administration and Management in Europe*. London: Palgrave.

Waldo, D. (1948/1984) *The Administrative State: A Study of the Political Theory of Public Administration*. New York, NY: Ronald Press.

Waldo, D. (ed.) (1971) Some Thoughts on Alternatives, Dilemmas, and Paradoxes in a Time of Turbulence. In *Public Administration in a Time of Turbulence*. Scranton, PA: Chandler Publishing Company, pp. 257–287.

Waugh, W. L. (2006) The Existentialist Public Administrator. In T. D. Lynch and P. L. Cruise (eds.) *Handbook of Organization Theory and Management: The Philosophical Approach*. Boca Raton, FL: CRC Press, pp. 511–527.

Waugh, W. L. and Waugh, W. W. (2006) Phenomenology and Public Administration. In T. D. Lynch and P. L. Cruise (eds.) *Handbook of Organization Theory and Management: The Philosophical Approach*. Boca Raton, FL: CRC Press, pp. 487–511.

Weber, M. (1946) Science as a Vocation. In H. Gerth and C. W. Mills (eds.) *From Max Weber: Essays in Sociology*. New York, NY: Oxford University Press, pp. 129–156.

Weber, M. (1949) *The Methodology of the Social Sciences*. New York, NY: The Free Press.

Weber, M. (1978/1922) *Economy and Society*. Edited by G. Roth and K. Wittich. Berkeley, CA: University of California Press. [Original: *Wirtschaft und Gesellschaft: Grundriss der verstehenden Soziologie*. Tübingen, Germany: J. C. B. Mohr (Paul Siebeck)].

Weick, K. (1989) Theory Construction as Disciplined Imagination. *Academy of Management Review*, 14 (4), pp. 516–531.

Whitehead, A. N. (1929) *Process and Reality: An Essay in Cosmology*. New York, NY: Macmillan.

Wilson, E. O. (1998) *Consilience: The Unity of Knowledge*. New York, NY: Alfred A. Knopf.

Wilson, W. (1887) The Study of Administration. *Political Science Quarterly*, 2 (2), pp. 197–222.

译后记

经过大半年的紧张翻译和准备工作,《哲学与公共行政》一书终于要付梓了。

本书是英国开放大学公共管理学教授、欧洲公共行政组织（EGPA）主席爱德华多·昂加罗的著作。该书系统全面地介绍了公共行政学研究和实践的哲学基础，探讨了从古典形而上学到现象学、经验主义到理性主义、实用主义到人格主义等主要哲学思潮的精彩介绍，最终揭示了它们对公共治理与管理的重大意义。

本书原著为英文版，目前已有翻译的法语版和西班牙语版，现在又即将增加中文版，本书作者十分高兴，他专门发来邮件说："在东西方知识传统之间形成对话，探讨公共行政的基础非常有必要。本书中文版的出版，代表着朝这个方向迈出的重要一步。希望本书可以为中国的学者、学生和公共行政的实践者提供一种途径，了解如何通过西方哲学来加深对西方、东方和中国公共行政的理解。事实上，探寻人性的永恒性，探讨对人性的理解如何能够加深对公共行政体系的认识，这些主题与东方和西方的所有行政传统都是相关的。本书是非常具有价值的工具，可以促进中国和西方在行政科学领域的对话。"

我在本书的翻译过程中，本着尊重原著的原则，尽量原汁原味地展示原书的本来面貌，将原作者的观点展现给国内的读者，希望能够达到作者对本书中文版的期望，能够为促进中西方行政科学的交流和比较研究作出贡献。中国社会科学出版社领导及负责书稿编辑的同志对译稿进行了反复审核并促成其顺利出版，特予鸣谢！

中国人事科学研究院
熊　缨